Das Buch

»Betriebsfeier? Keine Lust!« – das war's dann mit der sicher geglaubten Beförderung zum Abteilungsleiter. Auch wer am Casual Friday in alten Jeans oder bauchnabelfreiem Top ins Büro kommt, tut seinen Karriereplänen keinen Gefallen. Benehmen bei Tische will gelernt sein, denn es gibt mehr oder weniger stilvolle Wege, eine Fischgräte aus dem Mund zu entfernen – manche Liebe ist daran schon erloschen. Und wer auf einer Abendveranstaltung in braunen Nadelstreifen auftaucht und glaubt, damit der Bitte nach »Dunklem Anzug« Genüge zu leisten, wird sicher einen Eindruck hinterlassen – wenn auch keinen guten.

Viele von uns treten regelmäßig ins Fettnäpfchen, und zwar ohne es zu merken. Denn wir gehen grundsätzlich davon aus, uns korrekt zu verhalten, sei es im Job, im Privatleben, in gehobener Gesellschaft oder bei klassischen Feierlichkeiten. Dies ist ein Irrtum. Nur weil niemand naserümpfend den Finger hebt, heißt das noch lange nicht, dass ein Fauxpas nicht bemerkt und missbilligt wird. Das kann gerade in beruflicher und geschäftlicher Hinsicht, aber auch im Privatleben fatale Folgen haben.

In unterhaltsamer, leicht verständlicher Manier klärt Etikette-Trainerin Nandine Meyden den Leser auf über die peinlichsten Verstöße gegen die Benimmregeln und zeigt, wie man sie vermeidet.

Die Autorin

Nandine Meyden arbeitet seit mehreren Jahren als Etikette-Trainerin. Zu den Kunden ihrer Seminare gehören Mitarbeiter und Führungskräfte namhafter Unternehmen und Verbände sowie Politiker und Prominente. Seit 2005 tritt sie zudem im Fernsehen als Benimm-Expertin in der MDR-Sendung »hier ab vier« auf. Sie wohnt in Berlin.

Nandine Meyden

LEXIKON DER BENIMMIRRTÜMER

Populäre Fettnäpfchen
und wie man sie umgeht

Ullstein

Besuchen Sie uns im Internet:
www.ullstein-taschenbuch.de

Originalausgabe im Ullstein Taschenbuch
1. Auflage Juni 2009
7. Auflage 2011
© Ullstein Buchverlage GmbH, Berlin 2009
Umschlaggestaltung: HildenDesign, München
Titelabbildung: Marc Dietrich/shutterstock
In Kooperation mit dem Mitteldeutschen Rundfunk (MDR)
und der Redaktion der MDR-Sendung »hier ab vier«.
Logos »MDR Edition«, »MDR Fernsehen« und »MDR hier ab vier« © MDR
Abbildung auf S. 141: © Thomas Fink, Yong Mao:
Die 85 Methoden, eine Krawatte zu binden. Piper, München 2002
Die Angaben und Ratschläg   ig sorgfältig
erwogen und geprüft; den   n werden.
Eine Haftung der Autorin   Personen-,
Sach- und

Satz: K
Papier: Pamo Su
Druck und B

Inhalt

II. Äußeres: Vom Scheitel bis zur Sohle

III. Arbeit und Beruf

V. Feiern, Feste, Gastlichkeit

Vorwort der Redaktion »hier ab vier«

Das erste Mal, als ich auf Nandine Meyden traf, brachte ich unsere Benimm-Expertin an den Rand der Verzweiflung. Das war bei meiner »hier ab vier«-Premiere mit Katrin Huß, und es ging um Wein, Sekt, Gläser und Tischmanieren. Zunächst sorgte Katrin für Erheiterung, als sie fröhlich erzählte, dass Weingläser beim Anstoßen viel besser klängen als Sektgläser. Natürlich wollte sie ihre Theorie beweisen – und so stießen wir mit Weingläsern an. Wir hörten ein wohliges »Klong«. Dann griff Katrin zu den Sektgläsern. Wir stießen erneut an, und es ertönte ein herrlich nachhallendes »Kling«, welches sich viel besser anhörte. Die Enttäuschung stand Katrin ins Gesicht geschrieben. Frau Meyden lächelte, und ich hatte ein breites Grinsen im Gesicht. Daraufhin klärte sie uns auf, dass der Klang beim Anstoßen einzig und allein an der Materialbeschaffenheit der Gläser läge. Ihr Lächeln schwand, als ich erzählte, dass ich gerne schon mal dasselbe Glas für Rot- und Weißwein nutze. Jetzt erwähnte sie zum ersten Mal, dass sie sich über unsere Zusammenarbeit freue – damit ich noch etwas lernen könne. Das dachte sie wohl auch, als ich ein Cocktailglas für einen Kir Royal verwenden wollte, denn dieses Getränk gehört natürlich in ein Champagner-Glas … Den Fauxpas wollte ich wettmachen und beim nächsten Thema punkten: Wohin gehört die Serviette nach dem Essen? Siegessicher holte ich aus – und trat ins nächste Fettnäpfchen! Ich dachte nämlich, dass man die Servietten auf den Teller lege. Falsch gedacht! Benutzte Servietten gehören lose gefaltet auf die linke Seite. »Wir üben das alles mal!«, war Nandine Meydens Kommentar. Das dürfte als Motto auch gut zu diesem Buch passen.

Mario D. Richardt

Dann mach Dich mal ran! Ich werde ein Auge auf Dich haben. Schließlich bin auch ich für gute Manieren bei »hier ab vier«.

Und allen andern: Viel Vergnügen beim Lesen!

Katrin Huß

Man kann nur ein so guter Gentleman sein, wie es die Frau zulässt. Das hat uns Nandine Meyden neulich wieder bei »hier ab vier« bestätigt. Jedes männliche Bemühen um die Frau ist umsonst, wenn diese eben doch lieber, ganz emanzipiert, den Mantel selbst anzieht oder durch die Tür schreitet, bevor der galante Mann ihr dieselbige aufhalten kann.

Gentleman und Selbst-ist-die-Frau-Frau sollten sich also irgendwo kompromissbereit treffen, am besten in der Mitte. Bei uns läuft das so:

Peter ist gern und im Prinzip auch ständig ein Gentleman. Es gibt kaum eine Klinke, die er nicht zuerst nach unten drückt, um dann mir als Dame den Vortritt zu lassen. Auch schwere Taschen muss ich nicht mehr lange selbst tragen, wenn Peter mich erst mal erspäht hat. An diese Art von zuvorkommender Freundlichkeit kann ich mich ganz gut gewöhnen und sie ab und an sogar auch genießen.

Wobei ich sagen muss, dass Stephanie anfangs schon etwas merkwürdig geguckt hat und sich erst an mein Gehabe gewöh-

nen musste. *Und wenn wir so durch den Sender gehen und zu einer Tür kommen, macht sie auch gerne mal aus Spaß einen Sprung zur Klinke und hält mir die Tür auf. So will sie mir zeigen, dass sie ein großes Mädchen ist, das Türen gut alleine aufmachen kann. In solchen Momenten fühle ich mich immer ein bisschen spießig.*

Wahrscheinlich ist es so, dass sich Menschen, denen gutes Benehmen wichtig ist, auf ihren gesunden Menschenverstand verlassen können – und natürlich auf Nandine Meyden.

Ein Beispiel: Wir gehen zu zweit in ein Restaurant. Klar, der Mann hilft der Frau aus der Jacke. Aber wann? Wenn man ein bisschen darüber nachdenkt, ist es eigentlich ganz einfach. Der Frau sollte es auf keinen Fall länger als nötig zugemutet werden, mit ihrer dicken Jacke im warmen Restaurant zu stehen. Der Rest ist dann ja klar. Und wenn nicht, ist er bestimmt in diesem Buch zu finden. Viel Spaß beim Lesen.

Stephanie Müller-Spirra
und Peter Imhof

Einleitung:
Der größte aller Benimmirrtümer

»Der hat wohl seinen Knigge nicht gelesen« – das hört man oft, wenn sich vermeintlich korrekt benehmende Zeitgenossen mit erhobenen Augenbrauen über Mitmenschen reden, die sich ihrer Ansicht nach nicht an bestimmte Regeln halten. Fraglich ist hierbei oft, ob denn der Sprecher selbst »seinen Knigge« gelesen und ob sich Freiherr von Knigge tatsächlich jemals irgendetwas zu einer so oder ähnlich gearteten Situation geäußert hat. Abgesehen davon zeugt es nicht von gutem Stil, sich über mangelnde Umgangsformen Dritter zu unterhalten. Ein jeder kehre vor seiner eigenen Türe, könnte man sagen. Zudem tritt dabei der meiner Ansicht nach am weitesten verbreitete Irrtum in Deutschland zum Thema Umgangsformen zutage: nämlich der, dass Freiherr von Knigge konkrete Verhaltensregeln zu Tisch und Kleidung aufgestellt habe. »Knigge« ist heute in Deutschland fast ein Synonym für Umgangsformen, Benehmen oder Etikette. Richtig ist jedoch, dass er kaum etwas zu den Situationen gesagt hat, in denen sein Name heute gerne bemüht wird.

In Knigges berühmtestem Werk *Über den Umgang mit Menschen* findet sich weder die Regel, wie ein Tisch gedeckt werden soll oder wie das Messer zu halten ist, noch, welche Kleidungsregeln in welchen Situationen gelten. Es ist vielmehr ein Buch, das zu mehr Takt, Einfühlungsvermögen und Höflichkeit gegenüber anderen Menschen anregt. So gibt es Hinweise, wie mit jähzornigen, kranken oder neidischen Leuten umzugehen sei und wie man sich gegenüber Schuldnern, Nachbarn und Gästen zu verhalten habe.

Gleichwohl: Nicht nur die Bemerkung »Er hat seinen Knigge nicht gelesen«, sondern auch die oft laut geäußerte Frage, wie wohl eine Situation »nach Knigge« zu lösen sei, die vielen »Knigge«-Seminare sowie die unzähligen Bücher, die mit dem Begriff »Knigge« im Titel um Aufmerksamkeit buhlen, zeigen, dass das Thema »Gutes Benehmen« hochaktuell ist.

So zeigt eine repräsentative Umfrage des Meinungsforschungsinstituts emnid, dass rund 95 Prozent aller Deutschen gute Umgangsformen für wichtig bzw. sehr wichtig halten. 77,3 Prozent aller Befragten stuften in einer Studie von monster.de im Jahr 2006 gute Manieren als sehr wichtig für den Karriereerfolg ein. Doch nicht nur Erwachsene oder gar nur die ältere Generation glauben an die Bedeutung von Höflichkeit und Manieren.

»Danke«, »Bitte« und »Entschuldigung« zu sagen finden laut einer Untersuchung des Sailer-Verlages aus dem Jahr 2004 sogar 95 Prozent der Schüler zwischen sechs und dreizehn Jahren wichtig.

Auch im 21. Jahrhundert also sind schlechte Manieren für Menschen jeglichen Alters störend; kaum jemand bezweifelt, wie wichtig gute Umgangsformen sind. Und dennoch – betrachtet man, wie die Menschen miteinander umgehen, ob nun am Arbeitsplatz, privat, unterwegs auf der Straße oder beim Einkaufen, sieht man rasch: So viele Menschen mit guten Manieren, wie man aufgrund der Umfrageergebnisse eigentlich erwarten könnte, trifft man gar nicht. Die meisten meinen es allerdings vielleicht sogar gut und glauben, sie täten das Richtige. Es ist für mich bei Vorträgen und in Seminaren immer wieder interessant festzustellen, welche Mythen und Missverständnisse es bezüglich der Umgangsformen gibt. Um all denen ein Stück weiterzuhelfen, die es richtig machen wollen, sich aber nicht immer hundertprozentig sicher sind, ist dieses Buch entstanden. Es möchte aufräumen mit Irrtümern, Unsicherheiten und falschen Regelauslegungen.

Denn Tatsache ist: Menschen mit schlechtem Benehmen werden ausgegrenzt, da sie selbst auch andere ausgrenzen. Niemand, der sich wirklich bemüht, aber irrtümlich die Regeln verletzt, hat dies verdient. Gutes und richtiges Benehmen zeigt den Kunden, Kollegen, Vorgesetzten, Freunden, Nachbarn, Verkäufern, Bekannten, der Familie und dem Partner: Du bist mir wichtig, ich respektiere dich als Mitmenschen, und ich will, dass wir uns zusammen wohlfühlen. Manieren sind also nichts Altmodisches oder gar Steifes und Unnatürliches; Manieren dienen dazu, menschliches Miteinander zu regeln – in der Arbeit, im Privatleben, hier und überall auf der Welt.

Insofern ist es auch ein – leider weitverbreiteter – Irrtum, zu glauben, gutes Benehmen sei der eigenen Authentizität abträglich. Schließlich rasen wir auch nicht mit dem Auto über rote Ampeln, nur weil uns gerade danach ist. Ebenso wenig wünschen wir uns eine patzige Antwort oder von einer Verkäuferin ignoriert zu werden, nur weil sie gerade Liebeskummer hat.

Regeln sind wichtig, sie zu kennen und zu achten trägt entscheidend zu beruflichem und privatem Erfolg bei. Und nur wer Regeln kennt und in ihrer Anwendung sicher ist, kann sie auch gekonnt brechen – wenn es denn notwendig und für alle Beteiligten besser erscheint. Das ist dann kein Irrtum, sondern eine bewusste Entscheidung. Genau das zeichnet Menschen mit guten Umgangsformen aus: Sie wissen um die Regeln, befolgen sie aber nicht blind, nur weil es sie gibt, sondern spüren genau, wann es erforderlich ist, sie präzise einzuhalten, und wann sie freier ausgelegt oder sogar gebrochen werden müssen. Nur die Kenntnis der Regeln, ihrer Hintergründe und ihres Sinns geben ein umfassendes Verständnis dafür, welche Konsequenzen ein Bruch mit ihnen haben kann, und nur dann ist es möglich, zu verstehen, was andere Menschen als unhöflich, respektlos oder unpassend empfinden können.

Gutes Benehmen hat also auch nichts mit »konservativ« zu tun, »lockere Sitten« nichts mit »modern«. In allen Gesellschaften gab und gibt es Ordnungssysteme, die Orientierung für das Verhalten bieten. Auch eine Firma oder eine Familie ist immer eine kleine Welt für sich, mit eigenen Spielregeln und eigener Philosophie, die – wenn auch verdeckt – das geltende Ordnungssystem bestimmen.

Die Beherrschung der gültigen Umgangsformen machte und macht die Zugehörigkeit zu einer Gesellschaftsschicht erkennbar. Wie sehr gute Manieren mit Erfolg zusammenhängen, haben nicht nur Eliteforscher wie Michael Hartmann untersucht. Der Bildungshistoriker Heinz-Elmar Tenorth antwortet auf die Frage, »Was entscheidet, wer oben ist und wer unten?«, die ihm von *Spiegel*-Redakteuren im Januar 2009 gestellt wurde, Folgendes: »Besitz und Macht, dann vielleicht Bildung, mehr noch Herkunft. Das hat etwas mit gelerntem Verhalten zu tun, das durch das Elternhaus vermittelt wird. Warum sind denn so viele Vorstände von Dax-Unternehmen ihrerseits Kinder aus der Oberschicht? Es ist die Fähigkeit, sich so zu bewegen, dass man in einem gehobenen Milieu nicht auffällt.«

Heutzutage sind die gesellschaftlichen Erkennungsmerkmale meist subtiler als in den vergangenen Jahrhunderten, was dazu führt, dass ihre Existenz und Bedeutung fälschlicherweise negiert wird. Die Regeln der Umgangsformen wurden immer differenzierter, um einerseits in der enger zusammenwachsenden Gesellschaft der letzten Jahrhunderte dafür zu sorgen, dass Mitmenschen nicht belästigt wurden, andererseits aber auch, um wie eine Art Geheimcode die verschiedenen gesellschaftlichen Schichten kenntlich zu machen.

Gute Umgangsformen erleichtern also den Erfolg, egal, ob man darunter eine klassische Karriere und den Aufstieg ins Management versteht oder ob man Menschen beraten und überzeugen möchte, etwas verkaufen oder Mitarbeiter motivieren will, in einer sozialen Organisation arbeitet, Fundraising für eine Umweltschutzorganisation betreibt oder mit seinem Vorbild für eine gute Atmosphäre in Familie und Freundeskreis sorgen möchte. Wichtig ist dabei, dass einem die Regeln in Fleisch und Blut übergehen und man nicht ständig überlegen muss, was denn nun richtig und was falsch ist. Nur dann ist es möglich, ein souveränes Auftreten zu haben und die Konzentration auf andere Dinge zu lenken. Professor Jens Förster beschreibt dies in seiner *Kleinen Einführung in das Schubladen-Denken* an einem anschaulichen Beispiel: »Ich selbst denke nicht bewusst darüber nach, leise zu sein, wenn ich in eine Bücherei gehe – ich bin es einfach. (…) Dem Kind, das nicht lernt, andere nicht zu

stören, fehlt die Assoziation ›Bücherei = leise‹, und es wird
sich anstrengen müssen, sich sozial zu verhalten, wenn man
es irgendwann einmal darauf hinweist. Kurz gesagt, es hat
viele Vorteile, sich automatisch zu verhalten, wie es die
Situation vorschreibt, denn man erspart sich das Nachdenken über das richtige Verhalten.«

Umgangsformen passen sich den gesellschaftlichen Be-
dürfnissen und den Veränderungen an. Zum Beispiel haben
sich, was die Stellung der berufstätigen Frauen angeht, viele
Umgangsformen verändert, vor allem in den letzten dreißig
Jahren. Manche andere früher gültige Regel hat heute keinen
Sinn mehr. Zum Beispiel das Schneiden von Kartoffeln:
Früher liefen Messer beim Kontakt mit der stärkehaltigen
Kartoffel an, heute haben wir längst pflegeleichteres Besteck,
und das Tabu, Kartoffeln zu schneiden, gilt nicht mehr. Es ist
dennoch ein weitverbreiteter Irrtum, zu glauben, »es ändert
sich ja dauernd etwas«. Das ist nicht der Fall. Die meisten
Regeln sind nicht nur historisch zu belegen, sondern haben
auch im 21. Jahrhundert einen handfesten und pragma-
tischen Grund. Insofern ist es nicht nur peinlich, sondern
auch anmaßend, wenn von sogenannten Experten behaup-
tet wird, sie hätten einige Etikette-Regeln geändert. Kennt
man die Gründe für die wichtigsten Regeln der Umgangsformen, so ist es auch ein Leichtes, bei gesellschaftlichen
Veränderungen selbst darüber zu entscheiden, wie man sich
am besten verhält.

Lange Zeit war es in Deutschland unüblich, sich über Etikette-Regeln oder über das Thema »Gute Manieren« zu
unterhalten. Es galt als altmodisch, geradezu spießig und
irgendwie verdächtig reaktionär, sich darüber Gedanken zu
machen. In den letzten Jahren hat sich die Einstellung je-

doch geändert. Viele Menschen haben erkannt, dass es ganz ohne Regeln nicht geht, und versuchen nun wieder, ein wenig Struktur in ihre Kenntnisse der Umgangsformen zu bringen – sie lesen entsprechende Ratgeber, besuchen ein Seminar und tauschen sich aus.

Das *Lexikon der Benimmirrtümer* ist eine Sammlung von Fehlinterpretationen der Umgangsformen, die ich im Laufe der letzten Jahre gesammelt habe. Sie werden hier nur Hinweise zu Umgangsformen in Deutschland finden. Viele davon gelten freilich für den gesamten deutschsprachigen Raum. Dennoch gibt es in Österreich und der Schweiz Unterschiede in manchen Details. Nur in einigen Fällen streife ich Regeln im Ausland. Für einen umfassenden Überblick über Benimmirrtümer im Ausland bräuchte man eine ganze Enzyklopädie …

Sie können das Buch von vorne bis hinten lesen oder sich einen einzelnen Irrtum heraussuchen. Ich habe das Buch so aufgebaut, dass jeder Fall für sich erklärt wird und es nicht nötig ist, zu seinem Verständnis die vorherigen Abschnitte gelesen zu haben. Jedem Kapitel vorangestellt ist ein kleiner Test. So können Sie selbst prüfen, wie gut Ihr Wissen ist. Die Auflösung finden Sie am Ende des Buches.

I
Alltag

Testen Sie Ihr Wissen: Richtig oder falsch?

	richtig	falsch
»Gesundheit« sagt man heutzutage nicht mehr, wenn jemand niest.		
Stofftaschentücher sind altmodisch.		
Ist einem ein Versehen unterlaufen, so sagt man »Ich entschuldige mich«.		
Um Adelige korrekt anzusprechen, sagt man zum Beispiel »Herr Baron«.		
Macht man zwei Menschen miteinander bekannt, so wird der Name der hierarchisch niedriger stehenden Person zuerst genannt.		
»Gestatten Sie?« und »Darf ich vorstellen?« gelten als altmodisch.		
Bei mehreren akademischen Graden verwendet man in der Anrede nur einen.		
»Z. Hd.« in der Adresse wird heute nicht mehr verwendet.		
»Hallo« ist ein freundlicher und moderner Gruß, der immer passt.		
Der Dame wird immer zuerst in den Mantel geholfen.		
Geht man durch bestuhlte Reihen, so wendet man den Sitzenden die Front zu.		
Der beste Platz im Auto ist immer der Beifahrersitz.		
Möchte man im Zug die Füße auf den Sitz legen, so zieht man vorher die Schuhe aus.		
Höhergestellte Personen sollten nach Möglichkeit auf der rechten Seite gehen.		
Auf eine Peinlichkeit wie einen offenstehenden Hosenreißverschluss spricht man andere Menschen nicht an.		
Kondolenzbriefe haben einen schwarzen Rand.		
Die freundliche Erwiderung auf einen Dank lautet »Keine Ursache« oder »Kein Problem«.		
Alles, was »to go« verkauft wird, kann auch überall unterwegs verzehrt werden.		
In den ausgeschilderten Handyzonen des Zuges kann man nach Herzenslust telefonieren.		

	richtig	falsch
Die korrekte Selbstvorstellung lautet: »Ich bin der Herr Meier«.		
E-Mails und Briefe unterscheiden sich in der Lockerheit des Tons.		
Ein Handschlag gehört immer zu einem freundlichen Gruß.		
Aufgestellte Aschenbecher sind ein Zeichen dafür, dass geraucht werden darf.		
Eine E-Mail ist in allen Fällen ein guter Ersatz für einen Brief.		
Beim Small Talk sollte man nie kontroverse Themen besprechen.		
Kugelschreiber und Füller sind immer noch keine gleichwertigen Schreibwerkzeuge.		
Der Erhalt einer Visitenkarte verpflichtet nicht, auch die eigene auszuhändigen.		
Ein Handschlag sollte durch einen Griff an den Oberarm unterstützt werden.		
Heute darf man im Sitzen die Beine so übereinanderschlagen, wie man will.		
Die Frau eines Arztes wird heute nicht mehr mit »Frau Doktor« angesprochen.		
Heute darf man ruhig bei Gesprächen eine Hand in der Hosentasche haben.		
Bei einer Vorstellung erwidert man »Angenehm«, wenn andere ihren Namen nennen.		
Wenn es kalt ist, kann man beim Handschlag auch die Handschuhe anlassen.		
Ist man selbst promoviert, so spricht man andere Promovierte nicht mit »Doktor« an.		
Früher musste man in Innenräumen den Hut ablegen, für Käppis gilt das heute nicht mehr.		
Um eine Briefanrede abwechslungsreich zu gestalten, kann man auch mal »Werte Frau Huber« schreiben.		

»Wenn jemanden etwas an mir stört, dann wird er es mir schon sagen« – so könnte man den wohl entscheidendsten Irrtum in den alltäglichen Umgangsformen beschreiben. Viele Menschen gehen fälschlicherweise davon aus, sie verhielten sich stets korrekt, denn sonst würden sie ja auf ihr schlechtes Benehmen hingewiesen. Natürlich, enge Freunde und Partner teilen einander mit, was sie am anderen stört. Selten betrifft das jedoch die Umgangsformen. Zu sehr haben wir das Gefühl, dieses Thema gehe nun doch zu weit, sei zu intim – fast so, als müsste man jemandem sagen, er rieche nicht gut. In engen persönlichen Kontakten schlucken zudem viele Menschen ihren Ärger über schlechte Manieren der Freunde herunter, weil sie finden, dies dürfe einfach keine so große Rolle spielen, da man ja schließlich befreundet sei.

Was oft ebenfalls nicht klar ist: Außerhalb des engsten Kreises ist es tatsächlich tabu, eine andere Person auf Etikette-Fehler hinzuweisen. Und so werden in vielen Fällen schlechte Manieren notgedrungen geduldet, ohne dass der Verursacher erkennt, dass er sich mit seinem Verhalten unbeliebt macht.

»Gesundheit!«

Irrtum:

»Gesundheit« sagt man neuerdings nicht mehr, wenn jemand niesen muss.

Richtig ist:

»Gesundheit« zu wünschen gilt schon seit Jahrhunderten nicht als kultiviert.

Seit einiger Zeit kursiert in Deutschland eine eigenartige neue Erkenntnis, was gutes Benehmen angeht: »Gesundheit sagt man ja heute nicht mehr.« Und in der Tat, es ist richtig, dass man nicht »Gesundheit« sagt, wenn eine andere Person niest. Aber es ist ein Irrtum, dass dies zu den Neuerungen der Etikette-Regeln gehöre. Generell ändern sich Regeln dieser Art nicht alle paar Jahre, sondern nur, wenn es einen triftigen Grund gibt, wie gravierende gesellschaftliche oder technische Veränderungen, aufgrund derer eine Regel nicht mehr sinnvoll oder sogar hinderlich ist. Erst dann ändert sich etwas.

Die Formel »Gesundheit« als Reaktion auf das Niesen eines anderen hat eine lange Geschichte. Soweit man weiß, lautete die Formel im 17. Jahrhundert »Gott schenke mir Gesundheit« und war mit dem Schlagen des Kreuzes vor dem Körper verbunden. Die Lungenpest war eine der vielen Katastrophen dieser Zeit, und schon damals erkannten die Leute wohl, dass sich die Krankheitserreger durch das Einatmen übertrugen. Es ist daher verständlich, dass sie vor dem Niesen anderer Menschen Angst hatten und Gott um Gesundheit anflehten – wohlgemerkt: um die *eigene* Gesundheit.

In den Etikette-Büchern des 19. Jahrhunderts, die sich an das aufstiegsorientierte Bürgertum wandten, finden wir jedoch bereits genügend Hinweise, dass der laute Wunsch nach Gesundheit in Gesellschaft nicht erwünscht sei. Niesen war und ist ein unkontrolliertes und meist unkontrollierbares Körpergeräusch, das in Anwesenheit anderer als ein Fauxpas gilt. Er wird daher höflich und schweigend übergangen. Schließlich will man den »Nieser« nicht noch mehr in Verlegenheit bringen.

Auch wenn wir Niesen heute nicht mehr als Verfehlung betrachten – angenehm ist es nicht, vor allem nicht für einen unter einer Erkältung oder Allergie leidenden Mitmenschen, der mehrfach täglich niesen muss. Ruft dann die gesamte Runde im Chor »Gesundheit!«, so nervt das den Betroffenen eher, als ihn zu trösten – auch wenn vielen gar nicht bewusst ist, dass der Wunsch ursprünglich sowieso nicht dem Nieser, sondern den Angeniesten galt.

Deutlich wird dies vor allem in einer Gesprächsrunde, während einer Präsentation oder einem Vortrag. Niest der Sprecher und die Zuhörer wünschen ihm Gesundheit, wird sein Redefluss noch länger unterbrochen und das Niesen erhält noch mehr Aufmerksamkeit, als allen lieb ist.

Kontrovers sind die Meinungen darüber, ob man sich (heute) für sein Niesen entschuldigen müsse. Ganz klar: Ist das Niesen ein leises »Hatschi«, so lenkt eine Entschuldigung noch mehr Aufmerksamkeit darauf, was natürlich nicht erwünscht ist. Spricht aber jemand zu anderen Personen und muss seine Ausführungen wegen eines Niesens unterbrechen, so ist es sinnvoll und höflich, dafür – wie für jede andere Störung oder Unterbrechung – um Entschuldigung zu bitten.

Plagt einen gerade eine schwere Erkältung oder eine Allergie und ist der Tag von häufigen Niesattacken begleitet, so sollte man einmal um Verständnis bitten, nicht aber jedes Mal.

Dass man sich beim Niesen abwendet und am besten in ein Taschentuch niest oder, wenn es nicht anders geht, in die linke Hand, ist eine Selbstverständlichkeit.

Taschentuch gleich Taschentuch?

Irrtum:

Heute benutzt man nur noch Papiertaschentücher.

Richtig ist:

Auch heute gehört ein gebügeltes und frisches Stofftaschentuch dazu.

Viele können sich wahrscheinlich gar nicht mehr vorstellen, wie es noch vor wenigen Jahrzehnten war, als Stofftaschentücher gebräuchlich und Papiertaschentücher unbekannt waren. Die bequeme Handhabung eines Papiertaschentuchs, das man überall kaufen kann und nach Benutzung einfach wegwirft, hat dazu geführt, dass viele gar keine Stofftaschentücher mehr besitzen. Hinzu kommt noch, dass man immer wieder Leute sieht, die ein riesiges kariertes und völlig zerknautschtes Stofftaschentuch aus der Hosentasche ziehen, lautstark hineintrompeten und es anschließend zurück in die Hosentasche befördern. Logischerweise trägt dieser unappetitliche Vorgang nicht zu einem positiven Image des Stofftaschentuches bei.

Es ist jedoch ein Irrtum, zu glauben, ein moderner und kultivierter Mensch sollte deshalb darauf verzichten. Ganz im Gegenteil.

Bei Erkältungen sollte ein Papiertaschentuch die erste Wahl sein, da es hygienischer und appetitlicher ist – allerdings nur, wenn es nur einmal benutzt und danach an einem Ort entsorgt wird, der nicht den Augen der Vorbeikommenden ausgesetzt ist. Benutzte Papiertaschentücher gehören also nicht in den Büro-Papierkorb, sondern in einen großen, verschlossenen Mülleimer oder in die Toilette. Papier-

taschentücher können darüber hinaus kleinere Alltags-
unfälle wie Schmutzspritzer auf Schuhen, einen Tropfen
Kaffee auf dem Terminkalender und Ähnliches wunderbar
versorgen.

Ein Stofftaschentuch, am besten in Weiß, frisch gebügelt
und ordentlich gefaltet, gehört ungeachtet dessen zusätzlich
in jede Handtasche einer Frau und die Jacketttasche eines
Mannes, denn es kennzeichnet einen kultivierten Menschen,
der sich mit Sorgfalt zurechtmacht, bevor er das Haus verlässt. Wenn jemand sich mit einem gezückten Stofftaschentuch die Stirn tupft oder Tränen trocknet, ist dies in jedem
Fall ein stilvollerer Anblick als jemand, der zu diesem Zweck
ein Papiertaschentuch aus einer knisternden Plastikhülle
zieht.

Wie sage ich es meinem Opfer?

Irrtum:
Ist einem ein Versehen unterlaufen, so sagt man
»Ich entschuldige mich«.
Richtig ist:
Man kann sich nicht selbst entschuldigen.

Gut gemeint und trotzdem falsch ist der Satz »Ich entschuldige mich dafür«, wenn man versehentlich etwas getan hat,
was einen anderen in Mitleidenschaft gezogen hat. Besonders wohlmeinende Zeitgenossen sagen oftmals sogar »Ich
entschuldige mich dafür in aller Form«.

Denkt man jedoch über die Wortbedeutung von »entschuldigen« – also »von einer Schuld befreien« – nach, wird
schnell klar, dass man sich nicht selbst von einer Schuld be-

freien kann. Nur der andere, dem ich etwas angetan habe, kann mir verzeihen, die Schuld also wieder von mir nehmen. Ich als Verursacher kann höchstens darum bitten.

Richtig ist also die Formulierung: »Ich bitte um Entschuldigung« oder »Ich bitte um Verzeihung« sowie »Verzeihen Sie bitte« oder »Entschuldigen Sie bitte«.

Auch für ein kleines Versehen oder Vergessen sollte man um Verzeihung bitten. Ein nebenbei genuscheltes »'tschuldigung« wirkt sicher nicht überzeugend – das kann man auch gleich bleiben lassen. »Verzeihen Sie bitte«, »Entschuldigen Sie bitte« lautet die richtige Wortwahl. Wer die Ernsthaftigkeit seiner Zerknirschung noch betonen möchte, kann anfügen: »Es tut mir wirklich leid« oder »Das wollte ich wirklich nicht«. Denken Sie daran, dass Entschuldigungen nicht nur in der Öffentlichkeit, bei der Arbeit und bei Fremden angebracht sind. Auch in der Familie, gegenüber Partner und Kindern, sollte man um Entschuldigung bitten und sein Bedauern über einen Fehler ausdrücken.

In diesen Situationen ist eine kurze Bitte um Entschuldigung angebracht:

- Sie sprechen einen Fremden an, um zum Beispiel nach dem Weg zu fragen.
- Sie stehen jemandem im Blickfeld.
- Sie haben etwas umgestoßen.
- Sie haben etwas beschädigt.
- Sie haben eine Kleinigkeit vergessen.
- Sie stoßen versehentlich jemanden an.
- Sie geben einen Schluckauf, ein Magenknurren oder Ähnliches von sich.
- Sie kommen zu spät zu einer Verabredung.

- Sie sind jemandem vor lauter Redeeifer ins Wort gefallen.
- Sie haben vergessen, Ihr Handy auszuschalten.

Wichtig ist dabei, dass Sie möglichst immer sofort um Entschuldigung bitten, dabei im direkten Gespräch Blickkontakt halten und gegebenenfalls anbieten, für den entstandenen Schaden aufzukommen. Das können zum Beispiel Kosten für die Reinigung sein oder ein kompletter Ersatz. Wichtig: Eine kurze Bitte um Entschuldigung ist nicht ausreichend, wenn es sich um größere Verfehlungen handelt. Was kleine und was schwerwiegende Fehltritte sind, können nur Sie selbst entscheiden. Dies hängt immer von den Umständen und den Beteiligten ab. Ist mehr als eine Kleinigkeit passiert, können ein paar Zeilen mit der Bitte um Entschuldigung und ein Strauß Blumen bzw. eine andere Aufmerksamkeit nicht nur eine nette Geste sein, sondern auch dafür sorgen, dass die Angelegenheit wirklich erledigt ist. Wenn Sie schriftlich um Verzeihung bitten:

- Schreiben Sie kurz und in klaren Worten, dass es Ihnen sehr leidtue, Sie den Vorfall bedauerten, er Ihnen unangenehm sei.
- Zeigen Sie, dass Sie sich in die Situation des Betroffenen hineinfühlen können.
- Ein Entschuldigungsschreiben von Hand macht einen besseren Eindruck als ein Brief, der auf dem Computer erstellt wurde.

Vermeiden Sie dabei lange und umständliche Erklärungen, warum Sie sich so ungeschickt angestellt haben, sowie alle Arten von Floskeln.

Werden Sie selbst um Verzeihung gebeten, gilt es, die Gratwanderung zu meistern, es dem anderen nicht unnötig schwer zu machen und dennoch den eigenen Ärger nicht herunterzuspielen. Denken Sie daran: Einen Menschen mit Stil erkennt man daran, dass er auch in schwierigen Momenten Haltung bewahrt. Landet also eine Schüssel Spaghetti mit Tomatensauce auf Ihrem Lieblingsoutfit, das nun für alle Zeiten ruiniert ist, dann verschaffen Sie sich Respekt dadurch, dass Sie dies mit Bedauern erwähnen, aber keinen emotionalen Ausbruch bekommen oder gar den Verursacher zusammenstauchen, sondern mit Würde sagen »Es war ja keine Absicht«. Bewundernswert, wer einen Abend nach so einem Desaster trotzdem gutgelaunt genießt und den anderen Gästen oder dem Schuldigen nicht die Stimmung verdirbt.

»Guten Morgen, Herr Baron!«

Irrtum:

Adelige spricht man korrekt an, indem man »Herr« oder »Frau« vor den Titel setzt.

Richtig ist:

Die Kombination der Anrede Herr/Frau mit Adelstiteln ist nicht stilvoll.

Es gibt eine ganze Reihe von Gründen, die zur fehlerhaften Anrede »Frau Gräfin« oder »Herr Baron« führen. Zum einen sind dies falsch verstandene historische Vorbilder. In Filmen, die im 19. Jahrhundert spielen, hört man oft Diener, Kindermädchen, Kutscher oder Abhängige »Herr Baron« sagen. Das war die übliche und von der Herrschaft ge-

wünschte Anrede durch Dienstboten, Personal oder Unter-
tanen. Für jene, die den Adeligen auf gleicher Augenhöhe
begegneten, war diese Anrede nicht korrekt. Verwendet man
heute die Anrede »Herr Graf«, so setzt man eine Gepflogen-
heit fort, die früher, in anderen gesellschaftlichen Verhältnis-
sen, sicher ihre Berechtigung hatte, heute aber deplatziert ist.

Auf der anderen Seite ist es spannend, dass die Privilegien
des Adels, zum Beispiel das Tragen von Titeln, bereits 1919
mit der Weimarer Verfassung abgeschafft wurden. Auch hier
irren viele, wenn sie davon sprechen, »der Adel sei abgeschafft worden«. Keineswegs – der Adel existiert nach wie
vor, allerdings ist seither das, was wir heute im normalen
Sprachgebrauch als »Titel« bezeichnen, kein Titel mehr,
sondern nur Bestandteil des Nachnamens. Einen »Sebastian
Baron von Brockenstein« anzureden mit »Guten Tag, Herr
Baron von Brockenstein« wäre also tatsächlich richtig.
Wohlgemerkt: namensrechtlich! Stilvoll und höflich ist es
nicht. Der Sprecher zeigt mit diesen Worten, dass er weiß,
dass der Angesprochene kein Anrecht mehr auf den Titel
hat und dass er ihm diese Anrede ganz bewusst verweigert.
Höflich war und ist immer noch: »Guten Morgen, Baron
Brockenstein.« Meist nimmt man also einfach den Namens-
teil, der früher der »echte Titel« war, zum Beispiel »Graf«
oder »Baron«, und setzt dahinter den Nachnamen. In der
direkten Anrede wird dabei oft auf das »von« vor dem Nachnamen verzichtet.

Ironie der Geschichte ist, dass wir im 21. Jahrhundert in
der Bundesrepublik mehr Träger adeliger Namen haben als
noch vor 1919. Wenn man überlegt, wie früher das Namensrecht für den Adel geregelt war, ist das auch logisch.
Schließlich wurde der Name mit den Titeln nur an männ-

liche Nachkommen aus einer legalen Ehe weitergegeben. Heiratete aber eine weibliche Adelige einen Bürgerlichen, so trug sie, wie auch die gemeinsamen Kinder, den Namen ihres Mannes. Das aber verträgt sich nicht mit unserem modernen Namensrecht. Inzwischen können die adeligen Namen an eheliche, nicht eheliche und adoptierte Kinder beiderlei Geschlechts weitergegeben werden.

Wie wir wissen, bessern auch manche Adelige ihr Einkommen dadurch auf, dass sie pro forma jemanden adoptieren, damit dieser sich mit dem adeligen Namen brüsten kann. Diesen Trägern von adeligen Namen wird jedoch oft die ihnen rechtlich zustehende Anrede verweigert.

Esel zuerst?

Irrtum:

Wenn man zwei Menschen miteinander bekannt machen möchte, so wird der Name der höherstehenden oder wichtigeren Person zuerst genannt.

Richtig ist:

Der hierarchisch Höherstehende hat das Vorrecht, zuerst zu erfahren, wer der andere ist.

Die Annahme, bei einer Vorstellung müsse zuerst der Namen der wichtigeren Person genannt werden, beruht auf einem grundsätzlich richtigen Verhalten: Jemand, der hierarchisch höher steht, sollte bevorzugt behandelt werden und wird auch, zum Beispiel bei der Aufzählung mehrerer Personen, zuerst genannt.

Stellen Sie jedoch zwei Personen einander vor, so wird gerade nicht der Höherstehende zuerst genannt, sondern der andere. Dahinter steckt der Gedanke, dass der jeweils Höherrangige zuerst erfahren solle, wer der andere sei, und so einen Informationsvorsprung gewinnt.

Beispiel aus dem Beruf: Sie möchten, dass sich der neue Praktikant, Martin Meier, und Ihr Vorgesetzter, Hans Huber, kennenlernen.

So ist es richtig: »Guten Morgen, Herr Huber. Ich glaube, Sie kennen unseren neuen Praktikanten noch nicht. Das ist Martin Meier, der hier heute seinen ersten Arbeitstag hat. Herr Meier – Hans Huber ist der Leiter dieser Abteilung und hatte angeregt, dass wir in diesem Herbst wieder neue Praktikanten nehmen sollten.«

Beispiel aus dem Privatleben: Sie treffen beim Einkaufen ihren ehemaligen Nachbarn Karl Schulze und möchten ihn mit Ihrer Frau Sabine bekannt machen. Sie begrüßen Ihren Bekannten und wenden sich dann Ihrer Frau zu: »Sabine, das ist Karl Schulze. Wir haben während meines Studiums im selben Haus gewohnt.« Privat genießen Frauen einen etwas höheren Rang und haben somit das Recht, zuerst den Namen des anderen zu erfahren. Nun blicken Sie Karl Schulze an und stellen ihm Ihre Frau vor. Je nachdem, ob es in Ihrem Umfeld üblich ist, sich zu duzen oder nicht, haben Sie dabei folgende Optionen:

1. Duzen: »Karl, das ist meine Frau Sabine. Wir haben uns während meines ersten Jobs in Hamburg kennengelernt und leben nun beide wieder hier in Berlin.«

2. Siezen oder duzen: »Karl, das ist meine Frau Sabine Harmann ...«

Nennen Sie nur den Vornamen, dann geht der Bekannte davon aus, dass Sie sich nun alle duzen. Nicht eindeutig ist es aber, wenn Sie Vor- und Nachnamen erwähnen. Es wäre dann Aufgabe Ihrer Frau, dem Bekannten die Hand zu reichen und zu sagen: »Hallo, ich bin Sabine. Schön, dich kennenzulernen. Ich habe schon viel von euren wilden Studentenpartys gehört.« Oder: »Guten Tag. Ich freue mich, dass ich Sie nun kennenlerne ...«

Nur den Namen zu nennen ist grundsätzlich zu wenig. Jeder ist dankbar, auch zu erfahren, wer der andere ist und warum er mit ihm bekannt gemacht wird.

Im Allgemeinen spricht man übrigens von »vorstellen« in einem eher offiziellen Rahmen oder in einer Situation, in der hierarchische Positionen berücksichtigt werden. »Bekannt machen« bezieht sich hingegen eher auf eine lockere, informelle Atmosphäre.

»Meine Gattin«

Irrtum:

Spricht man von seinem Partner, so ist die höfliche Variante »meine Gattin« oder »mein Gatte«.

Richtig ist:

Möchten Sie über Ihren Partner sprechen oder ihn vorstellen, so sagen Sie einfach »mein Partner« oder »mein Mann«.

Es ist interessant, dass viele in normalen Gesprächssituationen von ihrem »Mann«, ihrer »Frau« oder ihrem »Partner« sprechen, in formelleren oder feierlicheren Situationen aber auf einmal »Gatte« bzw. »Gattin« verwenden. Vermutlich glauben sie, das klinge vornehmer. Hier irren die wohlmeinenden Sprecher jedoch – mit dem Versuch, sich vornehmer auszudrücken, machen sie einen Fehler. Auch ist das keineswegs, wie einige vielleicht glauben, eine Neuerung in der Etikette. Schon in den Werken von Erika Pappritz, die in den fünfziger Jahren als eine Art »Etikette-Päpstin« galt, findet sich der Hinweis, diese Formulierung auf gar keinen Fall zu verwenden.

Die Bezeichnung »Gatte«/«Gattin« oder »Ehegatte«/ »Ehegattin« wird in rechtlichen Dokumenten verwendet – nicht jedoch im gesellschaftlichen Umgang.

»Gestatten – darf ich vorstellen?«

Irrtum:

Möchte man sich oder andere vorstellen, sollte man dies mit »Gestatten Sie?« oder »Darf ich vorstellen?« einleiten.

Richtig ist:

Vorstellungen werden nicht mit rhetorischen Fragen eingeleitet.

Was soll jemand erwidern, der gefragt wird: »Darf ich Ihnen Sabine Schuller vorstellen«? Die Antwort »Nein danke, lieber nicht« ist nicht vorstellbar. Es handelt sich also um eine rhetorische Frage, auf die man keine Antwort erwartet. Rhetorische Fragen sind wunderbar für Präsentationen, Reden und Vorträge. Sie regen das Publikum an, über einen bestimmten Punkt nachzudenken, ohne dass es antworten muss. Eine rhetorische Frage hat in normaler Konversation jedoch keinen Platz, schließlich möchte man sich unterhalten – und auf eine Frage sollte der andere daher auch antworten können.

Man könnte nun argumentieren, die obige Frage sei keine rhetorische Frage, da die Antwort »Ja, gerne« durchaus denkbar und zulässig sei. Dann haben wir es aber mit einer Suggestivfrage zu tun: Die Frage ist so formuliert, dass es nur eine mögliche Antwort gibt. Auch dies ist kein Mittel partnerschaftlicher und höflicher Kommunikation, und deshalb ist sie für eine Vorstellung denkbar schlecht geeignet.

Aus diesen Gründen sollte eine Vorstellung nicht mit dieser Frage eingeleitet werden. Entweder stellen Sie die andere Person direkt vor: »Das ist meine neue Nachbarin, Sabine Schuller«, oder Sie verwenden einen einleitenden Satz, der beide Personen auf die Situation vorbereitet: »Ich glaube, du kennst meine neue Nachbarin noch nicht ...« oder: »Ich habe endlich jemanden gefunden, der nun morgens mit mir joggen geht. Das ist meine neue Nachbarin ...«

»Herr Professor Dr. Dr. Müller«

Irrtum:

Hat jemand mehrere akademische Grade, nennt man auch alle.

Richtig ist:

Es wird in der Anrede immer nur ein akademischer Grad genannt.

Eine Visitenkarte, auf der sich mehrere akademische Grade über eine ganze Zeile hinziehen, kann durchaus Eindruck erwecken. Im Bemühen, alles richtig machen und sich auf jeden Fall respektvoll zeigen zu wollen, spricht mancher den Visitenkartenbesitzer dann mit allen aufgeführten Titeln an. Das kann sich dann so anhören: »Guten Tag, Herr Professor Dr. Dr. h. c. Müller.« Anderen erscheint dies zu lang und umständlich, nennen aber wenigstens einen »Dr.«. Beides ist falsch. Denn es gibt eine ganz klare Regel: Bei mehreren akademischen Graden wird immer nur der höchste genannt.

Interessanterweise wissen das einige der ausgezeichneten Akademiker selbst nicht. Es gibt durchaus Professoren, die stolz darauf sind, promoviert und habilitiert zu sein und sich in der Anrede dann auch von jenen Professoren unterscheiden wissen wollen, die dergleichen nicht vorzuweisen haben.

Tatsache ist jedoch, dass es in der Anrede keine Rolle spielt, welche »Sorte« von Professor jemand ist und wie viele sonstige akademische Titel er besitzt. Das wäre zu umständlich. Deshalb gibt es eine Art Grundsatz: Überall, wo Professor draufsteht, ist auch Professor drin – und der Betreffende wird deshalb so angesprochen.

»c/o« und »z. Hd.«

Irrtum:
Richtet man einen Brief an eine bestimmte Person in einer Behörde oder Firma, so schreibt man entweder »z. Hd.« oder »c/o« auf den Umschlag.
Richtig ist:
»Z. Hd.« ist heute gar nicht mehr üblich, »c/o« nur noch in Ausnahmefällen.

Kaum jemand weiß, dass »c/o« die Abkürzung von »care of« ist. Die ausgeschriebene Form verdeutlicht, dass diese Abkürzung heute nur noch auf den wenigsten Briefen Sinn hat. Sie ist nur dann richtig, wenn jemand – oftmals nur für eine gewisse Zeit – bei einer anderen Familie lebt.

»Z. Hd.«, also »zu Händen«, findet sich auf vielen an bestimmte Personen in Firmen oder Institutionen adressierten Briefen. Das kann so aussehen:

Steuerbüro Hauser
z. Hd. Frau Gabriele Huber
Steuerstraße 15
10847 Berlin

Der Schreiber des Briefes irrt jedoch, wenn er denkt, dass dies die richtige Form sei. Heute gilt diese Adressierung als veraltet. Die moderne Schreibweise lautet folgendermaßen:

Steuerbüro Hauser
Frau Gabriele Huber
Steuerstraße 15
10847 Berlin

Die Person wird also direkt benannt, ohne Vorsatz vor dem Namen.

Falsch ist auch die Annahme, die namentliche Erwähnung einer speziellen Person auf dem Briefumschlag sorge dafür, dass der Brief von niemand anderem geöffnet werde. Für die angeschriebene Firma oder Institution bedeutet dies jedoch nur, dass der Brief in den Fach- oder Interessensbereich dieser Person gehört und bei Abwesenheit wegen Krankheit, Versetzung oder Urlaub von einem Kollegen geöffnet werden kann.

In den meisten großen Unternehmen und Behörden gilt die Regel, dass ein Brief nur dann als ausschließlich für den genannten Adressaten betrachtet wird, wenn der Vermerk »Personlich« über allem steht und der Personenname vor dem Firmennamen kommt. Möchten Sie also sichergehen, dass ein Brief wirklich nur von der Zielperson geöffnet und gelesen wird, dann können Sie wie folgt vorgehen:

PERSÖNLICH
Frau Gabriele Huber – persönlich
Steuerbüro Hauser
Steuerstraße 15
10847 Berlin

Der sicherste Weg ist auf jeden Fall das Einschreiben – dann kann nichts schiefgehen.

»Hallo!«

Irrtum:
Ein freundliches »Hallo« ist zeitgemäß und immer angebracht.
Richtig ist:
»Hallo« eignet sich längst nicht in allen Situationen als Gruß.

Ob im Laden, an der Supermarktkasse, in einem Meeting oder bei einem Treffen mit dem Geschäftspartner: Immer häufiger begrüßen die Menschen einander mit »Hallo«. Dennoch ist es ein Fehler, daraus zu schließen, dass dieser Gruß in jeglicher Situation und für alle Angesprochenen angemessen ist.

Es gibt viele Menschen, die sich über das »Hallo« ärgern. Auch wenn nicht bekannt ist, wie viele es genau sind – ein beachtlicher Teil der Bevölkerung fühlt sich als Geschäftspartner, Kunde oder Besucher nicht angemessen behandelt, wenn er sich dem »Hallo« aussetzen muss.

Für manche gehört »Hallo« als ein freundlicher, aber salopper Gruß ausschließlich in den Freundes- oder Bekanntenkreis. Kennen sie den anderen kaum oder gar nicht oder besteht ein formeller, beruflicher Zusammenhang, so ziehen sie »Guten Tag« vor. Dies sollte jeder wissen, bevor er sich für eine Grußvariante entscheidet. »Hallo« birgt in jedem Fall das Risiko, dass der Angesprochene sich nicht freundlich und wenig respektvoll behandelt fühlt. Dieses Missverständnis können Sie vermeiden: Grüßen Sie Menschen, denen Sie im Beruf begegnen oder die Ihnen nicht besonders nahestehen, immer zuerst mit einem »Guten Tag«, »Guten Morgen« oder »Guten Abend« – das bedeutet keinen Mehraufwand und ist eine sichere Variante. In Bayern und Baden-Württemberg ist zudem »Grüß Gott« üblich, auch im Beruf.

Hinein und heraus

Irrtum:

Möchte ein Herr seiner weiblichen Begleitung in den Mantel hinein- oder aus dem Mantel heraushelfen, sollte er sich immer erst um die Garderobe der Dame und danach um die eigene kümmern.

Richtig ist:

Es ist ein Unterschied, ob man einer Dame in den oder aus dem Mantel hilft.

Manche Männer glauben, sie seien vollendete Gentlemen, wenn sie ihrer Begleiterin mit der Garderobe behilflich sind. Doch wie so oft kommt es auf die Details an.

Es gilt fälschlicherweise als besonders zuvorkommend, erst der Dame den Mantel abzunehmen oder zu reichen und dann den eigenen Mantel aus- oder anzuziehen. »Ladies first« mag mancher dabei im Kopf haben. Doch hier irrt der Mann. In solchen Situationen offenbart sich, ob man Sinn und Hintergrund der Regeln kennt und wirklich Stil hat.

Betreten eine Dame und ein Herr gemeinsam einen Raum, ist es eine nette und korrekte Geste des Mannes, ihr den Mantel abzunehmen, bevor er sich um seine eigene Garderobe kümmert. So kann die Dame ohne lästigen, vielleicht zu warmen Mantel warten, bis der Herr die Mäntel aufgehängt oder an der Garderobe abgegeben hat.

Verlassen jedoch beide einen Ort, zieht der Herr zuerst seinen eigenen Mantel an, bevor er der Dame hilft. Er möchte schließlich nicht, dass sie in ihrer warmen Bekleidung neben ihm stehen und warten muss. Der Gedanke von Rücksicht, Respekt, der Wunsch, es dem anderen leicht und bequem zu machen, ihm oder ihr eine kleine Annehmlichkeit zu verschaffen: Das ist der Hintergrund der meisten Etikette-Regeln. Hat man dies im Sinn, wird man auch die Mantel-Regel richtig anwenden.

Viele Männer scheuen sich heute, einer Frau mit dem Mantel behilflich zu sein. Sie berichten, sie seien von ihren Begleiterinnen mit den Worten angefaucht worden, sie bräuchten niemanden, der ihnen einen Mantel abnimmt, das könnten sie sehr wohl alleine.

Nun, hier irren die Damen. Wenn auch die Gleichberechtigung noch nicht in allen Köpfen angekommen und längst noch nicht abgeschlossen ist, so hat es dennoch keinen Zeitpunkt gegeben, an dem ernsthaft bezweifelt wurde, dass eine Dame in der Lage sei, sich einen Mantel an- oder auszuziehen. Schon immer sollte diese Geste des Mannes der Dame das An- oder Ablegen des Mantels erleichtern, da sie möglicherweise ein üppiges Abendkleid trägt oder eine kunstvolle Frisur oder einfach, weil sie eine Handtasche dabeihat, die gerade nicht abgestellt werden kann. Hier geht es also um Service und Bequemlichkeit, nicht um intellektuelle oder physische Fähigkeiten.

Wenn Sie als Mann sicher sein wollen, ob eine Frau diesen Service schätzt, so fragen Sie sie einfach: »Darf ich Ihnen den Mantel abnehmen?« Eine höfliche Dame wird immer »Ja« sagen. Je nachdem, ob sie es wirklich mag oder nicht, wird sie sich dann verhalten. Nimmt sie Ihre helfende Hand gerne in Anspruch, so wird sie Ihnen für einen Moment den Rücken zudrehen, damit Sie den Mantel besser fassen können. Andernfalls wird die Dame den Mantel freundlich lächelnd ausziehen und Ihnen reichen.

Übrigens: Laut einer Meinungsumfrage, die von emnid im Auftrag der Zeitschrift *Chrismon* vorgenommen wurde, erwarten über 70 Prozent der Frauen, dass ihnen Männer mit dem Mantel helfen. 87 Prozent der Deutschen insgesamt finden es zeitgemäß, wenn der Mann einer Frau in den Mantel hilft, fand emnid im Auftrag des Magazins *Playboy* 2006 heraus.

Ein schöner Rücken ...

Irrtum:

Geht man in Kino oder Theater durch Reihen, in denen andere sitzen, ist es gleich, wie man dies tut – Hauptsache zügig.

Richtig ist:

Beim Durchqueren bereits besetzter Stuhlreihen wendet man Sitzenden nicht den Rücken zu.

Es ist schon ärgerlich genug, dass die Zuschauer, die Plätze in der Mitte der Sitzreihen haben, fast immer auch die zuletzt Ankommenden sind. Zwangsläufig müssen sie sich dann an den anderen vorbeidrängeln, um zu ihren Sitzen zu gelangen. Höfliche Menschen ziehen dann nicht nur ein wenig die Beine an, sondern stehen auf. So haben es die Durchgehenden leichter und es geht schneller.

Viele entscheiden sich dafür, so durch die Reihen zu gehen, dass sie nach vorne, Richtung Bühne, blicken. Auf diese Art kann man sich besser orientieren und zügiger gehen. Ein Irrtum ist jedoch, dass dies höflich ist – die gute Absicht, möglichst schnell zum eigenen Platz zu kommen, wenn die Lichter schon gedimmt sind, in allen Ehren. Es ist grundsätzlich nicht nett, seinen Mitmenschen den Rücken zuzuwenden, schon gar nicht, wenn sie extra wegen einem aufstehen müssen. Zudem besteht die Gefahr, auf fremde Zehen oder einen langen Rock zu treten.

Deshalb gilt: Gehen Sie zu Ihrem Platz immer so, dass Sie das Gesicht den Menschen zuwenden, die in Ihrer Reihe sitzen – egal ob es sich dabei um Kino, Theater, Oper oder ein Seminar in klassischer Theaterbestuhlung handelt.

Allerdings gilt das nicht in der Kirche. Hier sollten Sie das Gesicht immer dem Altar zuwenden, auch wenn das bedeutet, dass Sie den anderen Besuchern in Ihrer Reihe den Rücken zudrehen. Dies ist aber in der Regel nicht problematisch, da normalerweise niemand vorzeitig eine Messe verlässt, sondern erst dann aus einer Bankreihe tritt, wenn die anderen sie schon verlassen haben. Ebenso wenig sucht man sich als Spätkommender einen Platz in der Mitte einer bereits besetzten Bank, sondern nimmt einfach den nächsten freien Platz am Rand.

Vorne ist immer gut: Ehrenplatz im Auto

Irrtum:
Der beste Platz im Auto ist immer der Beifahrersitz.
Richtig ist:
Wo der beste Platz im Auto ist, hängt davon ab,
wer fährt.

Der Ehrenplatz im Auto, der der ranghöchsten Person vorbehalten ist, muss nicht unbedingt der Beifahrersitz sein. Sicher hat dieser Platz seine Vorteile: Der Fußraum vorne ist meist geräumiger als im Fond, und die Aussicht ist ebenfalls besser.

Trotzdem gilt die Regel, dass sich der Ehrenplatz in einem PKW rechts hinten befindet, wenn der Fahrer ein professioneller Chauffeur, also der Fahrer eines Unternehmens oder ein Taxifahrer, ist.

Nehmen Sie also mit zwei Personen ein Taxi, so sitzt der ranghöhere Ihrer beiden Mitfahrer rechts hinten, der andere links hinten. Sie selbst sitzen auf dem Beifahrersitz – das erleichtert Ihnen auch das Bezahlen.

Sind Sie nur mit einem anderen Fahrgast unterwegs, können Sie natürlich beide hinten Platz nehmen, schließlich ist eine Unterhaltung so einfacher. Ihr Mitfahrer, sei es die Schwiegermutter, ein Kunde oder eine beliebige andere Person, sitzt in diesem Fall rechts, Sie links. Teilen Sie sich jedoch mit einem Kunden und Ihrem Praktikanten ein Taxi, nimmt der Praktikant vorne Platz und Sie neben Ihrem Kunden im Fond. Ist ein Kunde oder ein Gast fremd in der Stadt, können Sie ihm freilich jederzeit anbieten, vorne zu sitzen, da er dort besser sieht.

Chauffiert jemand, der nicht dafür abgestellt und bezahlt wird, beispielsweise Sie selbst, dann ist der beste Platz der neben dem Fahrer. In einem solchen Fall säße der Kunde neben Ihnen und der Praktikant hinten. Bei zwei Kunden (oder auch den Schwiegereltern) wählen die beiden selbst, wo sie Platz nehmen möchten.

Ohne Schuhe darf man das

Irrtum:

Im Zug darf man die Füße auf den Sitz legen, wenn man vorher die Schuhe auszieht.

Richtig ist:

Sofern man keine Moschee, einen Tempel oder einen anderen Ort besucht, an dem Schuhe nicht getragen werden dürfen, lässt man in Gegenwart fremder Menschen die Schuhe immer an den Füßen.

Es ist schon fast belustigend, dass Reisende sich manchmal darüber empören, dass ein anderer Fahrgast seine Füße auf den Sitz legt, ohne die Schuhe auszuziehen – als ob man das ohne Schuhe ruhig tun dürfe. Das ist mitnichten der Fall. Ein Zugabteil ist ein öffentlicher Ort, an dem andere Menschen lesen, schreiben, schlafen, essen und trinken möchten. Haben Sie schon einmal Gäste in einem Café oder Restaurant gesehen, die sich die Schuhe ausziehen, um die Füße auf einen Stuhl zu legen? Hoffentlich nicht, denn es ist niemals angenehm, wenn sich Fremde ihrer Schuhe entledigen. Nicht nur, weil dabei möglicherweise unangenehme Gerüche freigesetzt werden – es gehört eindeutig nicht zu unserer Umgangskultur, die Füße vor Fremden einfach so zu entblößen. Am Strand oder im Schwimmbad finden wir nichts dabei. Doch haben Sie sonst schon irgendwo Zeitgenossen mit bloßen Füßen erlebt? Ein oft genannter Grund für das Abstreifen der Schuhe sind schmerzende Füße. Nun, auch ein zu enger Hosenbund oder ein BH-Träger kann Schmerzen verursachen – und?

Generell gilt: Solange wir keinen Ort betreten, an dem das Ausziehen der Schuhe ausdrücklich erwünscht ist (wie an manchen religiösen Stätten oder Museen, Schlössern, in der Sauna und Hallenbädern), behalten wir die Schuhe an.

Eine merkwürdige Sitte regiert übrigens in manchen Privathaushalten: Bei einem Fest werden die Gäste an der Haustüre gebeten, nicht nur den Mantel, sondern auch die Schuhe auszuziehen. Einige Gäste sind peinlich berührt, wenn sie in ihrer schicken Abendgarderobe in die Pantoffeln der Gastgeber schlüpfen müssen, und fühlen sich in dieser Aufmachung unwohl. Besitzen Sie einen empfindlichen Parkettboden, bitten Sie die Gäste lieber durch eine Formulierung auf der Einladung, auf Pfennigabsätze zu verzichten, anstatt sie beim Betreten der Wohnung mit einem Sortiment an Hausschuhen zu überraschen. Und auch wenn Sie um den Teppichboden Ihrer Wohnung fürchten: Normalerweise kommen Gäste nicht nach einem Moorspaziergang mit Wanderschuhen ins Haus und stapfen dann über einen cremeweißen Flor. Falls Sie wirklich so empfindliches Gewebe ausliegen haben, sollten Sie für genügend Möglichkeiten sorgen, die Schuhe zu reinigen, oder auf ein Fest in Ihren Räumen verzichten. Schließlich sollen sich die Gäste wohlfühlen und nicht gedemütigt werden.

Rechts wie links

Irrtum:

*Es spielt keine Rolle, ob ein Gast, Kunde oder Besucher
meine rechte oder linke Seite einnimmt.*

Richtig ist:

*Die rechte Seite gilt immer noch als die Seite, die der
wichtigeren Person zusteht.*

»Früher ging die Dame immer rechts, aber heute ist das egal« – das haben viele im Kopf. Richtig ist, dass es früher handfeste Gründe dafür gab: Der Degen hing links, so dass er mit der rechten Hand gezogen werden konnte. Eine sich links davon befindende Person wäre in Gefahr gewesen, durch die Degenspitze verletzt zu werden.

Daraus hat sich abgeleitet, dass die rechte Seite als Ehrenplatz gilt. Dies ist bis heute gültig. Wenn Sie im Fernsehen Politiker beobachten, die mit ihren Gästen ein Stück gemeinsam gehen, so erkennen Sie, dass der Gast immer rechts vom Gastgeber geht. Das ist protokollarisch vorgegeben. Die Regel gilt also nicht nur für Damen, sondern für alle, denen wir Höflichkeit und Respekt bezeugen möchten.

Es gibt jedoch gute Gründe, diese Regel zu brechen und rechts von der Begleitung zu gehen, zum Beispiel, wenn sich auf dieser Seite die Fahrbahn, eine Baustelle oder etwas anderes Unangenehmes oder Gefährliches befindet.

»Rechts ist wichtiger« gilt auch für Sitzordnungen, zum Beispiel bei einem Abendessen. Der beste Platz befindet sich immer rechts neben dem Gastgeber. Sind Männer und Frauen in gleicher Anzahl anwesend, so sitzt der Tischherr immer links der Tischdame.

O wie peinlich!

Irrtum:

*Hat jemand vergessen, den Reißverschluss seiner Hose
zu schließen, so sieht man höflich darüber hinweg.*

Richtig ist:

*Es ist rücksichtslos, Mitmenschen so zu durch die Gegend
laufen zu lassen.*

Bei diesem Thema tauchen gleich mehrere Irrtümer auf. Einerseits gibt es genügend Menschen, die sich aus der Affäre ziehen und gar nichts unternehmen, wenn sie feststellen, dass ein anderer mit offener Hose herumläuft. Der Grund ist oft, dass es vielen selbst peinlich ist und sie nicht wissen, wie sie den mahnenden Hinweis formulieren sollen. Andere glauben hingegen felsenfest, so etwas dürfe man anderen Menschen nicht sagen – das sei unmanierlich.

Weit gefehlt. Es ist vielmehr unmanierlich, nichts zu sagen und den Betroffenen dadurch noch länger der peinlichen Situation auszusetzen, in der er sich befindet, bis sich irgendwann vielleicht doch jemand erbarmt und ihm einen Hinweis gibt. Der Betroffene wird dann mit wachsendem Unbehagen überlegen, wie lange er schon so durch die Gegend gelaufen ist und wie viele inzwischen den offenen Reißverschluss gesehen haben, ohne ihn darauf hinzuweisen.

Frauen sind oft der irrtümlichen Meinung, nur ein Mann dürfe einen anderen Mann auf ein solches Versehen aufmerksam machen. Sicher wäre das für beide Seiten einfacher. Ist dies jedoch nicht gegeben, so muss eine Frau trotzdem den Mund aufmachen. Es wäre geradezu ein Akt von

Sabotage, ließe etwa eine Sekretärin ihren Chef zu einer Präsentation gehen, ohne ihn auf den offenen Reißverschluss aufmerksam zu machen.

Ein weiterer Irrtum betrifft die Wortwahl. »Ihr Hosenstall ist offen« ist zwar eine eindeutige, aber auch etwas ordinäre und vom Wortsinn her unsinnige Aussage.

Die eleganteste Variante lautet: »Sie sollten Ihre Kleidung in Ordnung bringen.« Auch wenn ein Zeitgenosse diesen Satz nicht kennt, wird er dennoch an sich heruntersehen und das Malheur entdecken.

Noch etwas: Machen Sie, bloß weil es Ihnen zu peinlich ist, darüber zu sprechen, bitte *niemals* eine Geste, die den anderen auf seine Nachlässigkeit hinweist – das ist nämlich noch viel peinlicher.

Kondolenzbriefe mit Trauerrand?

Irrtum:

Kondolenzbriefe verschickt man in einem Umschlag mit schwarzem Rand.

Richtig ist:

Nur Todesanzeigen gehören in Umschläge, die eine schwarze Umrandung haben.

Stilvolle Menschen verwenden für einen Kondolenzbrief nicht die vorgefertigten Karten des Schreibwarenhandels mit den zu Tausenden reproduzierten Motiven oder den immer gleichen Sprüchen, die Betroffenheit ausdrücken sollen. Ein Kondolenzbrief ist etwas sehr Persönliches, daher muss er individuell formuliert werden. Entscheiden Sie sich dennoch für ein Gedicht, ein Zitat oder einen Spruch, so sollte die Wahl gut überlegt sein und jedes Mal individuell getroffen werden.

Ein Kondolenzschreiben wird immer per Hand verfasst, nicht auf dem Computer, am besten auf einem schlichten weißen Briefbogen ohne die üblichen Angaben wie Bankverbindung usw.

Ein weitverbreiteter Irrtum betrifft auch den Umschlag. Viele Menschen, die einen Kondolenzbrief verfasst haben, verwenden Umschläge mit schwarzem Rand. Es scheint ihnen richtig, derartige Post mit den klassischen Insignien von Trauer zu verpacken. Doch dies ist falsch. Es gibt eine klare Regel: Ein schwarzer Rand geht immer nur aus dem Trauerhaus hinaus, nicht hinein. Gemeint ist damit, dass Familien oder Unternehmen einen Todesfall durch Todesanzeigen in schwarz geränderten Umschlägen kommunizieren. Das ist auch sinnvoll. Der Empfänger sieht sofort, ohne den Brief zu öffnen, dass es sich um eine schlechte Nachricht handelt. Niemand gerät auf diese Weise in die ungute Situation, einen solchen Brief schnell auf dem Weg zu einem Termin zu öffnen. Jeder kann sich bei einem so gekennzeichneten Brief den Zeitpunkt aussuchen, an dem er ihn öffnen möchte.

Ein Kondolenzbrief, der ja Trauer und Bedauern ausdrückt, aber auch versucht, Trost und Kraft zu spenden, erhält hingegen einen normalen Umschlag. Wichtig ist, dass dieser ebenfalls handschriftlich adressiert und auf keinen Fall durch die Frankiermaschine der Firma gejagt wird.

Es gibt kein Standardrezept für einen guten Kondolenzbrief, außer der Regel, dass er sehr persönlich sein muss. Dennoch kann man einiges beachten:

1. Verzichten Sie auf Standardfloskeln. Wählen Sie individuelle Worte, zeigen Sie sich einfühlsam. Bieten Sie Hilfe
   an – allerdings nur, wenn Sie das können und wollen,
   denn Sie sollten bei Bedarf die Hilfe auch wirklich gewähren. Vielleicht können Sie den Betroffenen bei Amts-
   gängen oder anderen organisatorischen Dingen unterstützen. Bitte beachten Sie auch, dass die untenstehenden
   Formulierungen Vorschläge sind, die keinesfalls wortge-
   treu abgeschrieben werden sollten.

2. Vermeiden Sie in Ihrem Beileidsschreiben übertriebenes
   oder falsches Lob. Sprechen Sie ehrlich die besonderen
   Eigenschaften des Verstorbenen an. Zeigen Sie Ihre Wertschätzung für seine Verdienste, wenn es sich um einen
   Mitarbeiter oder Geschäftspartner handelt.

3. Trauernde brauchen Trost. Vergrößern Sie den Schmerz
   der Hinterbliebenen nicht, indem Sie Ihrer eigenen Betroffenheit zu deutlich Ausdruck verleihen.

4. Verfassen Sie Ihr Beileidsschreiben sofort, nachdem die
   Todesanzeige erschienen ist oder Sie persönlich vom Tod
   eines Menschen erfahren haben.

5. Verwenden Sie für Ihr Beileidsschreiben einen hochwer-
   tigen, neutralen Briefbogen ohne Aufdruck der Bankver-
   bindungen oder einer Bezugszeichenzeile. Unbedrucktes
   Papier eignet sich am besten.

6. Frankieren Sie das Beileidsschreiben mit einer Briefmar-
   ke, nicht mit einem Stempelautomaten. Verfassen Sie es
   komplett von Hand.

Mögliche Einleitungen
- »In tiefer Betroffenheit habe ich vom Tod Ihres Mannes
  erfahren.«

- »Tief erschüttert habe ich vom schrecklichen Unfall Ihrer Tochter gehört.«
- »Meine Worte werden wohl kaum imstande sein, Deinen Schmerz über den Verlust eines geliebten Menschen zu lindern.«
- »Mit Bestürzung haben wir die Nachricht vom Ableben Deines Vaters vernommen. Wir möchten Dir sagen, wie sehr wir mit Dir fühlen.«
- »Wir sind erschüttert und sehr traurig über den plötzlichen Tod Ihrer Partnerin.«

Tröstende Worte
- »Ich hoffe, dass es für Sie in den schweren Stunden des Abschieds ein Trost ist, zu wissen, dass Ihr Mann mir als wertvoller Mensch und treuer Kollege unvergessen bleibt.«
- »Ich möchte nicht viele Worte verlieren – wenn Du mich brauchst, weißt Du, wo du mich findest, ich bin immer für Dich da.«
- »Aus meiner eigenen Erfahrung weiß ich nur allzu gut, dass die schönsten und bestgemeinten Worte weder Schmerz noch Trauer lindern können. Trotzdem möchte ich versuchen, Ihnen in diesen schweren und leidvollen Tagen Trost zuzusprechen.«

Würdigung des Verstorbenen
(Bitte denken Sie daran: Je länger und besser Sie den Verstorbenen kannten, desto länger und ausführlicher muss die Würdigung sein.)
- »Wir haben sie als eine faire, kompetente und loyale Geschäftspartnerin schätzen gelernt.«

- »Nie werde ich vergessen, wie er mir bei meinen Schwie-rigkeiten am Berufsanfang hilfreich zur Seite stand.«
- »Der Tod Deiner Mutter ist nicht nur für die Familie, son-dern auch für die gesamte Branche ein großer Verlust.«
- »Dein Vater war mit seiner positiven Lebenseinstellung ein großes Vorbild für mich und wird es immer sein.«

Beileidsbezeugungen
- »Ich bedaure diesen Verlust zutiefst und spreche Ihnen mein aufrichtiges Mitgefühl aus.«
- »Allen Leidtragenden in Ihrer Familie spreche ich meine herzliche Teilnahme aus.«

Abschließender Gruß
- »Aufrichtige Anteilnahme«
- »Mit stillem Gruß, auch im Namen aller Kolleginnen und Kollegen«

Vergessen Sie nicht: Manche Kondolenzbriefe werden über lange Zeit aufgehoben und wiederholt, auch laut in der Familienrunde, gelesen.

»Kein Problem!«

Irrtum:
Bedankt sich jemand, so ist die höfliche Antwort darauf »Kein Problem«.

Richtig ist:
Wenn es kein Problem war, muss es auch nicht extra erwähnt werden.

Diese Worte hört man oft: Eine Verkäuferin verpackt etwas besonders sorgfältig, der Kunde bedankt sich. »Kein Problem«, schallt es ihm daraufhin entgegen. Die nette Nachbarin hat ein sperriges Paket entgegengenommen und erwidert auf die Dankesworte: »Kein Problem.«

Unwillkürlich entsteht beim Dankenden dadurch das Gefühl, es sei irgendwie doch ein Problem gewesen. Manche erwidern auch »Keine Ursache«. Da mag sich manch einer, der sich nett bedanken möchte, ganz dumm vorkommen. Hat er sich etwa grundlos bedankt?

Wenn Sie jemandem eine Gefälligkeit gern erwiesen haben, dann können Sie das besser durch ein »Gerne« oder, noch besser, »Gern geschehen« ausdrücken. Haben Sie aber eine Ihnen lästige Sache nur aus dem Gefühl der Verpflichtung heraus getan, sollte man den anderen darüber nicht im Unklaren lassen und ihn mit vagen Aussagen verunsichern. Besser ist, Sie antworten: »Es war eine Selbstverständlichkeit, aber glücklich war ich über das riesige Paket im Flur während der letzten zwei Wochen nicht.« Dann weiß der Betroffene, dass es Sie schon ein wenig Überwindung gekostet hat, und kann es sich für zukünftige Anfragen oder Bitten merken.

Wenn Sie mit »Gerne« oder »Gern geschehen« einen Dank erwidern, betonen Sie, dass Sie etwas aus Überzeugung gemacht haben. Sie sprechen also von sich, was legitim ist. »Keine Ursache«, »Kein Problem« oder auch »Nichts zu danken« drückt eher aus, dass der Dankende keinen Grund hat, sich zu bedanken.

To go

Irrtum:

Alles, was auf der Straße oder mit dem Hinweis »to go«
oder »zum Mitnehmen« verkauft wird, kann auch unter-
wegs verzehrt werden.

Richtig ist:

Essen und Trinken gehört sich weder auf der Straße noch
in öffentlichen Verkehrsmitteln.

Nur, weil man etwas mitnehmen kann, muss man es nicht
auch auf der Stelle benutzen. Man zieht ja auch nicht auf der
Straße die neue Unterwäsche an oder probiert das Schuh-
putzmittel aus. »Zum Mitnehmen« bedeutet, dass man Speisen oder Getränke transportfähig verpackt bekommt, dass
das Restaurant also darauf eingerichtet ist und nicht empört
reagiert, wenn man sich zum Essen nicht setzt. »Zum Mitnehmen« bedeutet aber keineswegs »Zum sofortigen Verzehr«. Besonders schwerwiegend ist dieser Irrtum, weil er zu
Lasten der Allgemeinheit geht. In den öffentlichen Verkehrsmitteln großer Städte mischen sich die Gerüche von frischem
Kaffee, Knoblauchsauce, gegrilltem Fleisch und Pommes. Begleitet wird das Ganze vom Zischen der Getränkedosen, die
geöffnet werden, dem Schlürfen von heißen Getränken, Pa-
pierknistern und hingebungsvollem Schmatzen. Glücklich,
wer beim Aussteigen keine Spuren auf der Kleidung findet.

Natürlich kann man auf der Straße essen – an den Steh-
tischen vor dem Imbiss zum Beispiel, aber nicht im Gehen.
Jeder, der schon einmal von einem essenden Passanten an-
gerempelt worden ist und dann wie ein begossener Pudel
mit einem besudelten Mantel dastand, wird wissen, warum.

Bis die Ohren glühen

Irrtum:

In einer ausgewiesenen Handyzone im Zug darf jeder so lange und so oft telefonieren, wie er möchte.

Richtig ist:

Handyzonen im Zug bedeuten nur, dass dort generell telefoniert werden darf.

Interessant ist, dass viele Verbotsschilder hartnäckig ignoriert werden, ein Schild hingegen, das etwas erlaubt, erstens nicht nur beachtet, sondern zweitens so interpretiert wird, als müsse man das Gestattete geradezu zwingend tun. Natürlich ist das Unsinn. Wird etwas erlaubt, bedeutet das nicht mehr, als dass es sich nicht um eine generell verbotene Handlung handelt. Aber ob, in welchem Ausmaß und auf welche Art diese Handlung ausgeführt werden darf, hängt immer von den Umständen ab.

Zumindest in den deutschen ICE-Zügen werden die Schilder, die Ruhezonen kennzeichnen, meist ignoriert. Telefoniert wird trotzdem. Schilder, die die Benutzung des Handys erlauben, werden hingegen von vielen Fahrgästen so ausgelegt, während einer vierstündigen Fahrt vom Einstieg bis zum Ausstieg nonstop in deutlich hörbarer Lautstärke telefonieren zu dürfen.

Generell gilt: Ein Zugabteil oder -waggon ist für alle Reisenden da. Jeder Fahrgast muss sich so verhalten, dass das Reisen für die anderen nicht zur Qual wird. Telefonieren ist deshalb in den Handybereichen nur in Maßen und in diskreter Lautstärke erlaubt.

»Ich bin der Herr Meier!«

Irrtum:
Möchte man sich vorstellen, so sagt man
»Guten Tag, ich bin der Herr Meier«.
Richtig ist:
Man stellt sich niemals mit »Herr« oder »Frau« vor.

Es gibt heute verschiedene Varianten, sich anderen Leuten vorzustellen. Die meisten davon sind in dem Sinne richtig, dass sie zumindest nicht falsch sind; nicht alle sind aber unbedingt empfehlenswert.

Vor- und Nachnamen zu nennen ist auf jeden Fall zu empfehlen. Es klingt nicht nur freundlicher und offener, das Gegenüber kann sich zudem den Namen besser merken. Letzteres bewirkt auch die kurze Einleitung »Meine Name ist« bzw. »Ich heiße«, wie Untersuchungen zeigen. Sie wirkt wie eine Art Aufmerksamkeitssignal, das dem Gehirn signalisiert, sich zu konzentrieren, da ein Name folge.

»Guten Tag, mein Name ist Markus Meier« ist so gesehen eine richtige, aber dennoch etwas ungünstige Formulierung, ebenso die Variante »Guten Tag, ich heiße Markus Meier«. Besser ist »Guten Tag, ich bin Markus Meier«. Der Unterschied ist auf den ersten Blick gering. Psychologen haben jedoch herausgefunden, dass eine mit »Ich bin« eingeleitete Selbstvorstellung auf den Gesprächspartner souveräner und selbstbewusster wirkt als die anderen Varianten.

»Guten Tag, Meier mein Name« klingt unfreundlich und hölzern – so sollten Sie sich auf keinen Fall präsentieren. Lächerlich ist die Variante »Meier, Markus Meier«. Unwillkürlich denkt man da an den bekannten Satz »Bond, James

Bond«. Ob ein Vergleich mit dieser Filmfigur so günstig für Sie ausfällt?

Ganz falsch ist es, sich mit den Worten »Guten Tag, ich bin der Herr Meier« vorzustellen. Nicht nur, dass offensichtlich ist, dass Sie, je nachdem, ein Mann oder eine Frau sind – es klingt zudem ein wenig anmaßend. Schließlich steht es Ihnen nicht zu, selbst darüber zu urteilen, ob Sie ein Herr oder nur ein Mann sind. Während diese Regel für Männer immer schon galt, müssen Frauen sich erst in jüngerer Zeit nach ihr richten. Früher wurde zwischen »Frau« und »Fräulein« unterschieden, je nachdem, ob eine Frau verheiratet war oder nicht. Verheiratete Frauen wurden bevorzugt behandelt, hatten also gesellschaftlich eine höhere Position. Insofern war es noch bis weit über die Mitte des 20. Jahrhunderts hinaus üblich, sich mit »Frau« oder »Fräulein« vorzustellen.

Diese Zeiten sind vorbei. Zwischen verheirateten und unverheirateten Frauen gibt es keinen gesellschaftlichen Unterschied mehr, und auch die Anrede »Fräulein« ist nicht nur aus dem allgemeinen Sprachgebrauch, sondern auch aus jeder amtlichen Verwendung verbannt.

E-Mails

Irrtum:
Mit einer E-Mail kann man lockerer verfahren
als mit einem Brief.
Richtig ist:
E-Mails haben heute weitgehend dieselbe Stellung
wie Briefe.

Etikette-Regeln für den E-Mail-Austausch sind höchst interessant, nicht nur, weil das Medium relativ neu ist, sondern
auch, weil sich die Anwender und die Nutzung seit der Entstehung des Internets bis heute stark verändert haben. Und
andere Umstände verlangen neue Regeln.

E-Mails wurden zunächst nur von einer kleinen, einge-
schworenen Gemeinde genutzt, später vor allem von einem
größeren und jüngeren Fachpublikum aus dem Computer-
bereich. Heute schreibt nahezu jeder E-Mails: vom Schul-
kind über Geschäftsleute bis hin zum Pensionär.

Die meisten Menschen verfassen heute nur noch Briefe,
um etwas sehr Persönliches mitzuteilen oder, wenn es unbedingt nötig ist, etwa, um einen Vertrag oder Ähnliches mit
einer Unterschrift zu verschicken.

E-Mails haben Briefe in vielen Fällen abgelöst und ihre
Funktion übernommen. Auch die Formen haben sich inzwischen durch den sehr unterschiedlichen Einsatz von E-Mails
und durch die breite Nutzerschicht geändert. Eine ausschließlich in Kleinschreibung verfasste E-Mail ist nur unter
ausgesprochenen Computerfreaks üblich. In der Geschäftskorrespondenz hat Kleinschreibung ebenso wenig Platz wie
unsaubere Formulierungen oder Tippfehler. Ein Irrtum ist
die Annahme, eine E-Mail sei ein formloser Brief. Eine
E-Mail darf nur formlos und salopp sein, wenn sie es auch
»auf Papier«, also als klassischer Brief, wäre. Das kann der
Fall sein, wenn man mit einem Kollegen korrespondiert, mit
dem man sehr locker umgeht, oder mit einem guten Freund,
bei dem der gemeinsame Umgangston flapsig ist.

Das Dienstleisterverzeichnis marketing-boerse.de hat
2006 die Versender von Newslettern nach der von ihnen be-
vorzugten Anrede gefragt. Auch hier zeigt sich, dass ein for-

meller Ton üblich ist. 35 Prozent wählten die Anrede »Sehr geehrter Herr Mustermann«, 18 Prozent »Guten Tag, Herr Mustermann«. Weniger förmliche Varianten wurden jeweils von zwei bis sieben Prozent gewählt.

Im Übrigen gilt, dass eine E-Mail im Allgemeinen innerhalb von 24 Stunden beantwortet werden sollte – es sei denn, es gelten branchenintern andere Erwartungshaltungen oder der Sender erhält bei Abwesenheit des Adressaten eine automatische Antwort, die auf die stellvertretende Zuständigkeit eines Kollegen hinweist.

Handschlag

Irrtum:
Trifft man jemanden, den man kennt, begrüßt man ihn immer mit Handschlag.
Richtig ist:
Überall dort, wo es stört, gibt man sich nicht die Hand.

Wie oft man sich die Hand gibt, variiert in Deutschland deutlich. Nach einer Umfrage von emnid aus dem Jahr 2003 begrüßen in den neuen Bundesländern 70 Prozent der Befragten ihre Freunde und Freundinnen mit Handschlag, in den alten Bundesländern hingegen nur 42 Prozent. Kolleginnen und Kollegen schütteln im Osten zu 51 Prozent einander die Hand, im Westen sind es nur 27 Prozent. Bei den Geschäftspartnern gleichen sich die Sitten wieder an: 65 Prozent der Befragten in den neuen und 63 Prozent in den alten Bundesländern reichen sich die Hand.

Jemand, der seinen Kollegen jeden Morgen die Hand schüttelt und dies auch in einem Betrieb tut, wo das unüblich ist, wird mit seinem – für ihn selbst höflichen – Verhalten auf Befremden stoßen. Ist jemand hingegen den täglichen Handschlag gewohnt und bleibt dieser nun bei neuen Bekannten oder Kollegen aus, so wird er sich vermutlich über deren distanziertes Verhalten wundern.

Überall in Deutschland und der Welt gilt: Wo immer es stören könnte, sollte man auf die Begrüßung mit Handschlag verzichten – beispielsweise wenn jemand verspätet zu einer Runde hinzustößt. Gäbe dieser allen Anwesenden der Reihe nach die Hand, würde die ohnehin schon durch sein nachträgliches Ankommen verursachte Störung noch größer. Auch wenn die anderen schon sitzen, wird auf den Handschlag verzichtet. Sehen Sie zum Beispiel in einem Restaurant Bekannte an einem Tisch sitzen, so gebietet es die Höflichkeit, den Sitzenden nicht die Hand zu reichen. Andernfalls müssten diese Besteck und Serviette ablegen, aufstehen, gegebenenfalls einen Jackettknopf schließen, um sich dann nach dem Händeschütteln wieder zu setzen. Eine derartige Unterbrechung des Essens ist definitiv nicht höflich.

Aschenbecher

Irrtum:

Ein öffentlich platzierter Aschenbecher ist ein Zeichen dafür, dass geraucht werden darf.

Richtig ist:

Der Aschenbecher signalisiert nur, dass hier Rauchen nicht generell verboten ist.

Durch die neuen gesetzlichen Regelungen zum Nichtraucherschutz hat sich eine Menge geändert. Nicht geändert

hat sich (die oft missverstandene) Bedeutung eines Aschen-
bechers. Ein Aschenbecher, der zum Beispiel bei Bekannten
auf einem Tisch steht, bedeutet nur, dass in dieser Wohnung
generell geraucht werden darf. Er sagt jedoch nichts darüber
aus, ob Sie hier und jetzt rauchen dürfen. Auch bei einem
einladend vor Ihnen stehenden Aschenbecher gehört es
dazu, die anderen Gäste zu fragen, ob es sie störe, wenn Sie
rauchten. Sind also mehrere Menschen anwesend, entscheiden diese, ob Sie rauchen können.

Ein Raucher, der diese Frage bereits mit einer gezückten
Zigarettenpackung stellt, erweckt den Eindruck, dass er das
Ganze nur rhetorisch und nicht ernst meint. Fragen Sie also
immer, *bevor* Sie Ihre Rauchutensilien aus der Tasche holen,
und akzeptieren Sie ein »Nein«, ohne mit der Wimper zu
zucken.

Ein Aschenbecher bedeutet außer in Zigarrenlounges immer, dass das Rauchen von Zigaretten nicht grundsätzlich
untersagt ist. Pfeife und Zigarre sollte man aber ausschließlich mit Gleichgesinnten genießen.

E-Mail versus Brief

Irrtum:
Eine E-Mail kann heute in allen Fällen einen Brief ersetzen.
Richtig ist:
*Bestimmte Angelegenheiten erfordern eine besondere
Schriftform.*

Was praktisch und schnell ist, muss nicht immer gut sein.
Gerade, weil ein Brief aufwendiger als eine E-Mail ist –
schließlich muss man ihn ausdrucken, unterschreiben, falten,

in ein Kuvert stecken, frankieren und zur Post bringen –, gewinnt er an Bedeutung. Ein Brief ist zudem persönlicher, schließlich zeigt er, wie der Verfasser seine Unterschrift daruntergesetzt hat, welches Papier er benutzt, ob das Kuvert durch eine Frankiermaschine gelaufen ist oder eine Sonderbriefmarke trägt.

Daher sollte man wichtige Dinge per Brief kommunizieren. Dies gilt nicht nur für Dokumente, die eine Unterschrift verlangen, sondern auch für persönliche Nachrichten, die Ihnen am Herzen liegen.

Möchten Sie zum Beispiel jemanden um Entschuldigung bitten, so gewinnen Ihre Worte allein dadurch schon an Bedeutung, dass Sie sich die Mühe gemacht haben, einen Brief zu schreiben.

Auch Herzensangelegenheiten wie ein Liebesbrief erfordern ein Stück Papier. Sie wollen schließlich mehrere Male gelesen oder vielleicht auch berührt und in der Handtasche verstaut werden.

Gute Wünsche zum Jahreswechsel oder zu Feiertagen als E-Mail versandt, erwecken oft den Eindruck, der Absender habe sehr viele Personen mit der gleichen Nachricht bedacht, um schnell eine lästige Pflicht zu erfüllen. Laut einer Umfrage von presseportal.de vom Dezember 2008 verschicken zu Weihnachten immerhin noch 30 Prozent der Befragten Briefe und 34 Prozent Karten – auch wenn inzwischen ebenfalls neue Medien für die Übermittlung guter Wünsche genutzt werden.

Egal ob beruflich oder privat: Ein Kondolenzschreiben muss immer ein handschriftlich verfasster Brief sein. Kondolenzbriefe gehören zu den wichtigsten und persönlichsten, sicherlich auch zu den schwierigsten Schriftstücken. Sie verlangen persönliches Engagement. Nur in Ausnahmefällen kann hier eine E-Mail mit einem handgeschriebenen Brief kombiniert werden. Erhalten Sie zum Beispiel die Nachricht von einem Todesfall, die betroffene Familie aber lebt weit weg (etwa auf einem anderen Kontinent), dann ist es verständlich und eine freundliche Geste, einige Zeilen per E-Mail zu schicken, mit denen Sie zeitnah ein wenig Trost spenden und Ihre Anteilnahme ausdrücken. Schließlich kann es eine ganze Weile dauern, bis Ihr Brief dort ankommt.

Bloß nicht streiten!

Irrtum:
Beim Small Talk sollte man nie über kontroverse Themen sprechen.

Richtig ist:
Man darf ruhig auch beim Small Talk seine Meinung vertreten, vermieden werden sollten nur emotional aufgeladene Themen.

Die meisten Menschen kennen die Tabus für Small Talk recht gut: nicht über Politik, Religion, Krankheiten, Geld, persönliche Probleme, Sex, Negatives oder Unappetitliches sprechen. Trotzdem gibt es eine Menge Missverständnisse. Als Grund, warum man Religion oder Politik nicht thematisieren solle, hört man oft: »Weil man unterschiedlicher Meinung sein kann.« Dies würde aber bedeuten, dass man im Small Talk nicht über – oft ja unterschiedliche – Geschmäcke, Interessen oder Vorlieben sprechen dürfte, was bedauerlicherweise ebenfalls viele denken. Ein spannender

Austausch ist jedoch kaum möglich, wenn man nicht über seine Neigungen spricht, also über Bücher, Musik, Reisen, Essen, Trinken und was man generell gerne tut.

Natürlich sollte Small Talk Menschen zusammenbringen; gibt es zu wenige Berührungspunkte, dann kann es auch keine interessante Unterhaltung geben. Aber das muss schließlich erst ausgelotet werden, und zwar dadurch, dass die Gesprächspartner bekennen, was sie gern mögen und was nicht. Sonst handelt es sich nicht um ein Gespräch, sondern nur um ein Kratzen an der Oberfläche und genau das ist es, was viele Menschen am Smallt Talk nicht mögen: oberflächliches Blabla. Schuld tragen daran diejenigen, die dabei keine Position beziehen wollen.

Keinesfalls dürfen natürlich die Meinungen anderer abgewertet werden. Sie können beispielsweise zwar zugeben, dass Sie der Gartenarbeit nicht viel abgewinnen können, nicht statthaft hingegen ist eine Aussage wie »Gartenarbeit ist spießig«.

Zwar gibt es Tabuthemen wie Politik oder Religion. Der Grund dafür liegt aber nicht generell in den Unterschieden von Betrachtungsweisen und Haltungen, sondern darin, dass sich die meisten Personen im Allgemeinen über diese Themen nicht so ruhig und interessiert austauschen können wie über Literatur, Musik oder Reisen. Selbst mit engen Freunden ist es oft kaum möglich, sich über Fragen der Politik, Religion, Ethik oder über generelle Lebensanschauungen wie zum Beispiel über Jagd, Vegetarismus usw. zu unterhalten, ohne dass die Stimmung kippt und die gesamte Atmosphäre leidet.

Daher sind dies keine Themen für den Small Talk, der ja schließlich Menschen, die ihre gemeinsamen Interessen ausloten möchten, zusammenführen oder einen Einstieg in ein Fachgespräch ermöglichen soll.

Die Zeitschrift *Chrismon* hat im Jahr 2007 eine Umfrage durchgeführt, welche Themen als untauglich für Partys erachtet werden. Auf Platz eins lag das eigene Gehalt mit 59 Prozent, dicht gefolgt von Krankheiten, Ehe- und Beziehungsfragen sowie die Frage, welche Partei man zuletzt gewählt habe (51 Prozent). Knapp jeder Zweite scheint also immerhin fälschlicherweise anzunehmen, dass eine klare politische Stellungnahme ein gutes Smalltalkthema sei.

Kuli = Füller?

Irrtum:

Ob man einen Kugelschreiber oder einen Füller benutzt, ist eine Frage der eigenen Vorliebe.

Richtig ist:

Besondere Schriftstücke werden mit dem Füller ge- oder unterschrieben.

Kugelschreiber sind mit Sicherheit die am weitesten verbreiteten Schreibgeräte. Sie liegen überall aus, fast jede Firma verteilt großzügig Kugelschreiber mit dem Firmenlogo als Werbegeschenk. Die meisten Menschen schätzen Kugelschreiber, weil sie praktisch sind. Es besteht keine große Fleckengefahr durch auslaufende Tinte, eine Kugelschreibermine hält länger als eine Füllerpatrone. Zudem trocknet die Schrift schneller und kann somit nicht so leicht verwischen wie Tinte. Ein Kugelschreiber wird meist ohne großes Aufheben an andere verliehen, einen Füller hingegen benutzt immer nur der Besitzer.

Trotz oder vielleicht gerade wegen ihrer Handlichkeit haben Kugelschreiber aber etwas Primitives an sich. Auch das Schriftbild ist niemals so schön wie mit einem Füller.

Daher kann keine Rede von einer Gleichwertigkeit beider Schreibgeräte sein. Nicht umsonst haben einige Menschen nicht nur einen Kugelschreiber, sondern stets auch einen Füller bei sich. Andere tragen ihn nicht ständig mit sich, möchten ihren Füller jedoch auf dem Schreibtisch nicht missen. Nur für wenige aber gehört ein Füller einfach grundsätzlich dazu. Laut Umfrageergebnissen von *Outfit 6* verwenden 53 Prozent der Deutschen nie und 35 Prozent gelegentlich einen Füller. 13 Prozent der Befragten ist selbst die Marke wichtig, verschwindenden 3 Prozent sogar sehr wichtig.

Auch wenn Sie also für Notizen einen Kugelschreiber verwenden, für einen handgeschriebenen Brief oder eine Unterschrift (zumindest eines wichtigen Dokuments) sollten Sie einen Füller benutzen.

Sie werten damit nicht nur das Dokument auf, sondern auch sich selbst. Schließlich zeigen Sie damit Stil.

Wie du mir, so ich dir

Irrtum:
Reicht mir jemand eine Visitenkarte, bin ich dazu verpflichtet, ihm auch eine von mir zu geben.
Richtig ist:
Visitenkarten werden zwar im Allgemeinen getauscht, niemand muss sich jedoch dazu gezwungen fühlen.

Generell gilt, dass Visitenkarten getauscht werden. Ich erfahre auf diesem Wege nicht nur den vollständigen Namen meines Gegenübers, sondern auch seine Position und Adresse. Die Höflichkeit gebietet es, diese Geste zu erwidern. Üblicherweise ist dieser Austausch in Beruf und Privatleben von beiden Seiten erwünscht und wird daher auch vollzogen.

Leider kommt es heute oft vor (sei es auf Veranstaltungen, Festen oder Messen), dass man von seinem Gegenüber eine Visitenkarte geradezu aufgedrängt bekommt. In einem solchen Fall müssen Sie die gereichte Karte zwar annehmen. Die Worte »Nein, danke. Ich brauche Ihre Karte nicht« sind mehr als grob, selbst wenn sie der Wahrheit entsprechen. Sie selbst sind jedoch nicht verpflichtet, der lästigen Person auch Ihre Visitenkarte zu geben. Es ist ein Irrtum, zu glauben, der Tausch sei ein Muss. Schließlich passiert es oft genug, dass das freigiebige Verteilen der Visitenkarte diverse Werbeanrufe und eine Flut von unerwünschten E-Mails nach sich zieht.

Nehmen Sie also die Karte, bedanken Sie sich und stecken Sie sie ein. Im Allgemeinen sollte dies genügen. Nur Menschen, die kein Feingefühl besitzen oder die darauf aus sind, möglichst viele Visitenkarten für ihre Werbeaktionen zu sammeln, fragen oftmals nach, ob sie nicht auch eine Karte des anderen bekommen könnten. Ein »Nein, das will ich nicht« ist dann als Erwiderung unnötig grob. Lächeln Sie lieber freundlich und antworten Sie: »Ich habe ja Ihre Kontaktdaten. Ich komme dann gerne auf Ihre Angebote zurück.«

Vermeiden Sie die Ausrede, Sie hätten keine Karten mehr dabei. Schließlich bringen es Veranstaltungen mit sich, dass sich die Wege der Gesprächspartner mehrfach kreuzen, und es wäre doch sehr unangenehm, wenn Sie sich wenige Minuten später wiederträfen und Sie gerade jemand anderem Ihre Karte reichten.

Die nette Geste

Irrtum:
Ein besonders herzlicher Handschlag kann durch einen
Griff der linken Hand an den Oberarm des Gegenübers
unterstrichen werden.
Richtig ist:
Der Griff an den Oberarm ist keine vertrauliche Geste,
sondern ein Eingriff in die Intimzone des anderen.

Vielleicht haben Sie es selbst schon einmal im Fernsehen beobachtet, etwa wenn sich zwei (meist männliche) Politiker die Hand reichen: Oft wird der Handschlag begleitet von einem Griff mit der linken Hand auf den rechten Oberarm des Gegenübers. Da man diesen Griff meist bei Menschen sieht, die im Licht der Öffentlichkeit stehen, herrscht die Auffassung, er sei eine nette und freundliche Geste, die besondere Herzlichkeit signalisiere.

In manchen Situationen stimmt das auch. Durch diese Geste kann man jedoch auch eine gewisse Dominanz dem anderen gegenüber ausdrücken. Was auch immer die Intention des Agierenden sein mag: Gut kommt diese Form der Begrüßung im Allgemeinen nicht an. Viele beklagen sich darüber, dass sie »übergriffigen« Kontakten im Berufsleben oder auch in der Verwandtschaft ausgesetzt sind. Tatsächlich bedeutet diese Geste ein massives Eindringen in das Territorium des anderen, das weit über den gesellschaftlich üblichen Handschlag hinausgeht. Einen anderen

Menschen so zu berühren ist anmaßend und wirkt schnell
autoritär.

Wie Politiker diese Geste meinen, wissen wir nicht. Nicht
immer ist es jedenfalls ratsam, aus Fernsehbildern Schlüsse
für das eigene Verhalten zu ziehen. Schließlich geht es oft
auch darum, eine Begrüßung für die Presse zu inszenieren
und so lange hinzuziehen, bis jeder sein Foto gemacht hat.
Deshalb schütteln Politiker einander sehr lange die Hände
und stehen sich dabei nicht gegenüber, wie es sonst üblich
ist, sondern seitlich nebeneinander.

Lässig, lässig

Irrtum:
*Im Sitzen die Beine übereinanderzuschlagen ist auf jeden
Fall völlig in Ordnung.*
Richtig ist:
*Schlägt man beim Sitzen die Beine so übereinander, dass
ein Fußknöchel auf dem Knie des anderen Beins liegt,
lässt man es an Respekt für sein Gegenüber fehlen.*

Noch bis in die sechziger Jahre findet sich in vielen Be-
nimmbüchern der Hinweis, dass die Beine im Sitzen nicht
übereinandergeschlagen werden sollten – vor allem bei
Frauen sei das ungebührlich. Inzwischen ist diese Sitzhal-
tung längst gesellschaftlich anerkannt. Fraglich ist, ob man
sich einen Gefallen tut, diese Freiheit auszuleben. Besser
sieht es in jedem Falle aus, die Beine ganz normal neben-
einanderzustellen. Zudem mahnen die Ärzte, dass überein-
andergeschlagene Beine zu Krampfadern führen können.

Wie dem auch sei: Es ist grundsätzlich erlaubt, aber nicht

in jeder Variante. Manche winkeln das eine Bein nämlich etwas ab und legen es so über das andere, dass der Knöchel des abgewinkelten Beines auf dem Knie des anderen liegt. Diese Haltung wirkt insgesamt nicht entspannt, sondern nachlässig, bisweilen auch dominant. Entscheidend an ihr ist, dass ein Schuh nach oben »wandert« – was niemand appetitlich findet – und die Schuhsohle auf andere Menschen zeigt. Auch wenn dies bei uns nicht, wie in manchen asiatischen Ländern, als ungeheure Beleidigung gilt, so ist es dennoch auch in unserem Kulturkreis eine unhöfliche Geste. Schließlich sind Schuhsohlen meist wenig sauber. Man sollte sie auf dem Boden lassen und anderen Menschen nicht entgegenstrecken.

»Grüß Gott, Frau Doktor!«

Irrtum:
Die Frau eines Arztes wird mit »Frau Doktor«
angesprochen.
Richtig ist:
Nur Personen, die promoviert sind, werden mit
akademischem Grad angesprochen.

Früher war es üblich und höflich, die Frau eines Arztes als »Frau Doktor« anzusprechen. Dies geschieht heute nur noch selten, doch herrscht Unsicherheit darüber, wie Ehepartner von Titelträgern angesprochen werden. Generell gilt: Wer promoviert ist, wird als »Herr Doktor [Nachname]« oder mit »Frau Doktor [Nachname]« angesprochen; ohne Promotion hat man keinen Anspruch auf den Titel. Es ist heute sogar eine Beleidigung für Frauen, mit dem Titel ihres Mannes angesprochen zu werden. Schließlich wird die Frau auf diese Weise zu einem Anhängsel ihres Mannes degradiert und ihre eigene berufliche Kompetenz negiert. Sie kommen ja vermutlich auch nicht auf die Idee, einen Mann »Herr Doktor [Nachname]« zu nennen, wenn nicht er, sondern seine Frau promoviert ist, oder?

Sollten Sie allerdings in die Ausnahmesituation geraten, Ihren früheren, inzwischen pensionierten Hausarzt mit seiner Frau zu treffen, die seit 45 Jahren als »die Frau Doktor« tituliert wird, so ist es selbstverständlich und freundlich, sie nicht ihrer gewohnten Anrede zu berauben.

Wohin mit der Hand?

Irrtum:
Eine Hand in der Hosentasche wirkt locker und entspannt.
Richtig ist:
Sich mit einer Hand in der Hosentasche zu unterhalten ist unhöflich und gilt als respektlos.

Das Meinungsforschungsinstitut emnid wollte es genau wissen. Im Jahr 2002 wurde nach der Meinung über in Hosentaschen versenkte Händen gefragt. Rund 30 Prozent aller Befragten quer durch alle Altersstufen äußerten, sie störten sich daran.

Die Hand in der Hosentasche ist nur eine vermeintlich lässige Geste. Verschiedene Analysen der Körpersprache ergaben, dass sich jeder wohler fühlt, wenn er die Hände seines Gesprächspartners sehen kann – egal, ob man gerade steht oder sitzt. Eine Hand in der Hosentasche wird jedoch von vielen Menschen als unangenehmer empfunden als eine Hand, die unterhalb des Tisches und somit gleichfalls außerhalb des Sichtbereiches ist, denn die Hand in der Tasche gilt oft als respektlose und unhöfliche Geste.

Kaum jemand stört sich daran, wenn Gleichaltrige in einem lockeren Gespräch zusammenstehen und dabei eine Hand in der Tasche haben – weder die am Gespräch Beteiligten noch die Vorübergehenden. Anders ist dies bei einem Gespräch mit älteren Personen, Vorgesetzten oder Kunden.

»Angenehm!«

Irrtum:
Stellen sich andere namentlich vor, erwidert man »Angenehm«.

Richtig ist:
Einwort-Floskeln gelten nicht als höflich.

»Angenehm!« – Sicher, das Wort an sich ist positiv, doch klingt es in einem Einwortsatz eben nicht angenehm, sondern eher militärisch, kurz und knapp. Diese Floskel wird oft gedankenlos verwendet, wenn uns jemand vorgestellt wird. Sie haben jedoch eine ganze Reihe von Möglichkeiten, diese Situation besser zu meistern und einen wirklich angenehmen Eindruck zu hinterlassen.

1. »Ich freue mich, Sie kennenzulernen.«
Natürlich wissen Sie nicht, ob die Freude von Dauer ist, aber man geht davon aus, dass Sie zumindest erst einmal erfreut sind, die andere Person kennenzulernen, sonst würde man Sie ja nicht miteinander bekannt machen.

Dieser ganze Satz wirkt freundlicher und offener als ein einziges Wort, das reflexartig hervorgestoßen wird.

2. »Guten Tag, ich bin [Vorname Nachname].«

Hier treffen sie keine Aussage darüber, ob Sie erfreut sind oder die Situation als angenehm empfinden. Es ist dennoch eine höfliche Erwiderung, schließlich grüßen Sie den anderen und stellen sich vor.

3. »Ich freue mich, dass wir uns nach all den E-Mails/Telefonaten/gemeinsamen Bekannten endlich persönlich kennenlernen.«

Dies ist die individuellste Variante, da sie eine gemeinsame Vorgeschichte berücksichtigt. Wann immer Sie können, sollten die ersten Sätze individuell auf die Person oder die Situation bezogen sein. Damit machen Sie auf jeden Fall einen guten ersten Eindruck.

Körperkontakt

Irrtum:

Bei einer Begegnung im Freien kann man beim Handschlag die Handschuhe anlassen.

Richtig ist:

Ein Händedruck ist etwas Persönliches und sollte nicht durch mehrere Lagen Stoff erfolgen.

Eine merkwürdige Idee, der immer mehr Menschen anhängen, ist, bei einer Begrüßung im Freien bei winterlichen Temperaturen die Handschuhe anzubehalten. Hier liegt anscheinend ein Irrtum über den Sinn des Begrüßens vor.

Nimmt man sich schon die Zeit, nicht nur ein paar Worte auszusprechen oder sich zuzuwinken, sondern stehenzubleiben und dem Bekannten die Hand zu reichen, dann sollte es auch ein echter Handschlag sein und kein Stoff-an-Stoff-Kontakt.

Ein Händedruck sagt eine Menge aus, je nachdem wie lange er dauert und wie fest er ist. Wir berühren einander, was wir sonst in unserer Kultur nur selten tun. Der Sinn der Geste geht verloren, wenn sich zwei behandschuhte Hände treffen.

Wie sehr so etwas auf die Stimmung schlagen kann, belegen Zeitungsmeldungen vom Februar 2005, als der damalige US-Präsident George W. Bush die Slowakei besuchte und er und seine Frau den Gastgeber mit Handschuhen begrüßten.

Sollte es tatsächlich einmal bitterkalt sein und Temperaturen um minus zwanzig Grad herrschen, dann sollten Sie auf den Handschlag verzichten, sofern die Situation es erlaubt. Treffen Sie auf einer einsamen Polarexpedition jemanden – nun, wer sollte es Ihnen da verwehren, sich behandschuht die Hand zu geben? Doch das kommt vermutlich noch seltener vor als Temperaturen um minus zwanzig Grad in Deutschland. Üblicherweise treffen wir Bekannte beim Einkaufen oder Spaziergang bei schlimmstenfalls nur wenigen Graden unter Null. Entscheiden Sie selbst: Entweder geben Sie sich die Hand, dann ziehen Sie auch die Handschuhe aus, oder Sie grüßen nur freundlich, dann bleiben die Handschuhe an.

Kleine Kinder, die viel schneller frieren als Erwachsene, sind davon ausgenommen und dürfen die Handschuhe anbehalten.

Auch Bälle, bei denen Frauen Abendhandschuhe tragen, sind Ausnahmen. Abendhandschuhe gehören zur Garderobe und werden deshalb für den Handschlag nicht abgelegt.

Selber Doktor

Irrtum:

Ist man promoviert, so braucht man andere Promovierte nicht mit Titel anzusprechen.

Richtig ist:

Nur Akademiker derselben Fachrichtung verzichten untereinander auf die Anrede mit akademischem Grad.

Ein weitverbreiteter Irrtum und eine Regelung, die für einige Verwirrung sorgt, ist, dass man unter »Doctores« auf den akademischen Titel bei der Anrede verzichtet. Generell gilt jedoch: Ist jemand promoviert, so sprechen wir die Person mit »Herr Doktor [Nachname]« oder »Frau Doktor [Nachname]« an. Es spielt dabei keine Rolle, ob wir unsere eigene akademische Laufbahn mit einer Promotion abgeschlossen haben oder nicht. Nur wenn wir in derselben Fachrichtung promoviert sind, fällt der akademische Grad in der Anrede weg, zum Beispiel wenn sich zwei promovierte Zahnärzte oder Rechtsanwälte treffen.

Möchte eine Person ohne akademischen Grad angesprochen werden, kann sie dies klarstellen – die anderen sollten ihren Wunsch respektieren und sie in Zukunft nur mit ihrem Nachnamen anreden.

Hut ab!

Irrtum:

*Käppis oder modische Hüte sind Teil des Outfits und
werden darum auf dem Kopf gelassen.*

Richtig ist:

*Ein Käppi hat während der Arbeit nichts auf dem Kopf
zu suchen, Männer lüften immer noch zur Begrüßung
den Hut und setzen ihn in geschlossenen Räumen ab.*

Gehörte bis vor wenigen Jahrzehnten unbedingt auf jeden
Kopf ein Hut, wenn man sich draußen aufhielt, ist dies
inzwischen fast völlig aus der Mode gekommen. Hut-
schachteln im Reisegepäck und Hutgeschäfte in den Ein-
kaufsstraßen sind selten geworden. Allenfalls eine kleine
Gruppe von besonders modebewussten Menschen trägt –
teilweise sehr unkonventionelle – Hüte von modernen
Designern. Heute prägen meist junge Käppiträger das
Straßenbild.

Doch auch wenn sich die Mode gewandelt hat, die alten
Regeln bestehen immer noch. Ein Käppi ist eine Kopfbedeckung und gehört grundsätzlich während der Arbeit und
in geschlossenen Räumen nicht auf den Kopf. Niemand
wird etwas dagegen haben, wenn junge Leute bei Freizeit-
veranstaltungen ein Käppi als Modeaccessoire tragen. Ein
Fehler mit möglichen Folgen ist jedoch, das Käppi auch in
anderen Situationen nicht abzusetzen. So hat mancher Arbeitgeber einen Bewerber abgelehnt, weil er mit Käppi zum
Vorstellungsgespräch erschienen ist.

Generell gilt, dass Männer in geschlossenen Räumen
keine Kopfbedeckung tragen und einen Hut zum Gruß

lüften. Ausnahmen sind ausschließlich religiöse Kopfbe-
deckungen.

Bei Frauen war der Hut früher Bestandteil der Kleidung
und galt als Kopfschmuck. Oft waren die Hüte mit vielen
Nadeln an der Frisur befestigt. Aus diesen Gründen behiel-
ten Frauen ihre Hüte in Räumen auf. Auch heute können
Frauen ihre Hüte aufbehalten – außer bei Essenseinladungen nach Hause oder ins Restaurant. Ein Käppi aber gilt
nicht als typisch weiblicher Bestandteil der Kleidung,
sondern als »unisex«. So verlangen Arbeitgeber auch von
Frauen, auf ein Käppi zu verzichten.

Dass Männer den Hut absetzen bzw. ziehen, hat historische Gründe. Ein Ritter, der in friedlicher Absicht kam,
nahm seinen Helm ab. Er zeigte sich damit schutzlos und
präsentierte sein Gesicht. Da Frauen keine Ritter und
ohnehin wehrlos waren, galt diese Regel für sie nicht.

Doch auch wer seinen Hut zum Gruß zieht, kennt oft-
mals die Details nicht. Ein Hut sollte immer mit der linken
Hand gelüftet werden, denn die Rechte ist für die Begrüßung vorgesehen. Außerdem wird der Hut nicht vor das
Gesicht des Grüßenden gezogen – es ist unhöflich, das
Gesicht zu verdecken, während man mit jemandem spricht.
Nicht vergessen: Die offene Seite des abgesetzten Hutes
zeigt stets zum eigenen Körper, nicht nach außen. Sonst
wird das als Aufforderung, Geld hineinzulegen, verstanden.
Und schließlich: Ein nur angedeutetes Lüften durch einen
kurzen Griff an die Hutkrempe bzw. den Kappenschirm
reicht nicht – die Kopfbedeckung muss wirklich vom Kopf
entfernt werden.

»Werter Herr!«

Irrtum:
»Werte(r) Herr/Frau [Nachname]« ist eine gute
Alternative zu »Sehr geehrte(r) Herr/Frau [Nachname]«.
Richtig ist:
»Werte(r)« als Anrede gilt als altmodisch und bieder.

Wer heute einen Brief schreibt, hat die Qual der Wahl unter verschiedenen Anredeformen. Entscheidend für die Wahl ist nicht nur das Image, das der Schreiber von sich oder seinem Unternehmen vermitteln möchte, sondern auch der Grad der Vertrautheit mit dem Empfänger. Die offizielle Version ist immer noch »Sehr geehrte Frau …«. Kennt man jemanden näher oder ist ein etwas lockererer Ton gewollt, so geht gleichfalls »Guten Tag, Frau …«. Auch eine Kombination ist möglich: »Guten Tag, sehr geehrte Frau …«. Steht man sich näher, passt die Formulierung »Liebe Frau …«, die sich ebenfalls kombinieren lässt: »Sehr geehrte, liebe Frau …« oder: »Guten Tag, liebe Frau …«. Herrscht ein sehr lockerer Umgangston untereinander, ist die Variante »Hallo Frau …« möglich. Auf gar keinen Fall zu empfehlen ist jedoch die Anrede »Werte Frau …«, sie gilt als verstaubt und altmodisch und definitiv nicht als respektvoll.

II
Äußeres:
Vom Scheitel bis zur Sohle

Testen Sie Ihr Wissen: Richtig oder falsch?

	richtig	falsch
Am »Casual Friday« geht man in Freizeitkleidung arbeiten.		
Das »kleine Schwarze« ist nicht immer ein schwarzes Kleid.		
Der Dresscode »Dunkler Anzug« bedeutet, dass man jede dunkle Farbe tragen kann.		
»Black tie« heißt, dass eine schwarze Krawatte erwünscht ist.		
Dresscodes auf einer Einladung sind eine Vorschrift, keine Empfehlung.		
Eine Jeans wird durch entsprechende Accessoires salonfähig.		
Die Größe der Handtasche ist abhängig davon, wie viel man mit sich herumträgt.		
Jackettärmel müssen so lang sein, dass die Manschetten des Hemdes nicht darunter hervorschauen.		
Hemdkragen, die sich anknöpfen lassen, haben bei offizieller Kleidung nichts zu suchen.		
Es gibt keine Regel, die das Tragen eines Gürtels vorschreibt.		
Ein Jackett wird nur in sehr formellen Situationen geschlossen.		
Im Sommer ist ein kurzärmeliges Hemd zum Anzug durchaus denkbar.		
Krawattenklammern sind nicht stilvoll.		
Das Einstecktuch muss das gleiche Design wie die Krawatte haben.		
Ein gepflegter Dreitagebart ist heute auch in Berufen, die einen Anzug erfordern, möglich.		

	richtig	falsch
Wenn die Beine gepflegt sind, können Frauen im Sommer zum Kostüm die Strümpfe weglassen.		
Ein schwarzer Anzug ist eigentlich immer die beste Wahl, da er am edelsten wirkt.		
Eine Fliege ist das Gleiche wie eine Schleife.		
Wenn sie gepflegt und in der richtigen Farbe sind, ist es egal, ob die Schuhe des Herrn zum Schnüren oder zum Schlüpfen sind.		
Nur einen Krawattenknoten zu kennen reicht nicht aus.		
Beim Dresscode »Come as you are« kann man anziehen, was man will.		
Je offizieller der Anlass ist, desto eher sollte eine Dame schwarze Strümpfe tragen.		
Heutzutage ist es egal, ob eine Frau einen Rock oder eine Hose trägt.		
Die Regel »No brown after six« gilt heutzutage nicht mehr.		
Für Frauen gelten keine Dresscodes.		
»No brown in town« hat heute immer noch Bedeutung.		

»Heute kann doch jeder tragen, was er will« oder »Heute ist doch alles erlaubt« – so könnte man zusammenfassen, was die Mehrheit irrtümlich über Äußerlichkeiten denkt. Die Ursache dieser Fehlannahme ist eine fundamentale Unterschätzung der Bedeutung von Kleidung. Denn diese war und ist bis heute eine Art Code. Durch die Wahl seiner Kleidung drückt der Träger seinen Geschmack, ein Stück Lebenseinstellung und Kenntnis (oder Unkenntnis) von Codes aus. Sicher, generell ist heute viel möglich, doch nicht immer alles und überall.

Selten bekommen Menschen ein direktes und verbales Feedback darüber, ob ihre Kleidung wirklich ihrer Position oder dem spezifischen Anlass, zu dem sie getragen wird, entspricht. Das heißt aber nicht, dass es nicht wahrgenommen wird. Im Gegenteil: Andere ziehen daraus durchaus ihre Schlüsse.

Die Redewendungen »Es gibt keine zweite Chance für den ersten Eindruck« oder »Wie du kommst gegangen, so wirst du empfangen« zeigen deutlich, wie sehr es auf die richtige Kleidung ankommt.

Wissenschaftliche Untersuchungen belegen seit Jahrzehnten immer wieder, dass für den ersten Eindruck eines Menschen nur rund sieben Sekunden benötigt werden und dass dabei die Optik mit 55 Prozent den entscheidenden Anteil hat – gegenüber der Stimme (38 Prozent) und dem Inhalt der Worte (7 Prozent). Neueste Veröffentlichungen weisen zudem darauf hin, dass ein Mensch nur 150 Millisekunden braucht, um festzustellen, ob sein Gegenüber schön ist oder nicht. 250 Millisekunden reichen, um eine Entscheidung zu treffen, ob wir ihn sympathisch oder unsympathisch finden. Wenn wir uns darüber im Klaren sind, dass das Auge pro

Sekunde zehn Millionen Bit ans Gehirn weiterleitet, unser Bewusstsein jedoch nur zehn bis zwanzig Bit pro Sekunde verarbeiten kann, wird deutlich, wie sehr dieser Prozess im Unterbewusstsein stattfindet. Die äußere Erscheinung – Körpersprache und Kleidung – wird von unserem limbischen System, manchmal auch Reptiliengehirn genannt, wahrgenommen. Es ist von der Entwicklungsstufe her zwischen 250 und 300 Millionen Jahre alt und dominiert unser Denken und Handeln nach neueren Forschungen stärker als unser analytischer Verstand, der im erst rund eine halbe Million Jahre alten Neokortex sitzt.

Persönlichkeitseigenschaften sind nun einmal nicht direkt zu beobachten; es dauert sehr lange, bis wir jemanden so gut kennen, dass wir ihn wirklich beurteilen können. Deshalb muss sich unser rasches Urteil auf Merkmale stützen, die sofort und direkt wahrnehmbar sind. Von ihnen schließen wir dann auf grundlegendes Verhalten. Das ist sicherlich nicht ganz fair, aber es ist es dem Menschen nun mal zu eigen, Dinge und Menschen nicht nur zu registrieren, sondern ihnen auch unbewusst Sinn, Zusammenhang und Kontinuität zu verleihen.

Casual Friday – der Freizeit-Freitag?

Irrtum:

Am »Casual Friday« kann man in Freizeitkleidung zur Arbeit gehen.

Richtig ist:

Am »Casual Friday« kann man unter Umständen in gelockerter Geschäftskleidung arbeiten.

Der Begriff »Casual Friday« stammt aus den USA – da denken viele Deutsche an Kaugummi, Bluejeans, Fast Food und unkomplizierte und direkte Kommunikation. Wenige wissen, dass bei den Amerikanern die Kleiderordnung in einigen Branchen sehr streng ist. Tatsächlich kann eine falsche Krawatte in einem Erstgespräch schon das Ende aller Kontakte bedeuten.

Der »Casual Friday« wurde ursprünglich als »Dress down Friday« verstanden, als Tag, an dem die Business-Kleidung etwas gelockert sein darf. Die Betonung liegt hier auf »Business-Kleidung« – es ist also keine Rede von Freizeitlook! In Amerika hat das teilweise gut funktioniert – oft aber auch nicht, so dass es eine Anzahl von Unternehmen gibt, die diese nett gemeinte Geste wieder zurücknehmen mussten. Zum einen hatten Untersuchungen gezeigt, dass bei gelockerter Kleidung weniger effektiv gearbeitet wird. Zum anderen hatten sich Kunden über zu saloppe Kleidung beschwert. In Deutschland war es genauso. Begeistert wurde die Idee gerade von den Branchen aufgenommen, die einen strengen Dresscode haben, doch auch hier wurde der »Casual Friday« in den letzten Jahren sukzessive wieder abgebaut.

»Casual« wird hierzulande oft mit »Freizeit« übersetzt. So kamen dann die Angestellten mit verwaschenen Jeans, Flipflops oder gar Jogginghosen an den Arbeitsplatz. Das lässt zwar Schlüsse auf das Freizeitverhalten der Mitarbeiter zu, hilft aber nicht unbedingt dem Unternehmen dabei, sich professionell zu präsentieren.

Als Grundregel kann man sich merken, dass die Kleidung immer noch dem Image des Unternehmens entsprechen sollte und auch der Stellung, die ein Arbeitnehmer in der

Firma hat. Sie ist nur etwas lockerer als an den anderen Wochentagen. Also: Lässig ist nicht gleich nachlässig!

Zudem gilt, dass die gelockerte Kleidung nur dann an einem Freitag getragen werden kann, wenn man keine Kundentermine an diesem Tag hat, sonst bleibt alles wie an den anderen Wochentagen.

Was das im Einzelfall genau bedeutet, ist nur zu verstehen, wenn man den Dresscode mit seinen Details für die anderen Wochentage kennt. Gilt im Unternehmen Anzugpflicht, ist Folgendes möglich:

Männer könnten zum Beispiel statt des Anzugs eine Kombination wählen oder die Krawatte beim Anzug weglassen und dafür ein Button-down-Hemd tragen. Für Frauen wäre es möglich, nur den unteren Teil des Kostüms oder Hosenanzugs zu tragen und das Jackett durch ein elegantes Twinset zu ersetzen.

Auch am »Casual Friday« sollte tabu sein:
- verwaschene Jeans
- ungebügelte Kleidung
- ungepflegtes Äußeres
- Jogginganzug oder andere Sportkleidung
- »Strandlook«
- Sandalen oder Flipflops
- Gürtelschlaufen ohne Gürtel
- schlecht sitzende Kleidung
- »Schlabberlook«
- Partykleidung
- spezielle Freizeitkleidung (wie etwa Jäger- oder Anglerkleidung)
- in den Kniekehlen hängende Kleidung

- Look, der an Campingplatz, Kindergeburtstag, Gartenarbeit oder Handarbeitsgruppen denken lässt

Unterschätzt werden sollte die eigene Erscheinung auf keinen Fall. Laut einer Untersuchung aus dem Jahr 2005, die
von CGC Consulting unter 600 deutschen Unternehmen
durchgeführt wurde, glaubten 46 Prozent der Befragten, das
Einhalten von Dresscodes und eine gepflegte Erscheinung
seien heute genauso wichtig wie vor zehn Jahren, 20 Prozent
sind der Meinung, dass es heute sogar noch wichtiger sei,
und nur ein gutes Drittel (34 Prozent) maßen dem Dresscode heutzutage eine geringere Bedeutung zu.

Das »kleine Schwarze«

Irrtum:
Das »kleine Schwarze« ist ein schwarzes Kleid.
Richtig ist:
Es ist ein kurzes Kleid, das nicht schwarz sein muss,
aber kann.

Es hört sich logisch an: Das »kleine Schwarze« ist schwarz.
Dennoch ist das ein Irrtum. Erfunden wurde dieses Kleid in
den zwanziger Jahren des 20. Jahrhunderts von Coco Cha-
nel, und es ist bis heute ein Klassiker. Das »kleine Schwarze«
war das erste kurze, also knielange Kleid für festliche Anlässe
überhaupt. Fast jede Frau hat mindestens ein solches Kleid
im Schrank hängen, da es sich vielfältig einsetzen lässt.

Entscheidend ist, dass das Kleid eine gedeckte Farbe aufweist und edel in Material und Schnitt ist. Es weist wenig
Verzierungen und Muster auf, verzichtet ganz bewusst auf

Buntheit, Schnörkel und Firlefanz, sondern wirkt gerade durch seine Schlichtheit elegant. Durch die Schlichtheit wird die Aufmerksamkeit auf den Schnitt des Kleides, den Schmuck der Dame und auch deren Gesicht und Frisur gelenkt. Insofern wirkt ein »kleines Schwarzes« nur dann wirklich elegant, wenn alles bis ins Detail aufeinander abgestimmt ist und das Kleid perfekt sitzt.

Die Materialien und die Schnitte ändern sich je nach Mode. Lange Ärmel, kurze Ärmel, hohe Taille, tiefe Taille, alle Arten und Größen von Ausschnitten und Dekolletés sind zu finden.

Auch in Farbe kann das »kleine Schwarze« sehr elegant sein. So finden sich viele Modelle in dunklen Beeren- oder Grüntönen.

Elegante Schuhe, die zu Material und Farbe des Kleides passen, gehören ebenso dazu wie eine kleine Handtasche, die nicht nur auf das Kleid, sondern auch auf die Schuhe abgestimmt ist. Und keine Frage: Die Beine werden mit dezenten Strümpfen bekleidet. Nicht verzichtet werden sollte schließlich auch auf passenden Schmuck sowie Make-up.

Der »dunkle Anzug«

Irrtum:

Ein »dunkler Anzug« kann in jeder beliebigen Farbe sein, wenn sie nur dunkel ist.

Richtig ist:

»Dunkler Anzug« bedeutet immer: anthrazit oder dunkelblau.

Es gibt eine Reihe von Gelegenheiten, bei denen ein dunkler Anzug die richtige Wahl ist, auch wenn auf der Einladung

kein Hinweis auf die Kleidung zu finden ist oder es gar keine
Einladung gibt. Vorstellbar sind folgende Anlässe:

- ein feierliches Firmenjubiläum
- ein formeller Abendempfang
- ein runder Geburtstag, der konventionell begangen bzw.
  in konservativem Kreis gefeiert wird
- ein deutlich erkennbar festlicher und bedeutender Anlass,
  für den keine Kleiderordnung ausgegeben wurde
- klassische Familienfeste, die groß und konventionell
  begangen werden und keinen Dresscode ausgeben, wie
  Taufe, Kommunion, Konfirmation, Firmung, Hochzeit
  oder Jubiläumshochzeit
- Opern, Konzertabende, klassisches Theater
- ein Abend im Restaurant eines Sternekochs

Der Hinweis »dunkler Anzug« ist zudem oft auf Einladungen zu finden. Eigentlich ist die Botschaft deutlich. »Dunkler Anzug« ist ein offizieller Dresscode, der sich – wie alle
Dresscodes – direkt an Männer und indirekt auch an die
Frauen richtet. Kommt man jedoch als Gast zu einer solchen Veranstaltung, dann wird man meist nicht das Bild
vorfinden, dass der Gastgeber sich gewünscht hat, als er
diesen Hinweis platzierte.

Der Hauptirrtum besteht darin, dass die Wahl der Farbe
nicht so frei ist, wie es die wörtliche Bedeutung suggerieren
könnte. »Dunkler Anzug« deutet auf eine feierliche und
gehobene Atmosphäre hin, die jedoch nicht so angelegt ist,
dass Smoking oder gar Frack erforderlich wären. Der Herrenanzug sollte dabei ausschließlich in den verschiedenen
Schattierungen von Anthrazit und Dunkelblau gefärbt sein –

auf gar keinen Fall in Braun, auch wenn es ein dunkler Ton ist; ein brauner Anzug hat generell bei einer gehobenen Veranstaltung nichts zu suchen.

Die nächste Fehlinterpretation besteht darin, dass viele Männer einen schwarzen Anzug tragen. Dies ist inzwischen so verbreitet, dass es durchaus von den meisten (aber eben nicht von allen) akzeptiert wird. Eigentlich ist ein schwarzer Herrenanzug aber etwas für Beerdigungen und Trauerfeiern, auch bei hohen akademischen Feierlichkeiten ist er die richtige Wahl.

Doch damit ist es mit den Irrtümern noch nicht getan. Einige Männer tragen beim Hinweis »dunkler Anzug« einen dunkelblauen Anzug mit Nadelstreifen – für berufliche Verpflichtungen sicher oft eine gute Wahl, für eine gehobene Abendveranstaltung, auch wenn sie einen geschäftlichen Hintergrund hat, jedoch unangemessen. Ein Nadelstreifenanzug hat ein ganz klares Image als Geschäftsanzug, was meist für Abendveranstaltungen nicht unbedingt gewünscht ist.

In jedem Fall ist ein Einreiher, kein Zweireiher zu wählen. Eine Hose ohne Umschlag ist eleganter, also für diesen Anlass richtig. Hosen mit Umschlag eignen sich besser für Kombinationen.

Der »dunkle Anzug« hat auch Konsequenzen für die Wahl des Hemdes. Die klassische und auf jeden Fall stilsicherste Variante ist ein weißes Hemd. Aber auch zarthellblaue Hemden haben sich inzwischen für diese Anlässe durchgesetzt. In jedem Falle darf nur ein Hemd ohne Muster getragen werden. Umschlagmanschetten mit Manschettenknöpfen aus Edelmetall runden das Bild ab. Auch für ein Einstecktuch wäre es der richtige Anlass, dies ist aber kein Muss, sondern nur eine Möglichkeit, persönliche Akzente durch Schmuck und Accessoires zu setzen. Die Krawatte sollte ein edles Muster in gedeckten Farben aufweisen, auf keinen Fall leuchtend oder grell. Erste Wahl bei den Herrenschuhen sollten schwarze, glatte Schnürschuhe mit Ledersohle sein.

Der Hinweis »dunkler Anzug« richtet sich nicht nur an die Herren, auch wenn nur sie einen dunklen Anzug tragen. So wie jeder Dresscode hat auch dieser Konsequenzen für die Damen, die allein aus Höflichkeit nicht mit einem klaren Hinweis bedacht werden. Wie die Herren lassen auch die Damen in diesem Fall ihre klassische Business-Garderobe im Schrank hängen. Mit einem normalen dunklen Kostüm oder einem dunklen Hosenanzug sind sie eher underdressed. Angemessen hingegen ist ein elegantes Kostüm oder ein eleganter Hosenanzug, die nicht tagsüber und während der normalen Arbeitszeit getragen werden. Man sollte vorab erwägen, ob an dem Abend auch getanzt wird. Ist dies der Fall, passt ein eleganter Hosenanzug niemals so gut wie ein Kleid.

Auch ein elegantes Etuikleid mit Jacke oder Gehrock können die Damen anziehen. Der Klassiker für die Frau ist bei solchen Feierlichkeiten freilich das »kleine Schwarze«. Ein langes Kleid hingegen wäre overdressed. Die optimale Saumlänge der Röcke und Kleider, die zu diesem Anlass getragen werden, ist maximal eine Handbreit über oder unter dem Knie. Dezente Strümpfe und Schuhe, die zumindest vorne geschlossen sind, runden das Bild ab.

Nicht umsonst gilt die Regel »Je später der Abend, desto kleiner die Tasche«. Eine Business-Tasche, in der Ordner oder ein Laptop verstaut werden können, ist hier also fehl am Platz. Eine kleine, elegante Handtasche, passend zum gesamten Outfit, gehört hingegen zur kompletten Ausstattung dazu. Was auf keinen Fall fehlen darf, ist ein gepflegtes Make-up – ungeschminkt sollte keine Frau zu so einer Veranstaltung gehen. Es darf etwas mehr sein als tagsüber bei der Arbeit, muss aber nicht.

Ferner wird nur echter Schmuck getragen, Modeschmuck ist deplatziert. Legt man die Regeln streng aus, so ist auch Schmuck, der nur aus Gold oder Silber besteht, aber weder Perlen noch Steine aufweist, nicht passend. Wenn man so etwas nicht besitzt, ist es feiner, lieber gar keinen Schmuck zu tragen. Es gibt unterschiedliche Arten, die Schmuckstücke zu zählen, wodurch unterschiedliche Aussagen entstehen, wie »Nicht mehr als fünf Schmuckstücke« oder »Nicht mehr als sieben Schmuckstücke«. Gilt Ersteres, so zählt man Ohrringe, obwohl sie aus zwei Stücken bestehen, nur einfach, also als ein Paar. Ebenso wenig wird die Brille mitgezählt, so dass bei »fünf Schmuckstücken« Folgendes getragen werden könnte:

1. ein Paar Ohrringe
2. eine Kette
3. der Ehering
4. ein weiterer Ring
5. maximal noch ein Ring oder ein Armband

Eine Armbanduhr taucht in dieser Aufzählung nicht auf – bei festlichen Abendveranstaltungen bleiben kostbare Armbanduhren zu Hause. Der Grund: Bei sehr feierlichen Veranstaltungen geht man davon aus, dass der Abend »keine Zeit« hat, es also keine sonstigen Termine und keinen Zeitdruck gibt, also nichts von alledem, woran eine Uhr erinnert.

Bei anderen Angelegenheiten könnte zum Beispiel einer der Ringe gegen eine Armbanduhr getauscht werden, das wären dann immer noch fünf Schmuckstücke. Anhänger der Siebener-Regel zählen so:

1. ein Ohrring
2. ein zweiter Ohrring
3. eine Kette
4. der Ehering
5. ein weiterer Ring
6. ein Armband
7. eine Brille oder ein weiterer Ring

Black tie = schwarze Krawatte?

Irrtum:
Ein »Black tie« ist eine schwarze Krawatte.
Richtig ist:
»Black tie« ist ein international gültiger Dresscode,
bei dem keine Krawatte getragen wird.

Ein extrem peinlicher Irrtum ist es, die Angabe »Black tie« wörtlich zu übersetzen und mit einem Anzug und schwarzer Krawatte zu erscheinen. Steht auf einer Einladung »Black tie«, so werden nämlich die Männer im Smoking erwartet. Ist der Dresscode auf Deutsch ausgegeben, dann steht dort »Gesellschaftsanzug«, »Kleiner Gesellschaftsanzug« oder manchmal auch »Smoking«, obwohl das eigentlich an dieser Stelle nicht ganz richtig ist. Ein Smoking erfordert eigentlich den Kleidervermerk »Gesellschaftsanzug« oder eben »Black tie«. Ebenso wenig ist der Hinweis »Tuxedo« korrekt – dies ist nur die englische Übersetzung für den Smoking. In Frankreich steht »Cravate noire« auf der Einladung. Möchte man allerdings in einem Laden einen entsprechenden Anzug kaufen, dann fragt man nicht nach einer »cravate noir«, sondern nach einer »tenue de soirée«.

Es gibt eine Reihe von Anekdoten, die die Entstehung des Smokings beschreiben. Am bekanntesten ist die Version, nach der ihn um 1889 Lord Sutherland erfunden hat. »Schwanzloser Frack« wurde die Jacke manchmal in den ersten Jahren genannt, der offizielle Name war zunächst »Frack-Jackett«. Damals war es nach dem Essen üblich, dass sich die Herren in den Salon zurückzogen, um zu rauchen, bevor sie wieder mit den Damen zusammentrafen. Um zu vermeiden, dass die Kleidung den Zigarrenrauch annahm, zog der kultivierte Herr zu diesem Zweck ein anderes Jackett an, das nicht die damals üblichen »Schwalbenschwänze« haben musste.

Der Smoking ist also tatsächlich ein Raucheranzug, im Englischen ist die Bezeichnung »Smoking« kurioserweise dennoch unbekannt, vielmehr heißt er hier »dinner jacket«. Das kann ziemlich verwirrend sein, denn im Deutschen ist ein »Dinnerjacket« wiederum eine Sommervariante des Smokings, bei der zur normalen Smokinghose ein cremefarbenes Smokingjackett (es kann auch weiß oder naturweiß bis hellbeige sein) getragen wird – allerdings nur im Freien und bei Kreuzfahrten für ein gehobenes Publikum. Es ist also auch ein Irrtum, zu glauben, dass ein »dinner jacket« dasselbe sei wie ein »Dinnerjacket«. Auf Englisch heißt dieses »Dinnerjacket« mit heller Jacke deshalb auch »white dinner jacket«.

Angeblich wurde der Smoking in den Vereinigten Staaten das erste Mal bei einem festlichen Anlass in Tuxedo-Park in

der Nähe von New York gesehen. Aus diesem Grund wird
der Smoking in den USA auch »tuxedo« genannt.

Gleich, wo auf der Welt er getragen und wie er genannt
wird, einige Fehler sollten keinem Herrn bei einem Smoking unterlaufen. Ein grundsätzlicher Irrtum besteht oftmals in der Uhrzeit. »Ein Smoking sieht kein Tageslicht«,
hieß es ursprünglich. Leider gibt es immer wieder Einladungen zu Hochzeiten, die tagsüber stattfinden und dennoch den Dresscode »Smoking« ausgeben. Die Gäste
werden peinlich berührt überlegen, was zu tun ist. »Kein
Tageslicht«, ganz so streng ist es nicht, heute heißt die
Grundregel: Erst ab 19 Uhr (auch wenn es noch hell ist),
dafür aber prinzipiell nur in geschlossenen Räumen. Auch
hier gibt es Ausnahmen, in Deutschland zum Beispiel die
Bayreuther Festspiele.

Weitere Irrtümer haben auch mit den Farben des Smokings und seiner Accessoires zu tun. Ein Smoking ist
schwarz – immer! Alles andere ist lächerlich. Die einzige
Ausnahme ist ein sogenannter mitternachtsblauer Anzug,
einfach deshalb, weil diese Farbe bei künstlichem Licht noch
schwärzer wirkt als echtes Schwarz.

Zum Smoking gehört eine schwarze Schleife, keine farbige. Das wäre gewollt originell und betont individuell – das
tun nur Menschen, die das dringend nötig haben. Herren
haben durchaus die Möglichkeit, ihren Smoking individuell
zu tragen, man muss nur wissen, wo Abwechslung stilvoll ist
und wo nicht. So kann man sich beispielsweise entscheiden,
ob man das Hemd mit Kläppchen- oder Umschlagkragen
tragen möchte und ob die Brust des Hemdes glatt oder mit
Stickereien oder Biesen (Ziernähten) verziert sein soll. An
den Doppelmanschetten gibt es hingegen nichts zu rütteln,

ebenso wenig daran, dass zum Smoking nur Manschettenknöpfe aus Edelmetall getragen werden.

Herren können außerdem zwischen einem einreihigen
oder einem zweireihigen Jackett wählen, entweder mit
Schalkragen oder steigendem Revers. Kombiniert damit
wird eine Weste aus Seide oder aus Brokat oder, ganz klassisch, der seidene Kummerbund. Ein Irrtum ist übrigens
auch, dass dieses gürtelartige Kleidungsstück schon im
Namen trage, dass es damit nur Kummer und Sorgen gebe.
»Kummerbund« ist nämlich die deutsche Aussprache eines
Wortes, das die Engländer aus dem Hindi entlehnt haben:
»Kamarband« hieß nämlich die Schärpe, die indische Wür-
denträger zu ihrer traditionellen Kleidung trugen. Diese
Sitte haben sich die britischen Kolonialherren zu eigen
gemacht.

Bleiben noch Schuhe und Strümpfe, bei denen Irrtümer
begangen werden können. Sind die Schuhe glatt, aus
schwarzem Leder und mit Ledersohle, dann können sie so
falsch nicht sein. Eine Orientierung bietet der Satz »Je offizieller der Anlass, desto glatter der Schuh«. Ein sogenannter
Oxford ist der zum Smoking passende Herrenschuh, manche Männer ziehen auch gern Lackschuhe dazu an – ebenfalls sehr klassisch. Selbstverständlich werden im Schuh
keine Socken getragen, schon gar keine dicken, sondern
möglichst knielange Strümpfe aus Seide oder sehr feiner,
dünner Wolle.

Wie bei allen Dresscodes steht nur eine Anweisung für
Herren auf der Einladung. Es galt und gilt immer noch als
unfein, einer Dame Vorschriften zu ihrer Kleidung zu machen. Nach wie vor geht man davon aus, dass die Dame ihre
Kleidung dem Anlass gemäß selbst wählen kann. Doch hier

muss heute so mancher Gastgeber erkennen, wie sehr er mit dieser Annahme danebenliegt.

Was Damen heute erlaubt ist, war früher ein Fauxpas: ein langes Kleid zu tragen, wenn die Herren im Smoking gekleidet sind. Lange Kleider trug man ursprünglich nur, wenn die Herren im Frack erschienen. Da das heute sehr selten ist und es ja sonst keine Gelegenheit mehr für lange Abendkleider gibt, hat es sich etabliert, auch zum Smoking ein langes Kleid zu tragen, so dass es mittlerweile völlig korrekt ist. Wichtig ist nur, dass eine Frau weiß, dass sie keinesfalls ein langes Kleid tragen *muss*, wenn sie nicht möchte.

Je nach Anlass kann eine Frau auch das »kleine Schwarze« oder ein Cocktailkleid tragen. Selbst ein sehr festliches Kostüm wäre denkbar. Das Cocktailkleid sollte nicht kürzer als eine Handbreit oberhalb des Knies und nicht länger als eine Handbreit unterhalb des Knies enden. Cocktailkleider sind meist aus Samt, Brokatstoffen oder Seide – entweder komplett oder in Teilen. Das Dekolleté ist eher tief ausgeschnitten.

Ein typischer Fehler ist, sich so zum Essen zu setzen. Auch bei festlichen Kleidern gilt die Regel, dass die Schultern beim Essen bedeckt sein müssen. Zu diesem Zweck haben diese Kleider meist eine Stola, einen Schal oder ein kleines Jäckchen dabei, die später, wenn getanzt wird, wieder abgelegt werden.

Ebenso sollte es keine Frage sein, dass eine Dame Strümpfe trägt und sehr elegante Abendschuhe, die zum Gesamtbild passen und mindestens vorne, an den Zehen, geschlossen sind.

Der Schmuck darf größer und üppiger ausfallen als bei einer Einladung mit dem Dresscode »dunkler Anzug«. Auch beim Smoking gilt, dass der Schmuck kein Modeschmuck sein darf, sondern echt sein muss, und dass Frauen keine Uhr tragen sollten. Und selbstverständlich ist es bei dieser Kleidung äußerst unpassend, ungeschminkt zu erscheinen.

Ich lass mir doch nix vorschreiben!

Irrtum:
Dresscodes auf einer Einladung sind eine Empfehlung.
Richtig ist:
Dresscodes auf einer Einladung sind bindend.

Es gibt Gäste, die bei einer Einladung mit Hinweis auf einen Dresscode denken, dieser sei nur ein inspirierender Vorschlag, aber jeder könne schließlich anziehen, was er wolle, da der Dresscode nicht bindend sei. Nun stimmt es zwar, dass niemand mit körperlicher Gewalt oder unter Androhung einer Gefängnisstrafe gezwungen werden kann, eine bestimmte Kleidung zu tragen. Dennoch ist es ein Irrtum, zu glauben, der Dresscode sei eine unverbindliche Empfehlung. Nicht umsonst heißt der Hinweis auf die Kleidung auch »Kleidungsvorschrift«. Durch sie wird deutlich, was der Gastgeber sich wünscht und in welchem Rahmen die gesamte Veranstaltung ablaufen wird. Es ist respektlos gegenüber dem Gastgeber, den Kleidervermerk nicht ernst zu nehmen und entweder underdressed oder overdressed zu erscheinen. Doch Ihr Erscheinungsbild hat nicht nur etwas mit dem Gastgeber und dem Anlass zu tun, die beide mit Wertschätzung behandelt werden sollten, sondern auch mit den anderen Gästen. Diese können durchaus empfindlich darauf reagieren, dass sie selbst sich Mühe gegeben haben, die Wünsche des Gastgebers zu erfüllen, andere Gäste das aber nicht für nötig halten. Schließlich ist dies eine Missachtung aller Anwesenden.

Vergessen Sie nicht: Gesellschaftliches Parkett ist glatt, man kann leicht ausrutschen. Nicht umsonst sprechen wir von »gesellschaftlichen Spielregeln«. Wer diese Regeln nicht mag, der sollte generell nicht mitspielen oder in bestimmten Fällen einmal »eine Runde aussetzen«. Anders als bei Sportarten, bei denen Sie zum Beispiel eine Rote Karte bekommen, wenn Sie Regeln verletzen, wird bei gesellschaftlichen Ereignissen subtiler reagiert. Meist merken Sie selbst gar nicht, wie deutlich Ihr Regelverstoß wahrgenommen wird. Sie werden einfach von bestimmten Leuten nicht mehr eingeladen – punktum.

Es ist ein Irrtum, zu glauben, so streng sei das ja nun doch nicht, schließlich kämen ja auch alle möglichen Prominenten zu besonderen Events so, wie sie es möchten, beispielsweise in einer zerfetzten Jeans, im Fantasiekostüm oder im Abendkleid, wie man im Fernsehen oder in Illustrierten sehen könne. Vergessen wird hierbei, dass manche dieser Promis einfach darauf angewiesen sind, um jeden Preis aufzufallen, da sie nur dann auf die Titelblätter kommen, was Teil ihres Jobs ist.

Beim Dresdner Opernball im Januar 2009 begutachtete ein Kamerateam mit einem Stilexperten die Kleidung der Gäste und befragte sie zu ihrer Wahl. Einer der männlichen Prominenten in Smoking mit passendem Smokinghemd und schwarzen Lackschuhen antwortete auf die Frage, warum er denn keine Schleife oder Fliege trage: »Ja, ich habe darüber nachgedacht, aber ich finde, man darf nicht vergessen, woher man kommt.« Man möchte ihn bedauern, den

Armen, dass er in einem Umfeld aufwachsen musste, in dem es üblich war, andere Menschen nicht zu respektieren. Schade, dass er nun auch als Erwachsener wider besseres Wissen andere nicht mit Achtung behandelt. Eines hat er jedenfalls geschafft: die Aufmerksamkeit der Medien auf sich zu lenken.

Es scheint so zu sein, dass unter »normalen« Bürgern nur wenige absichtlich den geschriebenen oder ungeschriebenen Dresscode verletzen. Umfragen zeigen, dass ein Großteil der Befragten von sich selbst sagt, er achte darauf, dem Anlass entsprechend gekleidet zu sein. In einer Befragung aus dem Winter 2006/2007, die von Marplan durchgeführt wurde, stimmten ein knappes Drittel (30 Prozent) dem Satz »Achten Sie sehr darauf, immer dem Anlass entsprechend gekleidet zu sein?« völlig zu, immerhin 45 Prozent meinten, dies »trifft eher zu«. Drei Viertel möchten es also richtig machen und gehen davon aus, dass ihnen das auch gelingt. Besucht man des Öfteren Veranstaltungen verschiedenster Art und vergleicht die Kleidung der Gäste mit den vorher ausgegebenen Dresscodes, kann man sich allerdings nur wundern, wie viele danebengreifen und wie wenige ihren Irrtum erkennen und daraus ihre Schlüsse ziehen. Zu vermuten ist, dass jeder von sich annimmt, er oder sie mache es schon richtig und alle anderen lägen falsch.

Was zieht man aber an, wenn kein ausdrücklicher Dresscode vorgegeben wird? Eine wichtige und zugleich schwierige Frage. Schließlich möchten auch Sie nicht unangenehm auffallen, weil Sie in einem ganz anderen Stil gekleidet sind als der Rest der Gäste. Kaum jemand fühlt sich wohl, wenn alle im dunklen Anzug erscheinen, er selbst aber in Jeans kommt. Auch andersherum ist es unangenehm: Alle sind

locker gekleidet, und nur ich schwebe im Abendkleid an.
Deshalb ist es wichtig, sich vor jeder Feier darüber zu informieren, was an Kleidung wohl passend sein könnte.

Dazu gibt es mehrere Möglichkeiten:

1. Der gesamte Stil der Einladung gibt Auskunft: Habe ich
   einen handgeschriebenen Brief auf Büttenpapier bekommen, der insgesamt einen feierlichen, vielleicht auch
   förmlichen Eindruck macht? Oder war es eine lockere
   E-Mail? Überlegen Sie, wo das Fest stattfinden wird. Auch
   der Veranstaltungsort ist ein Hinweis auf die erwünschte
   Kleidung. Was genau ist der Anlass? Wird zum Beispiel zu
   einem Empfang im Schlosshotel gebeten, so lässt dies auf
   eine andere Kleidung schließen als ein Fest im Biergarten.
   Im Allgemeinen gilt: Je besonderer und seltener der
   Anlass im Leben eines Menschen ist, desto schöner und
   sorgfältiger zusammengestellt sind meist auch Fest und
   Kleidung.
2. Den Gastgeber fragen. Gerade bei Feiern, die groß sind
   oder im beruflichen Umfeld stattfinden oder einfach,
   wenn die Botschaft der Einladung nicht klar ist, gilt:
   Rufen Sie an! Fragen Sie nach! Viele scheuen sich davor,
   weil sie denken, das sei peinlich. Peinlich ist es nur, in der
   falschen Garderobe zu erscheinen und sich selbst und den
   Gastgeber damit in Verlegenheit zu bringen.
3. Den Dresscode auf der Einladung genau lesen. Manchmal stehen Hinweise zur Kleidung auf der Einladung.
   Doch diese Begriffe werden durchaus unterschiedlich
   interpretiert. Es gibt nur wenige Kleidungshinweise, die
   eine allgemeingültige »Übersetzung« haben.

Bei Abendveranstaltungen:
- dunkler Anzug
- Smoking/Kleiner Gesellschaftsanzug
- Frack/Großer Gesellschaftsanzug

Bei Tagesveranstaltungen:
- dunkler Anzug
- Stresemann/Kleiner Gesellschaftsanzug (für den Tag)
- Cut/Großer Gesellschaftsanzug (für den Tag)

Andere Begriffe sind zwar gleichfalls weitverbreitet, haben aber einen großen Interpretationsspielraum und sind deshalb für Gastgeber nicht zu empfehlen. Zu lesen ist zum Beispiel:
- Abendgarderobe
- festliche Abendkleidung
- sommerlich elegant
- sommerlich festlich
- festlich elegant
- ländlich elegant
- sportlich elegant
- gehobene Freizeitkleidung
- business-casual
- smart-casual
- casual
- Ballkleidung
- entspannte Abendgarderobe

Niemand kann Ihnen hier eine zu hundert Prozent gültige Deutung bieten, wie diese inoffiziellen Dresscodes zu lesen sind. Es hängt deshalb von den Umständen ab, beispielswei-

se von der Art der Einladung, vom Anlass, von der Örtlich-
keit und vom Gastgeber, welche Schlussfolgerung Sie daraus
für sich ziehen.

Jeans

Irrtum:

*Eine Jeans kann durch entsprechende Accessoires
salonfähig gemacht werden.*

Richtig ist:

Eine Jeans bleibt eine Jeans.

»Natürlich Jeans! Oder kann sich einer ein Leben ohne Jeans
vorstellen? Jeans sind die edelsten Hosen der Welt.« So
Edgar Wibeau, der Titelheld in Ulrich Plenzdorfs Roman
Die neuen Leiden des jungen W. von 1973. Nun, die »edelste
Hose der Welt« ist sie sicher nur für Einzelne, nicht für die
Allgemeinheit. Sicher, Jeans haben einen ungeheuren gesellschaftlichen Aufstieg erlebt. Heute gibt es vermutlich nur
wenige Menschen, die keine Jeans im Schrank haben und
deren Bequemlichkeit nicht schätzen. Menschen aller gesellschaftlichen Schichten tragen eines der unzähligen Jeans-
modelle, die der Markt gerade hergibt, je nach Geschmack,
Mode und finanziellen Möglichkeiten. Es ist auch unbestrit-
ten, dass eine bewusst auf »Gammellook« getrimmte Jeans
ein anderes Image hat als eine gutsitzende, dunkle und mit
passenden Accessoires ergänzte.

Trotzdem: Auch wenn sie nicht mehr unbedingt blau ist,
einer Jeans hängt ihre Geschichte als ursprüngliche Gold-
gräberhose, deren Nieten dazu da waren, die Taschen nicht
durch die Gesteinsproben ausreißen zu lassen, immer noch

an. Es ist eine Hose, die in keinen offizielleren Rahmen passt, weder beruflich noch privat. Immer, wenn Sie darüber nachdenken, ob Sie zu einer Einladung oder zu einem bestimmten Anlass eine Jeans tragen können, sollten Sie sich dagegen entscheiden. Allein Ihr Nachdenken zeigt, dass Sie sich nicht ganz sicher sind.

Tragen Sie eine gebügelte Stoffhose, so erscheinen Sie immer noch im Freizeitlook, aber ohne das Image einer Jeans – sicher ist sicher. Es wird Ihnen niemand übel nehmen, wenn Sie zu einer Einladung in einer Stoffhose kommen, der Gastgeber aber Jeans trägt. Hat aber außer Ihnen niemand eine Jeans an, so werden Sie sich vermutlich unwohl fühlen, und möglicherweise wird es Ihnen sogar verübelt, dass Sie underdressed erschienen sind.

Es ist ein großer Irrtum, zu glauben, man könne eine Jeans aufpolieren, indem man sie mit schwarzen Schnürschuhen, Krawatte und Jackett kombiniert. Hier werden unterschiedliche Dinge gemischt, die keinen schicken Stilmix ergeben, sondern den Träger als nicht stilsicher bloßstellen. Oft sieht man diese Kombination bei Menschen, die einerseits Meetings mit Anzugträgern haben und sich andererseits beispielsweise auf Baustellen bewegen müssen, etwa bei Ingenieuren oder Bauleitern. Es mag praktisch sein, stilvoll ist es nicht.

Zu einer Jeans werden keine Accessoires kombiniert, die zum Geschäftsanzug gehören. Natürlich können Sie ein Hemd dazu tragen, das ist dann etwas schicker als ein Polohemd oder ein Pullover ohne Hemd darunter; am besten ein Hemd ohne Krawatte mit Button-down-Kragen. Ob man generell eine Krawatte zu einer Jeans tragen kann und soll, wird unterschiedlich bewertet. Die meisten Stil- und

Etikette-Experten verneinen dies. Demgegenüber steht die Ansicht von François Chaille, Autor von *Krawatten. Tradition und Trend*. Er berichtet, dass bei Hermès sogar bestimmte Krawatten gefertigt würden, die speziell für die Kombination mit Jeans gedacht seien. Ein Jackett aus der Business-Garderobe zu einer Jeans zu tragen ist jedoch nicht stilvoll, besser ist ein sportliches Jackett oder ein Blazer, dazu Bootschuhe oder Loafer, keinesfalls schwarze Oxford-Schuhe.

In diesem Sinne ist es auch unklug, zu einem Fest, für das der Dresscode »casual« oder »Freizeitkleidung« ausgegeben wird, in einer Jeans zu kommen. Schließlich gibt es hier einen Dresscode der Gastgeber, sie haben sich also Gedanken und bestimmte Vorstellungen gemacht – eine Jeans aber ist und bleibt nicht »casual«.

Alles dabei

Irrtum:

Die Handtasche einer Frau muss so groß sein, dass möglichst viel hineinpasst.

Richtig ist:

Die Größe der Handtasche muss dem Anlass angemessen sein.

Es ist ungeheuerlich, was der moderne Mensch in seinem Arbeitsleben mit sich herumschleppen muss: einen Terminkalender, ein bis zwei Handys und/oder ein Blackberry, Taschentücher, Geldbeutel, Schlüsselbund, Visitenkartenetui, möglicherweise einen Ordner oder ein Notizbuch, einen Laptop, und bei Frauen kommen noch Artikel für

Hygiene und Kosmetik dazu. Kein Wunder, dass die Handtaschen für moderne Geschäftsfrauen immer größer werden. Dagegen ist im Prinzip nichts einzuwenden, obwohl es für kleine Frauen schwierig ist, nicht den Eindruck zu erwecken, die Handtasche ginge mit ihnen spazieren und nicht sie mit der Handtasche …

Je konservativer die Branche und je höher die Hierarchie, desto edler und besser auf das gesamte Outfit abgestimmt muss die Tasche sein. Sie sollte vor allem zu Schuhen und Gürtel passen, was aber nicht heißt, dass sie haargenau den gleichen Farbton oder exakt das gleiche Material haben muss.

Die Faustregel »Je später der Abend, desto kleiner die Tasche« bedeutet: »Je offizieller der Anlass, desto kleiner die Tasche« und spiegelt somit folgende Orientierungspunkte wider:

- Für Abendveranstaltungen allgemeiner Art, Oper, Theater und Ähnliches, sollte die Handtasche maximal halb so groß sein wie die Tasche, die tagsüber verwendet wird.
- Für formellere Abendveranstaltungen, bei denen die Herren einen Smoking und Damen ein kleines Abendkleid tragen, entspricht die Größe der Tasche nur rund der Hälfte der Handtaschen für Abendveranstaltungen allgemeiner Art.
- Zu großen Anlässen, bei denen Frack und lange Abendkleider getragen werden, ist wiederum die halbe Größe einer Tasche des kleinen Abendkleides passend.

Natürlich passen in diese Handtaschen nicht all die Dinge, die frau sonst mit sich herumträgt. Sie braucht sie auch gar nicht. Ein Ausweis, ein wenig loses Geld ohne Portemonnaie, ein Taschentuch und Lippenstift – mehr muss nicht sein.

Werden diese Regeln eingehalten, so ist es leichter, nicht Opfer eines weiteren Irrtums zu werden. Denn leider sieht man oft, dass Frauen ihre Handtaschen im Restaurant über die Stuhllehne hängen. Das ist jedoch ungünstig, da dann die Servicekräfte Probleme haben, die schweren Teller unfallfrei und bequem auf den Tisch zu stellen. Sie geraten immer wieder in die Situation, dass sie gegen die Taschen stoßen oder dass sie sich bei eng gesetzten Reihen und dicht gereihten Stühlen, die mit großen Taschen behängt sind, kaum mehr bewegen können. Eine große, feste Handtasche gehört deshalb auf den Boden, und zwar vor oder zwischen die Füße der Besitzerin. Manches gehobene Restaurant bietet auch sogenannte Taschenhocker für die teuren Handtaschen der Damen an. Ist man mit einer kleinen, eleganten Abendhandtasche unterwegs, so hat sie nichts auf dem Tisch zu suchen. Sie kann entweder zwischen Rücken und Stuhllehne platziert werden oder sie kommt auf den Schoß, unter die Serviette. Mit einer so kleinen Handtasche ist das kein Problem.

Herren haben es da schwerer. Die Zeit, in der Herrenhandtaschen wirklich salonfähig waren, ist lange vorbei. Bis zum Ende des 18. Jahrhunderts war es noch üblich, dass Frauen und Männer am Gürtel einen Beutel trugen, in dem die wichtigsten Dinge verstaut werden konnten. Zudem brauchte man damals nicht so viel wie heute. Einen kurzen Versuch, die Handtasche für Männer zu etablieren, gab es in den siebziger Jahren des 20. Jahrhunderts. Die am Handgelenk getragenen Täschchen verleiteten damals wie heute jedoch eher zum Schmunzeln. So bleibt dem Herrn von heute nichts anderes übrig, als seine Utensilien in einem Aktenkoffer oder einer Collegemappe zu verstauen. Sonst bleiben nur die Taschen der Kleidung. Dagegen wäre grundsätzlich nichts einzuwenden, wenn man nicht oft ansonsten gut gekleidete Herren sähe, deren teure Anzüge sich an allen möglichen Stellen merkwürdig beulen. Das tut weder dem Gesamtbild gut noch der Kleidung. Unweigerlich geraten so Hosen und Jacketts im Lauf der Zeit aus der Form.

»Weniger ist mehr« kann auch hier ein guter Grundsatz sein. Nicht immer muss man ein Portemonnaie mit zwanzig verschiedenen Karten und einer Handvoll Münzen dabeihaben. Kultivierte Männer tragen deshalb, gerade bei gehobenen Anlässen, nur wenige Münzen, eine Geldklammer mit ein paar Scheinen und ein Etui mit einer oder zwei Kreditkarten bei sich. Dazu kommt noch der Schlüssel, ein Handy (wenn nötig), ein Taschentuch in der Innentasche des Jacketts und ein kleines Etui mit Visitenkarten – mehr nicht.

Der ist ja schlampig angezogen!

Irrtum:

Das Jackett bedeckt die Ärmel des Herrenhemdes.

Richtig ist:

Die Hemdärmel blitzen mindestens einen Zentimeter unter dem Jackett hervor.

Hier geht es um einen Irrtum, der manchmal mit Absicht, manchmal aus Unkenntnis begangen wird. So sieht man an

Herren oft Jackettärmel, die völlig und in ganzer Länge die Hemdärmel bedecken. Das ist jedoch falsch. Noch peinlicher ist es, wenn dann auch noch über diejenigen, deren Hemdmanschetten korrekt einen bis eineinhalb Zentimeter unter dem Jackett hervorblitzen, gesagt wird, sie seien nicht korrekt angezogen, sondern liefen schlampig herum.

Die Regel »Das Jackett des Herrn darf nirgendwo den Körper berühren« ist immer noch gültig und hat durchaus Sinn. Ein Anzugjackett kann ja nicht gewaschen werden, sondern wird nur ausgelüftet und kommt nach einigen Malen Tragen in die chemische Reinigung. So gut die Reinigung auch sein mag, Kleidungsstücke können dort niemals so gründlich und so hygienisch gesäubert werden wie in einer Waschmaschine. Jeder, der sein weißes Hemd am Ende eines langen Arbeitstages genauer an Manschetten und Kragen betrachtet hat, weiß, wie unglaublich schmutzig es selbst bei einer reinen Schreibtischtätigkeit werden kann. Wie schade, wenn ein gutes und teures Jackett vorzeitig in den Müll wandern muss, da es nicht mehr in einen akzeptablen Zustand zu bringen ist. Ein Hemd schützt davor. Steht der Hemdkragen hinten aus dem Jackett ebenso hervor wie vorne die Hemdmanschetten, so wird die Jacke nicht nur vor Schmutz, sondern auch vor einem frühzeitigen Abstoßen und Verschleiß des Gewebes bewahrt. Schließlich stoßen wir mit den Ärmelenden tagsüber sehr oft gegen den Schreibtisch, die Tastatur und viele andere Dinge. Daher ist es auch ökonomisch, wenn statt des Jacketts das Hemd in Anspruch genommen, öfter gereinigt und schließlich schneller entsorgt wird.

Es gibt verschiedene Gründe, warum das Hemd nicht hervorschaut, selbst wenn der Herr die Regel kennt. Zum einen sind die Ärmel des Jacketts oft zu lang. Die meisten haben zwar von der Regel »Der Ärmel endet bei der Daumenwurzel« gehört, doch scheint nicht klar zu sein, dass die Daumenwurzel der Punkt ist, an dem der Daumen am Handgelenk beginnt, und nicht der, der den Daumen vom Zeigefinger trennt. Das bedeutet, dass das Jackett ungefähr dort endet, wo man den Puls fühlen kann. Zudem sind auch oft die Ärmel der Hemden zu kurz, weshalb sie nach kurzer Zeit unter den Jackettärmeln verschwinden. Schuld daran kann auch ihre falsche Passform sein. Wenn die Jackettärmel sehr schmal geschnitten sind, die des Hemdes jedoch weit, dann reiben die Stoffe zu sehr aneinander, und bei der ersten Beugung des Arms beginnt das Hemd unweigerlich nach oben zu rutschen. Ein gutsitzendes Hemd bleibt jedoch den ganzen Tag in der gleichen Position und zwingt seinen Träger nicht, ständig an den Manschetten zu ziehen, damit sie wieder sichtbar werden.

Tragen Sie Manschettenknöpfe, so sollten sie nur für Hemden mit Umschlagmanschetten verwendet werden, niemals bei einfachen Manschetten. Smokinghemden haben ebenfalls Doppelmanschetten, nur das Frackhemd hat einfache, versteifte Manschetten, die mit Manschettenknöpfen getragen werden. Kleiden Sie sich modisch, so haben Sie heute eine große Auswahl an modischen Knöpfen, die passend zum Gesamtbild gewählt werden können. Klassisch sind Manschettenknöpfe aus Edelmetall, deren Farbe auf die Armbanduhr abgestimmt ist und die nicht zu auffällig oder gar protzig wirken. Je nach Wahl können die Manschettenknöpfe entweder modern oder traditionell sein. Es ist also ein Irrtum, zu glauben, dass Manschettenknöpfe nur zu Großvaters Zeiten getragen wurden. Wenn Sie im Fernsehen aufmerksam die Nachrichten verfolgen, dann werden Sie

einige Politiker und fast alle Topmanager mit Manschettenknöpfen sehen: Zu hochoffizieller Business-Kleidung gehören sie ebenso dazu wie zum »dunklen Anzug«.

Ein weiterer Irrtum besteht darin, anzunehmen, dass
Manschettenknöpfe ausschließlich etwas für Männer sind.
Hochwertige Blusen für Frauen gibt es ebenfalls mit Umschlagmanschetten, zudem gibt es Kollektionen mit femini-
nen Manschettenknöpfen.

Die Regel, dass das Hemd einen bis eineinhalb Zentimeter
aus dem Jackett herausschauen sollte, gilt nicht unbedingt
für Frauen. Schließlich ist es ihnen möglich, einen sehr klassischen Business-Anzug mit einem eleganten Shirt darunter
zu tragen. Klassischer und eleganter sieht es jedoch auch bei
Frauen aus, wenn die Manschetten hervorblitzen, und es ist,
wie schon erwähnt, ökonomischer und hygienischer.

Forever Button-down

Irrtum:

*Ein Hemdkragen, der sich festknöpfen lässt, ist praktisch
und für jeden Tag geeignet.*

Richtig ist:

*Ein Button-down-Kragen wirkt immer sportlicher als
andere Hemdkragen.*

Ursprünglich wurden Button-down-Hemden mit anknöpf-
baren Kragenspitzen für den Sport entworfen. Die Polo-
spieler fühlten sich durch die damals noch sehr großen Kragen, die im Eifer des Gefechts ins Gesicht geweht wurden,
behindert und ließen sie daher befestigen. Bis heute ist dieser informellere Touch mit dieser Hemdart verbunden, wes-

halb sie auch nicht zu hochoffizieller Geschäftskleidung und keinesfalls zum »dunklen Anzug« passt, sondern zu eher informellen Geschäftsanzügen und Gelegenheiten, die keine Krawatte erfordern. Prinzipiell ist es möglich, eine Krawatte zu einem Button-down-Kragen zu tragen. Dabei muss nur beachtet werden, dass die Kombination aus Business-Anzug, Button-down-Hemd und Krawatte in den seltensten Fällen glücklich und wirklich stilvoll ist. Ein solches Hemd sieht nur wirklich gut zu einer Krawatte aus, wenn sein Stoff und seine Farbe leger sind. Ein einfaches weißes Button-down-Hemd mit Krawatte zeugt nicht von Stilempfinden. Aus diesem Grund sieht man die Kombination von Button-down-Hemd mit Krawatte und Anzug auch eher in Bereichen, in denen Freizeitkleidung in gehobenem, sportlichem oder ländlichem Stil getragen wird.

Doch auch bei den anderen Hemdkragen – Tab-, Haifisch- und Kent-Kragen – ist Vorsicht angesagt. Nicht jeder Kragen eignet sich für jeden Mann und für jeden Anlass. Grundsätzlich unterscheidet man zwischen Stehkragen und Umlegekragen. Verschiedene Formen des Umlegekragens passen zu unterschiedlichen Anzugtypen.

Prinzipiell ist bei jedem Kragen darauf zu achten, dass er richtig am Hals sitzt. Ist der Kragen mit dem obersten Knopf geschlossen, so sollten ein bis zwei Finger zwischen Hals und Kragen passen, nicht mehr und nicht weniger.

Zwei weitere Kragenformen passen nicht zu hochoffizieller Geschäftskleidung und gehobener Abendgarderobe: der mit einer sichtbaren Nadel befestigte Pin-Kragen und der Tab-Kragen, der mit einem Steg, der unter der Krawatte verläuft, zusammengezogen wird, so dass er am Hals anliegt.

Die Proportionen des Kragens sollten zum Hemdträger

passen. Deshalb ist es nicht immer die richtige Entscheidung, den Hemdkragen nur nach der Mode zu wählen. Ein
Mann, der eher eine schmale Figur hat, sieht mit einem zu
wuchtigen Kragen merkwürdig aus. Trägt er jedoch einen
Kragen, dessen Spitzen wie beim Haifisch-Kragen weit auseinander liegen, so kann er die Schultern optisch ein wenig
verbreitern. Herren, die einen langen Hals haben, können
ihn mit höheren und breiteren Kragenformen optisch ver-
kürzen. Und schließlich müssen auch die Kragenform und
vor allem die Ausschnittweite der Kragenschenkel und der
Krawattenknoten aufeinander abgestimmt sein.

Haifisch-Kragen, also Hemdkragen, die weit ausgeschnitten sind und deren Enden weit auseinanderstehen, werden
übrigens immer beliebter – sie wirken eleganter, da hier die
Kragenspitzen komplett unter dem Revers des Jacketts verschwinden. Manche Psychologen argumentieren auch, diese
Kragenform ließe den Träger dynamischer wirken, da die
Schenkelspitzen des Kragens eher nach oben und nicht steil
nach unten zeigen – wie bei anderen Kragenformen.

Der Gürtel

Irrtum:

*Ob man einen Gürtel trägt oder nicht, entscheidet die
Passform der Hose.*

Richtig ist:

*Überall, wo Gürtelschlaufen dran sind, muss auch ein
Gürtel durch.*

»Wieso, die Hose hält doch auch so?«, mag sich manch Gür-
telloser denken. Auch wenn dem so ist – ein Gürtel ist nicht

nur zum Halten gedacht. Sicher, er kann Hose oder Rock perfekt sitzen lassen. Letztendlich ist ein Gürtel jedoch mehr als eine Art Sicherheitsnadel, nämlich ein Accessoire, das auf die anderen Bestandteile der Kleidung abgestimmt wird.

Betrachtet man die Entwicklung des Gürtels, so zeigt sich, dass die Annahme, der Gürtel sei als »Kleiderhalter« entdeckt und konstruiert worden, irrig ist. Funde aus der Frühzeit belegen, dass er für den Transport benutzt wurde, wozu er auch heute noch bei sonst unbekleideten Kulturen dient. In den meisten Gesellschaften finden sich magische Vorstellungen, Mythen und Märchen von und über Gürtel. So kennt man bei uns die Geschichte des Zwergenkönigs Laurin, der mit Hilfe seines Gürtels die Kraft von zwölf Männern erreichte. Der germanische Gott Thor verdoppelte seine Kraft durch das Umschnallen seines Gürtels. Ebenso war der Gürtel immer schon Ausdruck von sozialer Stellung: Bei den Römern und Germanen war er den freien Bürgern vorbehalten, Sklaven und Prostituierte durften bis ins Mittelalter hinein keinen Gürtel tragen, und Frauen mussten sich anders als Männer gürten. In Japan kennt man mehr als dreihundert Varianten, die Schärpe für den Kimono zu binden, die alle eine soziale Bedeutung haben. In der katholischen Kirche stellt der Gürtel in Form der Leibbinde noch heute die Hierarchie dar: Beim Papst ist sie weiß, bei Kardinälen rot und bei Prälaten weiß.

Ihr Gürtel spricht also, auch wenn Sie seine Sprache bisher vielleicht nicht verstanden haben.

Die Wahl des Gürtels wird somit durchaus von anderen Menschen wahrgenommen und ist ein Kennzeichen dafür, ob die Kleidung sorgfältig zusammengestellt wurde und ob die Person Kenntnis von Kleidungsregeln und Stil hat. So kann von einer Person ohne Gürtel der Eindruck entstehen, sie sei unsorgsam oder sei morgens hastig aus dem Haus gestürzt. Sie sollten sich also fragen, ob Sie diesen Eindruck erwecken möchten oder lieber nicht.

Generell gilt jedenfalls: Überall, wo Gürtelschlaufen sind, muss auch ein Gürtel durch. Eine ungeschriebene Regel dabei lautet: Bei Geschäftskleidung und allen Arten von offizieller Kleidung sollte die Farbe des Gürtels der Farbe der Schuhe entsprechen. Modebewusste Frauen werden auch privat den Gürtel in Machart, Stil, Farbe und Material sowohl auf die Schuhe als auch auf die Handtasche abstimmen.

Herren, die es vorziehen, Anzughosen mit Hosenträgern zu tragen, können dies ruhig tun. Man sieht die Hosenträger schließlich nicht, da sie unter dem Jackett verborgen sind. Es ist allerdings ein Irrtum, einfach an die normalen Anzughosen einen Hosenträger anzuklipsen. Hosen für Hosenträger haben für ein optimales Aussehen einen etwas anderen Schnitt. Außerdem befinden sich innen Knöpfe, an denen die Träger befestigt werden können.

Übrigens: Herren in sehr eleganter Abendgarderobe (Smoking, Frack) tragen keinen Gürtel. Eine Frackhose wird immer mit Hosenträgern getragen.

Mach doch mal die Jacke richtig zu!

Irrtum:

Ob und vor allem welche Knöpfe man bei einem Jackett schließt, ist Geschmackssache.

Richtig ist:

Im Gehen und Stehen wird ein Jackett geschlossen.

Bevor man darüber nachdenkt, welche Knöpfe man schließt, gilt es, einen fundamentalen Irrtum auszuräumen – und zwar, dass Anzugjacke gleich Anzugjacke sei. Hier muss unterschieden werden, ob über Männer- oder Frauenbeklei-dung und ob über einreihige oder zweireihige Jacketts gesprochen wird.

Ein Zweireiher, für den gelegentlich auch der Begriff Doppelreiher zu finden ist, bleibt prinzipiell geschlossen. Immer – egal ob im Sitzen oder im Stehen. Er wird erst abends, wenn das Jackett ausgezogen wird, geöffnet.

Sonst gilt, jedenfalls für Männer, dass ein einreihiges Jackett im Stehen und Gehen geschlossen, im Sitzen hingegen geöff-net wird. Der historische Hintergrund erklärt, warum diese Regel nur bedingt für Frauen gilt. Der Vorläufer des moder-nen Herrenhemds war ein Unterhemd, in dem der Mann ohne vollständige und geschlossene Oberbekleidung fast nackt war. Auch wenn dies lange her ist, gilt es immer noch als absolut stillos und sogar ungehörig, mit offenem Jackett durch die Gegend zu laufen. Je nachdem, in welchen Kreisen Sie sich bewegen, kann es durchaus passieren, dass Ihnen jemand nahelegt, doch bitte Ihre Kleidung in Ordnung zu bringen.

Die Bekleidung von Frauen – beispielsweise das, was sie unter einer Jacke oder einem Jäckchen tragen – hat eine ganz andere Entwicklung, weshalb die Regel des Schließens hier nur bedingt einzuhalten ist. Frauen sollten jedoch im Berufsleben, wenn sie einen klassischen Business-Anzug tragen, diesen ebenfalls im Gehen und Stehen schließen. Nicht nur, weil es – wie bei den Männern – einfach besser aussieht, sondern weil sie damit zeigen, dass sie sich keine Sonderrolle gestatten (»Als Frau brauche ich ja dies und das nicht zu machen.«). Der Gesamteindruck wirkt dadurch professioneller. Übrigens: Auch eine Weste unter dem Jackett entbindet den Herrn nicht davon, die Jacke zu schließen.

Ein klassisches Jackett eines Business-Anzugs hat drei Knöpfe. Hier kann ein Herr sich entscheiden, ob er sich der eher konservativen, aus England stammenden Sitte anschließt und nur den mittleren Knopf zuknöpft. Moderner ist die italienische Variante, die beiden oberen zu schließen. Letztendlich entscheiden hier sowohl persönlicher Geschmack als auch Schnitt und Sitz des Jacketts. Bei zwei Knöpfen wird idealerweise der obere geschlossen, da der unterste Knopf eines Jacketts immer offen bleibt. Es ist jedoch auch möglich, den unteren Knopf zu schließen, wenn das Gesamtbild dadurch vorteilhafter wirkt. Entscheidend ist, dass nur einer von beiden Knöpfen geschlossen ist.

Sind es mehr Knöpfe, also vier oder fünf, so kann jeder für sich prüfen, ob er das Jackett von oben her zuknöpfen möchte und nur den untersten Knopf nicht schließt oder ob die jeweils mittleren Knöpfe geschlossen sind, so dass oben und unten je ein Knopf offen bleibt.

Schließen Frauen ihr Jackett, so sind sie nicht an bestimmte Knöpfe gebunden, sondern können entscheiden, welche Variante am besten aussieht.

Kurzärmeliges Hemd

Irrtum:

Wenn es im Sommer heiß ist, kann man auch ein kurzärmeliges Hemd unter das Jackett anziehen.

Richtig ist:

Kurzärmelige Hemden sind reine Freizeithemden.

Nur 24,7 Prozent stimmten der Aussage »Seriöse Kleidung ist ein Zeichen von Kompetenz, und das ist auch im Sommer so« im Rahmen einer von Jobscout.de im Sommer 2004 gestarteten Umfrage zu. Fast schon beruhigend, dass nur 3,5 Prozent meinten, bauchfrei und mit Badelatschen im Job zu erscheinen sei heute durchaus normal.

Bei einer weiteren Umfrage zum Thema »Geschäftskleidung im Sommer«, die von Dr. Haffa & Partner im Jahr 2006 durchgeführt wurde, äußerten immerhin 55 Prozent der befragten Experten und Meinungsträger, sie kämen zu Terminen im ganz normalen Businesslook, 45 Prozent wählten bei hohen Temperaturen lieber »Business casual«.

Es ist merkwürdig, dass »hohe Temperaturen« als Argument benutzt werden, um ein kurzärmeliges Hemd mit der üblichen Business-Kleidung zu kombinieren. Umso merkwürdiger, als Umfragen zeigen, dass ein Großteil der Befragten von sich selbst sagt, sie achteten darauf, dem Anlass entsprechend gekleidet zu sein (45 Prozent: »trifft eher zu«, 30 Prozent: »trifft genau zu«) – zumindest wurde dies in einer Erhebung 2006/2007 der Marplan, Ipsos GmbH, herausgefunden. Hier kann nur geschlussfolgert werden, dass diese Herren einem großen Irrtum unterliegen. Denn schließlich gibt es genügend Länder mit deutlich längeren Hitzephasen und mit oft höheren Temperaturen als in Deutschland, wo man sich an die Kleiderordnung hält. Dazu muss man gar nicht zu sehr in die Ferne schweifen: In Italien und Frankreich wird man niemals jemanden mit Anzug und kurzem Hemd sehen.

Ein kurzes Hemd zu einem Business-Anzug ist definitiv nicht anlassgemäß, es gar mit einer Krawatte zu kombinieren ist stillos. Es ist schlichtweg nur für die Freizeit geeignet

oder für einen Beruf, der keinen Anzug erfordert. Allein
schon die Regel, dass ein Jackett niemals den Körper des
Herrn berühren darf, zeigt, wie falsch ein Kurzarmträger
liegt.

Diese Regel hat gute Gründe: Ein Anzugjackett kann ja
nicht in die Waschmaschine gesteckt werden, sondern wird
gelüftet und in der chemischen Reinigung behandelt, und
dort wird es niemals so gründlich und hygienisch sauber
wie Kleidung in einer Waschmaschine. Jeder, der am Ende
eines langen Arbeitstages sein weißes Hemd genauer an den
Manschetten untersucht hat, weiß, wie unglaublich grau es
oft geworden ist. Gerade bei hohen Temperaturen, wenn die
Haut noch mehr Feuchtigkeit absondert also sonst, ist es
unhygienisch, das Jackett nicht mit einem Hemd zu schützen. Es ist schade, ein gutes und teures Jackett vorzeitig wegzuwerfen, weil es nicht mehr in einen akzeptablen Zustand
zu bringen ist. Außerdem: Trägt der Herr ein langärmeliges
Hemd korrekt, nämlich so, dass die Manschetten aus dem
Ärmel herausgucken, dann wird die Jacke nicht nur vor
Schmutz, sondern auch vor einem frühzeitigen Abstoßen
und Verschleiß des Gewebes bewahrt. Schließlich stoßen die
Ärmelenden tagsüber ständig gegen den Schreibtisch, die
Tastatur, Türen, Beamer und alles, was uns im Laufe eines
Tages begegnet. Es ist daher auch ökonomisch, wenn statt
des Jacketts ein Hemd in Anspruch genommen und entsorgt
wird.

Übrigens: Jeder, der es einmal ausprobiert hat, wird zudem zugeben müssen, dass ein langärmeliges Hemd nicht
unbedingt wärmer ist als ein kurzärmeliges.

Krawattenklammer und -nadel

Irrtum:

Krawattenklammern sind dasselbe wie Krawattennadeln und ein schöner Schmuck für den Herrn.

Richtig ist:

Krawattenklammern und -nadeln sind unterschiedliche Schmuckstücke, die beide nur bedingt salonfähig sind.

Eine Krawattennadel wird durch die Krawatte gestochen und an ihrer Rückseite wieder verschlossen. Eine Krawattenklammer hingegen wird über die Krawatte geschoben. Beide werden im oberen Drittel der Krawatte getragen, damit man sie auch dann sehen kann, wenn das Jackett geschlossen ist. Es handelt sich also um zwei unterschiedliche Dinge mit verschiedenen Images. In den USA ist zudem noch eine weitere, auch dort von Stilexperten meist verurteilte Lösung verbreitet: Der sogenannte »Tie Tack«. Dies ist eine Art Krawattennadel an einem kleinen Kettchen, das durch einen Hemdknopf geführt und befestigt wird. In den Vereinigten Staaten sind die Krawattenklammern generell breiter akzeptiert als in Deutschland, in England hingegen gelten sie schlichtweg als vulgär.

Krawattennadeln galten lange Zeit als stilvolles Accessoire für den Herrn. Das sind sie aber schon lange nicht mehr. Jeder, der sie gerne trägt, sollte das wissen und entscheiden, ob er gegebenenfalls ein etwas altmodisches Image akzeptieren kann. Wenn überhaupt, dann werden Krawattennadeln nur für Abendveranstaltungen gewählt, idealerweise mit einer Krawatte, die einfarbig ist oder allenfalls ein sehr kleines und dezentes Muster hat. Eine kleine Perle auf der Krawattennadel könnte die Krawatte zieren.

Eine Krawattenklammer hingegen wurde von stilbewussten Herren noch nie getragen. Anscheinend glauben viele irrtümlich, sie diene zur Befestigung der Krawatte am Hemd. Dem ist nicht so. Das wird zwar oft gemacht und mag durchaus praktisch sein, dennoch ist es falsch. Besonders peinlich sind Klammern, die einen Hinweis auf Beruf oder Hobby seines Trägers geben sollen, etwa mit Tennisschlägern oder Euro-Design.

Beide Accessoires sind heute so unüblich geworden, dass sie nicht umsonst kein Wort der Erwähnung in Bernhard Roetzels Buch *Der Gentleman* finden.

Jeder Herr, der seinen Anzug für feierliche Gelegenheiten gerne festlicher gestalten möchte, tut besser daran, sich eine Auswahl an Einstecktüchern zuzulegen. Damit lassen sich auf jeden Fall stilvollere Akzente setzen als mit Krawattennadeln oder -klammern.

Passt prima!

Irrtum:
Das Einstecktuch des Herrn muss dasselbe Design wie die Krawatte haben.
Richtig ist:
Das Einstecktuch darf niemals identisch mit dem Krawattendesign sein.

Zwar kaufen nur 4 Prozent der Frauen regelmäßig Krawatten für ihre Partner, jedoch knapp ein Drittel (32 Prozent) tut es nach Angaben einer Erhebung von 2006/2007 der

Marplan, Ipsos GmbH, zumindest hin und wieder. Da mag der Wunsch, den Partner ein wenig schicker zu sehen, der Grund dafür sein, nicht nur eine Krawatte, sondern gleich ein Set zu kaufen, wie es der Einzelhandel seit einigen Jahren anbietet. In diesen Sets finden sich eine Krawatte und ein Einstecktuch, auch Pochette oder Stecktuch genannt, und dies im gleichen Design: gleiche Farbe, gleiches Muster. Der Textilhandel lockt mit einem attraktiven Preis. So ein Set kostet meist kaum mehr als eine einzelne Krawatte, macht aber als Geschenk natürlich mehr her. Es scheint niemanden zu interessieren, dass damit die nicht stilsicheren Käufer und Käuferinnen in eine böse Falle gelockt werden.

Es ist ein Irrtum, zu glauben, dass diese bereits fertige Kombination eine perfekte Hilfe bei der Entscheidung ist, welches Einstecktuch zu welcher Krawatte passt. Nimmt man das Set einfach so, wie es verpackt ist, könnte man sich auch ein Schild umhängen »Ich habe keine Ahnung von Stil«. Auch bereits gefaltete oder gar am Anzug fixierte Einstecktücher sind kein Ausdruck von Stilbewusstsein.

Ein Einstecktuch ist Ausdruck von persönlichem Geschmack und Stilempfinden. Es geht darum, ein interessantes Zusammenspiel von Hemd, Krawatte, Jackett und Stecktuch zu erzeugen. Dafür hat ein Mann eine Menge Möglichkeiten, die jedoch an zwei Grundregeln gebunden sind:

1. Das Einstecktuch ist aus Leinen oder Baumwolle, dann aber nur in Weiß und in Kombination mit einem weißen Hemd. Trägt man einen Smoking, so ist dies die einzige Möglichkeit, ein Einstecktuch zu tragen.

2. Das Einstecktuch ist aus Seide, dann ist es farblich und im Muster auf die anderen Bestandteile des Outfits abgestimmt, aber niemals im gleichen Design wie die Krawatte.

Beide Varianten haben jedoch immer handgerollte Säume.

Ob ein Einstecktuch nun als loser Bausch in die Brusttasche gesteckt oder ob es exakt gefaltet wird, hängt ebenfalls vom Geschmack ab. Exakt gefaltete Tücher wirken etwas konventioneller; in Zusammenhang mit der restlichen Kleidung besteht für den Träger die Gefahr, etwas steif oder bieder zu wirken.

Einfach cool

Irrtum:

Ein Dreitagebart ist modern und wirkt durchaus gepflegt.

Richtig ist:

Unrasierte Männer haben es schwerer.

64,4 Prozent der Männer rasieren sich laut einer Umfrage der Zeitschrift *Men's Health* nicht mehr täglich, über ein Drittel (37 Prozent) trägt sogar dauerhaft einen Dreitagebart. Interessant ist, dass knapp die Hälfte (49 Prozent) sagt, ihnen seien noch nie Beschwerden darüber zu Ohren gekommen. Es ist zu fragen, wie dies interpretiert werden muss. Nur jeder Zweite hat schon mal einen kritischen Kommentar dazu hören müssen? Oder: Es stört Menschen so sehr, dass sie ihre übliche Scheu, andere wegen ihres Aussehens zu kritisieren, so oft überwunden haben, dass schon jeder Zweite Kritik für den Haarwuchs im Gesicht einstecken musste …

40 Prozent der Frauen sind gegen die männliche Ge-
sichtsbehaarung, da sie beim Küssen stört. 15 Prozent der
Frauen lehnen stoppelige Männer als ungepflegt ab, wie eine
Untersuchung im Auftrag von *Men's Health* im Oktober
2008 verdeutlicht.

Es gibt eine ganze Reihe von Untersuchungen, die sich mit
dem Thema »Erster Eindruck und Stellensuche« beschäftigt
haben. Deutlich wurde, dass Bartträger im Nachteil sind.
Sicher, Haare im Gesicht sagen nicht unbedingt etwas über
Charakter und Persönlichkeit aus. Sie werden aber in dieser
Hinsicht interpretiert. Als erste Reaktion werden Bartträger
bei Tests eher abgelehnt als dieselbe glattrasierte Person auf
einem Foto. Dabei spielt nicht nur eine Rolle, dass das Gesicht versteckt und die Mimik nicht mehr so gut zu erkennen
ist, oft genannt wird auch der Punkt »ungepflegt«. Bei einem
perfekt gepflegten und sauber rasierten Bart, der kein Voll-
bart ist, sondern nur Teile des Gesichts bedeckt, kann diesem
Eindruck möglicherweise noch entgegengesteuert werden.
Nicht mehr jedoch bei einem Dreitagebart. So müssen Sie
lange suchen, bis Sie jemanden aus einer Vorstandsetage oder
einer anderen gehobenen Position finden, der es sich erlaubt,
mit Stoppeln durch die Welt zu gehen.

Bei Hitze unten ohne

Irrtum:
*Im Sommer können Frauen auch ohne Strümpfe
arbeiten, wenn die Beine gepflegt sind.*
Richtig ist:
*Weder zum Businessdress noch zu gehobener Kleidung
einer Dame passen nackte Beine.*

Der deutsche Arbeitsalltag sieht immer noch so aus: Je höher in der Hierarchie, desto eher ist der Posten von einem Mann besetzt. Mancher Chef weiß nicht so recht, wie er seinen Mitarbeiterinnen erklären soll, dass sie nicht mit nackten Beinen erscheinen dürfen. Vielen ist es an sich einfach peinlich, andere machen sich Sorgen, ihre Kritik könnte falsch verstanden werden und sie müssten sich dann Vorwürfen wegen sexueller Belästigung erwehren.

Grundsätzlich gilt: Egal ob Mann oder Frau, Vorgesetzte sind für das Auftreten und damit auch die Kleidung der Mitarbeiter und Mitarbeiterinnen im Beruf mitverantwortlich. Schließlich hat deren Outfit Auswirkungen auf das Image des Unternehmens. So haben Arbeitsgerichte längst entschieden, dass bestimmte Dinge bei der Kleidung sowohl untersagt als auch eingefordert werden können. Was jeweils die Norm ist, ist branchenabhängig.

Kleidung im Beruf ist also nie reine Privatsache. Je mehr ein Job mit Kundenkontakten oder Außenwirkung zu tun hat und je höher die Position der Betroffenen ist, desto eher gilt diese Regel. Ist der Posten des Chefs durch eine Frau besetzt, so stehen die Chancen gut, dass sich die Mitarbeiterinnen ihrem vorbildlichen Verhalten anschließen. Immerhin antworten 56 Prozent aller Befragten (Männer und Frauen) der Studie *Outift 6*, sie passten sich in der Wahl ihrer Kleidung der Umgebung an. Ist der Chef ein Mann, so bleibt ihm nichts anderes übrig, als das Thema entweder direkt anzusprechen oder eine allgemeine Richtlinie für Kleidung im Sommer herauszugeben.

Tatsache ist, dass nackte Beine in allen Berufen, die mit Geld, Verantwortung oder öffentlichem Auftreten zu tun haben, ein Tabu sind. Das gilt auch für fast alle Jobs in großen Konzernen.

Anders als bei Krawatten, die nicht mehr so viel gekauft werden, geben Frauen durchaus Geld für Feinstrümpfe aus. Knapp einem Drittel ist sogar die Marke wichtig oder sehr wichtig. 40 Prozent aller Frauen kaufen alle halbe Jahre Nylonstrümpfe, 31 Prozent gleich mehrere Paare. Anscheinend werden Strümpfe also generell getragen und nur bei Hitze weggelassen. Es ist jedoch ein Irrtum, zu glauben, dass Hitze ein Grund für gelockerte Kleidung ist. Die Frage wäre ja dann: Wo fängt es an – mit den Feinstrümpfen? Und wo hört es auf? Kommen am Ende alle im Badeanzug?

Fakt ist, dass Männer, die normalerweise im Anzug arbeiten, im Sommer auch nicht mit Shorts erscheinen können, sondern ihre Beine bekleidet lassen. Verlangen Frauen die gleichen Positionen mit gleichem Gehalt, dann sollten sie auch bereit sein, die gleichen Opfer dafür zu bringen.

Auch außerhalb des Berufs gilt: Ballkleidung oder feierliche Abendkleidung mit nackten Beinen ist kein Zeichen von gutem Stil. Auch nicht, wenn die Beine gebräunt, rasiert und gepflegt sind.

Schwarz ist am edelsten ...

Irrtum:
Ein schwarzer Anzug wirkt am seriösesten und edelsten.

Richtig ist:
Ein schwarzer Anzug ist ganz besonderen Anlässen vorbehalten.

In ihrer Unsicherheit, welche Farbe am besten zu einem Geschäftsanzug oder für eine Abendveranstaltung passt, zudem gerade modisch ist und ihnen steht, begehen Männer einen weitverbreiteten Irrtum: Sie kaufen einen schwarzen Anzug.

Anfangs nur in Kreativbranchen üblich und dort auch meist anders kombiniert als mit Hemd und Krawatte, bietet der schwarze Anzug heute in vielen Bereichen ein trauriges Bild. Denn ein schwarzer Anzug ist kein Geschäftsanzug, es sei denn, man arbeitet in der Bestattungsbranche. Ein schwarzer Anzug ist bei Beerdigungen oder Trauerveranstaltungen angebracht. Auch für akademische Ehrungen sind schwarze Anzüge durchaus passend. Smoking und Frack für Abendveranstaltungen sind ebenfalls schwarz.

Wer jedoch einen schwarzen Anzug an einem ganz normalen Arbeitstag trägt, mit dem üblichen Hemd und – zur Auflockerung – einer bunten Krawatte, beweist, dass er die Regeln nicht kennt.

Besonders ungünstig sind schwarze Anzüge mit Nadelstreifen. Sie passen nie wirklich. Weder tagsüber während der Arbeit, noch für eine Veranstaltung, bei der ein schwarzer Anzug tatsächlich gefragt wäre – die Nadelstreifen haben stets einen Business-Touch.

Viele Menschen vertreten die Auffassung, dass Schwarz nie aus der Mode kommt, zudem noch schlank macht. Manch einer hat schon den Satz gehört: »Je dunkler die Farbe, desto seriöser die Wirkung.« Es ist zwar richtig, dass Schwarz als Nichtfarbe ein absoluter Klassiker ist und dunkle Farben eine seriöse Ausstrahlung ebenso begünstigen wie eine schlanke Silhouette. Dies kann jedoch im Berufsalltag gleichfalls mit einem Anzug erreicht werden, der eine der vielen Schattierungen von Blau oder Anthrazit hat. Wenn es die Branche und die eigene Position zulassen, wären ebenso dunkle Brauntöne vorstellbar – wenn überhaupt ein Anzug in dunklen Tönen erwünscht oder notwendig ist.

Fliege = Schleife?

Irrtum:
Eine Fliege ist dasselbe wie eine Schleife und eine gute Alternative zur Krawatte.
Richtig ist:
Fliegen und Schleifen sind zwei verschiedene Dinge und unterliegen bestimmten Regeln.

Eine Schleife wird von Hand gebunden, eine Fliege ist bereits gebunden – damit ist der Unterschied schon mal klar benannt. Beide Varianten, auch Querbinder genannt, gelten in den meisten Branchen jedoch nicht als akzeptable Alternative zur Krawatte (Langbinder). Darüber gibt es nicht nur eine Reihe von entsprechenden Äußerungen aus den Unternehmen, sondern auch wissenschaftliche Erhebungen.

Im Jahr 2001 führte das Meinungsforschungsinstitut emnid eine repräsentative Umfrage durch, um zu erforschen, inwieweit in den eher konservativen Berufsfeldern (Banken, Versicherungen, Rechtsanwälte, Steuerberater) der Tausch der Krawatte gegen eine Fliege auf Missfallen bei Kunden oder Mandanten stößt. Immerhin knapp ein Drittel (31 Prozent) der Befragten aus den neuen Bundesländern stört es, im Westen ist es nur knapp ein Viertel (23 Prozent). Interessanterweise irritiert es Frauen (29 Prozent) mehr als Männer (20 Prozent).

Zu glauben, dass sich Menschen an der Fliege nicht stören, da ja alles lockerer geworden sei, scheint mir ein Irrtum zu sein. Denn immerhin erregt das Kleidungsstück bei 27 Prozent der 14- bis 29-Jährigen, bei 26 Prozent der 30- bis 39-Jährigen und bei 24 Prozent der über 60-Jährigen Missfallen.

Schleifenträger gelten meist als nonkonformistisch und als unbequeme Querdenker und Individualisten. Auch wird den Trägern oft ein Mangel an Seriosität und Verantwortungsbewusstsein zugeschrieben.

Eine Schleife gilt als eindeutig stilvollere Variante als der bereits fertige Binder in Form der Fliege. Folgt man Honoré de Balzacs Auffassung »Der Geist eines Mannes zeigt sich in seiner Fähigkeit, die Krawatte zu binden«, so ist eine Fliege der Ausdruck von Geistlosigkeit, impliziert sie doch die Unfähigkeit, eine Schleife zu binden. Inzwischen gibt es jedoch in den meisten Geschäften nur noch Fliegen zu kaufen, was tatsächlich damit zusammenhängt, dass die wenigsten Männer sich zutrauen oder Lust haben, eine Schleife zu binden.

Dies passt zum generellen Trend, dass immer weniger Quer- und Langbinder verkauft werden. So sank die Zahl der verkauften Exemplare von 1995 bis 2005 um die Hälfte. Wurden 1995 noch zwanzig Millionen Binder verkauft, so waren es eine Dekade später nur noch zehn Millionen. In den Vereinigten Staaten ist der Trend noch ausgeprägter. Nur sechs Prozent der Männer gingen dort laut eines Artikels des *Manager-Magazins* im Jahr 2006 täglich mit Krawatte zur Arbeit, 2002 waren es immerhin noch zehn Prozent. Dementsprechend löste sich auch der amerikanische Krawattenverband im Juni 2008 nach sechzig Jahren auf. Vielleicht profitiert die Krawatte jedoch in den USA von der neuen Weltwirtschaftskrise, denn zumindest bei einem Bewerbungsgespräch tragen auch amerikanische Männer eine Krawatte.

Auch in Japan sind die Zeiten für diesen Halsschmuck der Männer schlecht. Seit 1998 ist durch ein Regierungsdekret die Kleiderordnung entschärft. Die Büros werden nicht mehr so stark klimatisiert. Die Temperaturen dürfen dort auf 28° ansteigen, dafür wird auf die Krawatte verzichtet, um besser mit der Hitze zurecht zu kommen. Selbst beim Besuch der deutschen Bundeskanzlerin in Japan im Sommer 2008 empfing sie der Ministerpräsident Abe ohne Krawatte, und die Männer der deutschen Delegation legten nicht nur für die Besprechung, sondern auch für das gemeinsame Abendessen die Krawatten ab.

Auch wenn das Tragen von Krawatten in den nächsten Jahrzehnten noch seltener werden sollte, so wird es dennoch immer Gelegenheiten geben, bei denen ein Herr um eine Schleife nicht herumkommt. So ist eine schwarze Schleife obligatorisch beim Smoking. Der vermeintlich »individuelle Touch« einer farbigen Schleife ist in gehobenen Kreisen hingegen nicht gern gesehen. Nicht umsonst heißt der Dresscode für Smoking auch »Black tie« oder »cravate noire« und spricht man von Black-tie-Events. Zudem werden farbige Schleifen auch »Tagesschleifen« genannt. Der Frack wiederum verlangt eine weiße Schleife aus Baumwollpikee; nur Kellner tragen eine schwarze dazu.

Fehler sieht man auch in der Kombination von Schleife und Hemd. Es kann durchaus ein Hemd mit normalem Umlegekragen getragen werden, er sollte allerdings etwas schmalere Kragenschenkel haben, damit diese dann besser hinter der Schleife verschwinden können. Nicht verdeckt werden dann allerdings die Kragenspitzen. Eleganter ist eindeutig ein Hemd mit Kläppchenkragen, hier sind die Spitzen des Kragens nicht sichtbar.

Es gibt in der Geschichte eine ganze Reihe von bekannten Schleifen- bzw. Fliegenträgern. Darunter fallen der ehemalige britische Premierminister Winston Churchill, der ausschließlich gepunktete Schleifen zu seinen normalen Anzügen trug, ebenso der britische Schriftsteller Ian Fleming, der Erschaffer des Fliegen tragenden James Bond. Auch der ehemalige österreichische Bundeskanzler Wolfgang Schüssel trug bis zum Jahr 2000 hauptsächlich »Mascherl« (wie die Schleife in Österreich genannt wird), danach aber nur noch Krawatten. Grund dafür waren die »Schüssel-Fliegen«, die sich viele EU-Politiker am Revers ihres Anzugs befestigten. Sie protestierten damit gegen die Regierungsbeteiligung der rechtspopulistischen FPÖ durch Wolfgang Schüssel. Auch in Deutschland gibt es einige Politiker, die die Fliege zu ihrem Kennzeichen gemacht haben, wie zum Beispiel der SPD-Politiker Karl Lauterbach.

Nach Angaben einer Studie aus dem Winter 2006/2007 von Marplan, Ipsos GmbH, kaufen 58 Prozent der Männer Krawatten, Fliegen oder Schleifen selten bis nie, 21 Prozent zumindest alle zwei Jahre und nur schlappe 12 Prozent einmal jährlich. Bei diesem seltenen Kauf geben nur 6 Prozent der Männer mehr als vierzig Euro aus – ein großer Gegensatz zu Italien, wo sich viele ihre Krawatten sogar nach Maß schneidern lassen. »Ein Mann ist so viel wert wie seine Krawatte – denn das ist er selbst, durch sie verhüllt er sein Wesen, in ihr manifestiert sich sein Geist.« Das meinte zumindest Honoré de Balzac. Die Deutschen sehen es offenbar anders.

Slipper und Schnürer

Irrtum:

Ob ein Herr Schnür- oder Schlüpfschuhe trägt ist gleich, wenn die Farbe stimmt.

Richtig ist:

Schnürschuhe werden zu anderen Anzügen und Anlässen getragen als Schlüpfschuhe.

Frauen wird eine Leidenschaft und manchmal sogar eine Shoppingsucht bezüglich Schuhen nachgesagt. In der Tat: Nach einer Umfrage, die Infratest für das Portal shopping.com durchführte, besitzt der deutsche Mann im Durchschnitt nur acht Paar Schuhe, die deutsche Frau hingegen mit 14 Paar fast doppelt so viele. Der österreichische Mann kauft pro Jahr 3,4 Paar Schuhe, jeder Dritte besitzt dort jedoch weniger als fünf Paar. Überlegt man, dass dabei auch Sport-, Wander- und andere Freizeitschuhe eingeschlossen sind, dann wird deutlich, dass für den Beruf vermutlich nicht mehr viel Auswahl bleibt.

Das ist in zweierlei Hinsicht bedauerlich. Zum einen wird diese sparsame Einstellung im Lauf der Zeit teuer: Schuhe halten nämlich nur dann wirklich lange, wenn sie gut gepflegt werden – das bedeutet beispielsweise, dass sie nach dem Tragen mindestens 24 Stunden Pause haben und auf einen Schuhspanner gespannt werden. Besitzt ein Mann jedoch nur zwei Paar Schuhe, die er mit seinen Anzügen kombiniert, wird es mit dem Abwechseln schwierig.

Es scheint demnach, dass Schuhe bei Männern eher vernachlässigt werden. Schaut man sich in Unternehmen, auf Bahnhöfen und in Restaurants um, so wird dieses Bild bestätigt. Dennoch schreibt Helge Sternke in seinem Buch *Alles über Herrenschuhe*, dass laut einer Umfrage aus dem Jahr 2007 immerhin 56 Prozent der Männer Schuhe für wichtig halten, 19 Prozent sogar für sehr wichtig.

56 Prozent der Männer kaufen sich Schuhe, die unter hundert Euro kosten. Nur 21 Prozent leisten sich Exemplare, die mehr als 125 Euro kosten. Im Durchschnitt gibt der deutsche Mann zweihundert Euro pro Jahr für Schuhe aus. Italienische Männer geben nach einer für den Spiegel im Jahr 2004 durchgeführten Umfrage 2,1 Prozent ihres monatlich verfügbaren Einkommens für Schuhe aus, deutsche Männer hingegen nur 0,9 Prozent. Diese Sparsamkeit ist auch deswegen bedauerlich, weil immerhin 68 Prozent der Frauen sagen, dass sie die Auswahl der Schuhe für wichtig bei der Wahl des Partners halten und 30 Prozent glauben, dass Schuhe etwas über die Persönlichkeit des Trägers aussagen (so Sternke laut einer britischen Studie). 53 Prozent der Frauen etwa würden keinen Mann mit Cowboystiefeln daten, schreibt elitepartner.de.

Doch auch außerhalb privater Interessen sind Herrenschuhe wichtig, denn sie lassen zumindest Rückschlüsse darüber zu, ob der Träger die gängigen Codes und Regeln kennt und wie sicher er in den Umgangsformen ist. Nicht umsonst sagen viele Führungskräfte und Entscheider aus Personalabteilungen, sie achteten bei Bewerbern auf die Kleidung und dabei vor allem auf die Schuhe. Im Fokus der Aufmerksamkeit stehen hier insbesondere Qualität, Pflege und Zustand der Schuhe. Männern, die ungeputzte Schuhe tragen, vielleicht sogar noch mit leicht abgelaufenen Sohlen und ausgefransten Schnürsenkeln, wird schnell unterstellt, sie seien wenig detailfreudig und nicht sehr sorgfältig.

Doch beim Zustand der Schuhe hört es nicht auf. Es wäre ein Irrtum, zu glauben, geputzte und gepflegte Schuhe seien genug. Sportschuhe haben bei einem Geschäftsanzug nichts zu suchen, ebenso wenig Stiefeletten oder Modelle, die zweifarbig sind oder Metallverzierungen aufweisen, sowie Wildlederschuhe. Auch Exemplare mit dicken Gummisohlen sind fehl am Platz. Von geflochtenen Modellen oder Sandalen sprechen wir im Zusammenhang mit einem Anzug sowieso nicht.

Generell gilt die Regel, dass Schnürschuhe formeller wirken als Exemplare, in die man nur hineinschlüpft – von den seltenen Abendslippern einmal abgesehen. Der Schuh muss passend zum Anzug gewählt werden. Je formeller der Anlass, desto glatter der – ausschließlich schwarze! – Schnürschuh. Eine geschlossene Schnürung, glattes Leder sowie eine dünne Ledersohle finden sich beim Oxford-Schuh, der daher für alle formellen Anlässe geeignet ist und beispielsweise zur täglichen Business-Kleidung oder zum »dunklen Anzug« passt. Ein glatter, schwarzer Schuh, bei dem die Schnürung offen ist, also die Laschen der Schnürsenkel auf den Schuh aufgenäht sind, ist etwas weniger formell; dieses Modell wird »Blucher« oder auch »Derby« genannt. Weitverbreitet sind verschiedene Varianten des »Brogue«, in Deutschland auch als »Budapester« bekannt. Die Oberfläche dieses Schuhs ist mit einem eingestanzten Lochmuster verziert. Für die meisten Gelegenheiten beruflicher Art ist er akzeptabel, je feiner und formeller der Anzug jedoch ist, desto weniger passt der Schuh aufgrund seines etwas sportlicheren und derberen Charakters dazu. Ein Schuh, der nicht geschnürt wird, gehört nicht zum Geschäftsanzug. Nur wer viel Stilempfinden hat, findet ein dazu passendes nichtgeschnürtes Exemplar.

Verwirrung, Missverständnisse und Irrtümer gibt es oftmals auch bei der Farbe der Herrenschuhe. Je konventioneller die Branche und das gesamte Umfeld, desto eher gehören zu dunkelblauen, grauen und anthrazitfarbenen Geschäftsanzügen schwarze Schuhe. Modebewusste, die darauf verweisen, dass Italiener Modelle in Braun oder sogar Bordeaux dazu kombinierten – und die müssten es ja schließlich wissen –, haben zwar aus modischem Blickwinkel recht. Eine andere Frage ist, ob es klug ist, diese Mode gerade im Beruf nachzuahmen, da sie in vielen Teilen Deutschlands weniger üblich ist als in Italien. Arbeiten Sie in einem eher konservativen Umfeld oder sind Sie sogar international unterwegs, ist auf jeden Fall davon abzuraten.

Einer für alle

Irrtum:

Es genügt, einen Krawattenknoten zu kennen.

Richtig ist:

Unterschiedliche Krawatten und Hemdkragen erfordern auch unterschiedliche Knoten.

Sehr viele Männer lernen im Teenageralter einen Krawattenknoten und sind stolz, dass er ihnen immer gelingt. Das war es dann. Es ist jedoch ein Irrtum, zu glauben, dass das wirklich genügt. Wie viele Krawattenknoten ein Mann beherrschen sollte, hängt von mehreren Faktoren ab. Fest steht jedoch: Ein Knoten kann nicht ausreichen. Es müssen ja nicht gleich alle 3800 Knotenformen sein, die es laut Knotenforscher Clifford Warren Ashley gibt, aber eben doch ein paar mehr als nur einer. Unterschiedliche Antworten gibt es auf die Frage, wie viele davon überhaupt für Krawatten in Frage kommen. Davide Mosconi und Riccardo Villarosa empfehlen in ihrem Buch *188 Façons de nouer sa cravate* von 1985 immerhin knapp zweihundert Krawattenknoten. Thomas Fink und Yong Mao beschreiben in ihrem 2000 erschienenen Buch *Die 85 Methoden, eine Krawatte zu binden* nur noch weniger als die Hälfte. Fragt man Herrenschneider und Verkäufer von Herrenausstattung, so antworten die meisten, dass nur rund zehn bis fünfzehn Knotenformen überall und in allen Kreisen, beruflich und privat, akzeptiert sind. Für viele Männer wird es heute reichen, zwei bis drei Knoten zu beherrschen. Die Gründe, warum ein einzelner nicht ausreicht, sind vielfach:

1. Ein Krawattenknoten muss in seiner Proportion zu den Proportionen des Mannes passen. Ein winziger Knoten bei einem großen und stattlichen Herrn sieht meist lächerlich aus. Die männliche Figur ändert sich jedoch zwischen 16 und 66 Jahren. Zudem entstehen bei unterschiedlichen Krawatten, die man auf die gleiche Art bindet, verschieden große Knoten. Dies hängt zum einen mit der Mode zusammen, die alle paar Jahre entweder schmalere oder breitere Langbinder in die Geschäfte bringt. Zum anderen sind das Aussehen und die Größe des Knotens abhängig von Machart und Material der Krawatte. Soll eine bestimmte Knotengröße erreicht werden, sind deshalb je nach Krawatte unterschiedliche Techniken nötig.

2. Ein Krawattenknoten muss zum Hemdkragen passen. Der Knoten sollte genau so groß sein, dass er die Lücke, die vorne zwischen den Kragenschenkeln entsteht, ausfüllt.

Er darf aber nicht so breit werden, dass er den Kragen auseinanderdrückt – das sieht unschön aus.

3. Unterschiedliche Bindetechniken setzen den Knoten an einer jeweils anderen Stelle der Krawatte, wodurch das Gewebe der Krawatte geschont und ihre Lebensdauer verlängert wird.

4. Männer, die im Beruf einen Anzug tragen, beklagen sich oft, dass sie sich uniformiert fühlten und wenig Abwechslung hätten. Das liegt aber nicht an den mangelnden Möglichkeiten, sondern am fehlenden Wissen. Krawatte und Krawattenknoten setzen ein deutliches Signal. Der Knoten sitzt direkt unter dem Gesicht, wird also rasch wahrgenommen. Er bietet somit eine gute Möglichkeit für Variationen.

5. Je nach Mustergröße der Krawatte passen bestimmte Knoten besser als andere.

6. Konventionelle Anlässe verlangen eher konventionelle bzw. formelle Knotenformen. Wenn zwar eine Krawatte getragen werden muss, der Anlass jedoch so formell nicht ist, kann ein Mann seine Kreativität zeigen und mit dem Knoten einen Touch von Unkonventionalität in sein korrektes Outfit bringen.

Die Mehrheit der Männer, die nur einen Knoten binden können, wählt ausgerechnet den Windsor. Eine unglückliche Wahl, denn er ist ein eher voluminöser Knoten, der nicht zu jedem Gesicht und auch nicht zu jedem Kragen passt. Bei Krawatten aus etwas üppigerem Stoff kann dieser Knoten sehr groß werden. Um ihn zu verkleinern, wird der Windsor dann fest zusammengezogen, statt die Krawatte einfach auf andere Art zu binden. Das sieht weder gut aus, noch tut es der Krawatte gut. Wenn Sie schon nur einen Knoten lernen

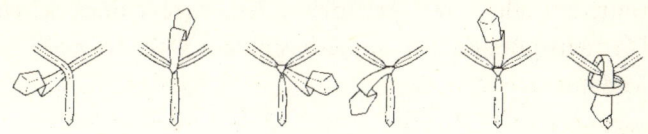

So bindet man – von vorne gesehen – einen Four-in-hand-Krawattenknoten.

wollen, dann sollten Sie sich für den Four-in-hand-Knoten entscheiden – er gilt als eine Art Alleskönner und eignet sich auch für Anfänger. Nicht umsonst wird er »einfacher Knoten« genannt.

Was immer falsch ist: die Krawatte abends mit zerrenden Bewegungen lösen und sie dann über den Kopf ziehen, damit der Knoten beim nächsten Mal nur noch festgezogen werden muss. Diese Behandlung ruiniert die besten Krawatten innerhalb kürzester Zeit. Das Gewebe und die mehreren Lagen einer Krawatte müssen sich völlig entspannen können, damit die Krawatte auch beim nächsten Binden wieder perfekt sitzt. Das Gewebe erholt sich nur, wenn die Krawatte sorgfältig aufgeknotet wird und sie vor dem nächsten Tragen mindestens 24 Stunden Ruhe hat.

Krawatten können über einen entsprechenden Bügel in den Schrank gehängt oder zusammengerollt und in eine Schublade gelegt werden. Strickkrawatten, Krawatten aus Kaschmir oder Schurwolle müssen immer gelegt werden.

Eine Krawatte darf nicht zu kurz getragen werden. Korrekt gebunden endet ihre Spitze in der Mitte der Gürtelschnalle. Das schmale Ende der Krawatte wird nicht ins Hemd gesteckt, auch wenn das oft zu sehen ist. Man hat es stattdessen durch die Schlaufe an der Rückseite der Kra-

watte zu ziehen. Das Argument, das schmale Ende sei zu
lang und störe, ist nur ein Beweis für die Wahl des falschen
Knotens.

Come as you are

Irrtum:
*Dieser Dresscode bedeutet, dass man sich so kleiden
kann, wie man will.*

Richtig ist:
*Passend für diesen Anlass ist tagsüber getragene
Bürokleidung.*

»Come as you are« – für den Unwissenden eine böse Falle.
Suggeriert die Formulierung doch, man könne in der Klei-
dung kommen, die man sowieso gerade trage oder die
einem eben gefalle, frei nach dem Motto »Jeder nach seiner
Façon«. Es gäbe ein schönes Durcheinander, erschiene der
Erste mit umgebundener Küchenschürze, der Nächste in
Malerkleidung, der Dritte im Nadelstreifenanzug, dazu die
Damen in Dirndl, Abendkleid oder Negligé. Passend wäre
das höchstens für eine Mottoparty oder ein Fest mit heite-
rem Beruferaten.

Der Dresscode »Come as you are« bedeutet jedenfalls
nicht: »Kommen Sie so, wie Sie gerade gekleidet sind, auch
wenn Sie Ihren freien Tag haben.« Gemeint ist vielmehr,
dass man sich nach der Arbeit nicht erst zu Hause zurecht-
machen muss, sondern dass die branchenübliche Kleidung
genügt. Dieser Dresscode verlangt daher im Allgemeinen
einen halboffiziellen oder hochoffiziellen Geschäftsanzug.

Feinstrümpfe

Irrtum:
Schwarze Strümpfe sind etwas für offizielle Anlässe.
Richtig ist:
Schwarze Strümpfe werden nur zu schwarzer Kleidung
getragen.

Selbst Frauen, die nicht dem Irrtum unterliegen, im Sommer zu ihrer Business-Kleidung oder bei gehobenen Abendanlässen auf Strümpfe zu verzichten, wenn die Beine gepflegt sind, greifen oft zu den falschen Strümpfen.

Was eigentlich selbstverständlich sein sollte: Feinsöckchen kommen nicht in Frage, da bei übereinandergeschlagenen Beinen der Ansatz sichtbar wird, was niemals schön ist. Unter Hosen sind Feinstrümpfe in Form von Kniestrümpfen in Ordnung, unter Röcken hingegen nicht: Bei manchen Bewegungen ist auch hier der Strumpfansatz gut zu sehen.

Egal ob nun Strumpfhose oder Kniestrümpfe: Jede Frau sollte in der Handtasche und im Büro, gegebenenfalls auch im Auto, ein Paar Ersatzstrümpfe haben. Denn nichts stört den Gesamteindruck mehr als eine Laufmasche, die immer dann entsteht, wenn man sie am wenigsten brauchen kann.

Dünne Strümpfe mit einer geringen »den«-Zahl wirken elegant, blickdichte Strümpfe eher sportlich. Sie passen daher nur zu sportlicherer Kleidung und flachen Schuhen. Hellbeige, also hautfarbene Töne sind die klassischste Variante und daher im Beruf und in konservativem Umfeld zu bevorzugen. Sonst sind auch Farben möglich, die dezent auf die Farben der Kleidung abgestimmt sind. Mit Mustern soll-

te jede Frau zumindest vorsichtig umgehen: Zu sehr lenken
sie den Blick vom Gesicht weg auf die Beine. Bei jungen,
modisch gekleideten Frauen ist das in der Freizeit völlig
legitim, im Beruf jedoch nicht immer erwünscht.

Frauen, die sich um ein möglichst korrektes Erscheinungsbild bemühen, entscheiden sich oft für schwarze
Strümpfe, da sie mit ihnen die Assoziation von seriös oder
anständig verbinden. Das ist jedoch nicht unbedingt richtig.
Schwarze Strümpfe sollten immer nur zu schwarzer Kleidung getragen werden, alles andere ist ein gravierender Stil-
fehler. Das Einzige, was in diesem Zusammenhang noch
schlimmer ist, ist die Kombination von hellen Schuhen und
schwarzen Strümpfen.

Rock wie Hose

Irrtum:
*Ob man einen Hosenanzug oder ein Kostüm bzw. Kleid
trägt, ist egal.*
Richtig ist:
Zu manchen Situationen passt keine Hose.

Hosentragende Frauen sind hierzulande nicht nur im
Straßenbild normal, sondern auch in hohen Wirtschafts-
und Regierungsfunktionen. Das war nicht immer so. Es gab
zwar Hosenvarianten für Frauen in früheren Zeiten, etwa
im antiken Griechenland, bei den Pilgerinnen im 16. Jahrhundert oder im 19. Jahrhundert, in dem sogenannte Pan-
talons unter einer Tunika getragen wurden. All diese Varianten wurden jedoch mit Rock, Tunika oder Überhang
kombiniert und sind mit den Hosen der Männer nicht ver-

gleichbar. Auch die »Bloomers«, die amerikanische Frauen-
rechtlerinnen erstmals um 1851 vorstellten, wurden unter
einem Rock getragen. Erst die Mitte des 20. Jahrhunderts
brachte eine Wende. Zwar gab es schon in den zwanziger
und dreißiger Jahren Frauen, die gelegentlich eine Hose trugen, der allgemeine Durchbruch kam aber erst nach dem
Zweiten Weltkrieg. Die Dienstverpflichtung vieler Frauen,
die eine Uniformhose vorschrieb, sowie der Materialmangel
nach dem Krieg, der zum Tragen von umgearbeiteten Män-
nerhosen führte, trugen dazu bei. Doch erst in den fünfziger
Jahren wurden modische Frauenhosen wie die Caprihose
allgemein akzeptiert. Unglaublich und fast schon amüsant
mutet es an, dass die ersten Frauenhosen, die nicht mehr
seitlich, sondern vorne verschlossen wurden, als obszön und
widerwärtig galten.

Die vergleichsweise junge Geschichte und die Tatsache,
dass es Hosenanzüge für den Beruf erst seit Mitte der sechziger Jahre gibt, mögen erklären, dass ein Hosenanzug im
Beruf nicht immer die erste Wahl ist. Es gibt Unternehmen,
die in eher konservativem Umfeld agieren und von ihren
Mitarbeiterinnen explizit verlangen, ein Kostüm und keinen
Hosenanzug zu tragen. Alle Frauen, die in internationalem
Umfeld arbeiten, können feststellen, dass ihre Kolleginnen
aus anderen Ländern in gehobenen und Top-Positionen
öfter im Kostüm als im Hosenanzug zu sehen sind. Ein
schlichtes Etuikleid in Business-Farben mit entsprechender
Jacke oder ein Kostüm sind nicht nur klassische Varianten,
die auf wirklich jedem Parkett bestehen, sie bieten darüber
hinaus die Möglichkeit, sich – trotz strengem Dresscode –
korrekt und seriös und zugleich feminin und elegant zu
kleiden.

Erst 1987 gab es erste Abendhosen aus schimmernden und fließenden Stoffen. Heute möchten viele Frauen auch bei eleganten Abendveranstaltungen nicht auf eine Hose verzichten. Das ist nur dann eine gute Entscheidung, wenn nicht getanzt wird. Beim Dresscode »Smoking« sollte der Hosenanzug äußerst elegant sein, um für diesen Anlass passend zu sein. Unmöglich ist ein Hosenanzug, wenn ein Frack für die Veranstaltung verlangt wird. Zum Frack gehört ein großes Abendkleid, ein Äquivalent dazu kann kein Hosenanzug bieten.

No brown after six

Irrtum:
Diese Regel gilt heute nicht mehr.
Richtig ist:
Für bestimmte Abendveranstaltungen ist braun deplatziert.

Interessant ist, dass die Regel »No brown after six« unterschiedlich verstanden wird. Manch einer pocht darauf, dass sie nur für Schuhe gelte, andere verurteilen das Tragen von brauner Kleidung nach 18 Uhr generell. Beides ist nicht richtig. Die Regel »No brown after six« bedeutete früher nur, dass bei einer Einladung nach 18 Uhr normalerweise keine braune Kleidung getragen wurde. Braune Kleidung galt als informell und unterschied sich nicht nur in der Farbe, sondern auch im Material und in den Mustern von formeller Kleidung.

Dass aber abends nur zu formellen Anlässen geladen wird, gehört der Vergangenheit an. Für informelle Treffen wie einen Grillabend mit Freunden im Garten oder einen gemeinsamen Pizzeria-Besuch um die Ecke ist braune Kleidung selbstverständlich kein Problem, egal ob bei Frauen oder Männern.

Anders ist es bei offizielleren und formelleren Abendanlässen, für die Männer weder im braunen Anzug noch mit braunen Schuhen erscheinen sollten. Auch eine Frau sollte auf Braun verzichten, wenn sie ihre Business-Garderobe, ein Kostüm oder einen Hosenanzug trägt. Anderes gilt für die Abendgarderobe für gesellschaftliche Anlässe. Natürlich kann hier eine Frau ein dunkelbraunes, elegantes Samtkleid oder ein Seidenkleid in Cognactönen tragen.

Ich bin doch eine Frau!

Irrtum:

Für Frauen gelten keine Kleidungsvorschriften und Dresscodes, und eine Frau kann ohnehin weniger falsch machen als ein Mann.

Richtig ist:

Dass die Codes nicht explizit – mündlich oder schriftlich – formuliert werden, heißt nicht, dass es sie nicht gibt.

»Wie schön, dass wir da freier sind« oder »Bei uns ist das ja alles nicht so streng« – dies meinen manche Frauen, wenn sich das Gespräch um Dresscodes im Beruf oder Krawattenpflicht dreht. Ein Irrtum, der nicht wenigen Frauen den beruflichen Aufstieg erheblich erschwert. Im Beruf sollte schließlich das Geschlecht keine Rolle spielen – bei der Kleidung jedoch gerade darauf zu pochen und Tenue-Erleichterung für sich in Anspruch zu nehmen, ist inkonsequent und lenkt von der eigenen Kompetenz ab. Ärmellose Outfits, tiefe Ausschnitte, zu kurze Röcke, Durchsichtiges, Hautenges und alles, was sexy wirkt, passt nicht zu verantwortungsvollen Positionen. Es gibt Untersuchungen aus den USA, die zeigen, dass Frauen mit einem sexy Outfit nicht nur als weniger kompetent, sondern auch als weniger effektiv eingeschätzt werden.

Eine Frau, die ohne Jackett oder ohne Strümpfe erscheint, positioniert sich selbst außerhalb ihres männlichen Kollegenkreises. Bei jeder Vergabe von neuen Projekten, Aufgaben und Positionen hat der Verantwortliche nicht nur die Kompetenzen der Mitarbeiter im Blick, sondern entwickelt auch ein inneres Bild davon, ob er die betreffende Person im avisierten Umfeld mit den beteiligten Personen sieht, ob sie dort vorstellbar ist. Da bekannt ist, dass es für Frauen sowieso schon schwieriger ist, die höheren Hierarchie-Ebenen zu erklimmen und sie dort, gemessen an Ausbildung und Berufserfahrung, deutlich unterrepräsentiert sind, tut eine aufstiegswillige Frau gut daran, sich keinen Bequemlichkeiten in der Kleidungsfrage hinzugeben, sondern sollte sich diese für den Fernsehabend auf dem Sofa aufsparen.

Esther Wachs Book schreibt in ihrem Buch *Der beste Mann für diesen Job ist eine Frau* über Orit Gadiesh, die zwei Mal vom Magazin *Forbes* als eine der mächtigsten Frauen der amerikanischen Geschäftswelt bezeichnet wurde und in den neunziger Jahren die Unternehmensberatung Bain & Company wieder nach oben brachte: »Manche Kunden nehmen Gadiesh zunächst nicht ganz ernst. Sogar heute noch wird sie gelegentlich für die Chefsekretärin gehalten. Wenn sie mit männlichen Kollegen in ein Meeting geht, richtet sich der Blick des Kunden beim Reden nicht auf sie, sondern auf ihre Begleiter. Sie bittet ihre Mitarbeiter darum, während des Meetings nur sie anzusehen, damit der Kunde nur das Ohr ihres Kollegen sieht, wenn er seine Aufmerksamkeit nicht auf sie richtet. ›(...) Wenn ich einen Raum mit sechs Männern in blauen Anzügen betrete, falle ich auf (...)‹.«

In seinem Bestseller *Think Limbic!* erläutert Hans-Georg Häusel, wie wichtig in der gesamten Menschheitsgeschichte die Unterscheidung von Freund und Feind war und dass diese Unterscheidung bis heute unbewusst und in wenigen Sekunden über das limbische System vorgenommen wird: »Ungebremst würde die Freund-/Feind-Kennung aber manches Geschäft verhindern. In der Praxis hat sich deshalb ein Trick bewährt, der das Reptiliengehirn elegant aushebelt: Alle tragen die gleiche Kleidung – nämlich einen grauen (...) Anzug. Damit wird dem Reptiliengehirn des anderen vorgegaukelt, dass man zur gleichen Sippe wie er selbst gehört. Unbewusst baut sich so ein Vertrauensvorschuss für den Geschäftspartner auf.«

»Wir erwarten von Ihnen, dass Sie jeden Tag in korrekter Geschäftskleidung kommen« – diese Vorschrift ist für die meisten Männer leicht zu verstehen. Zwar können auch sie bei der Wahl ihrer Kleidung irren, doch eher bezüglich der Details als grundsätzlich. So wird jeder den Satz so auslegen, dass es erwünscht sei, zumindest in Anzug mit Hemd und Krawatte zu erscheinen. Für viele Frauen gibt dieser Satz jedoch Stoff zum Nachdenken und wirft eine Menge Fragen auf: Kostüm oder Hosenanzug? Shirt oder Bluse darunter? Pumps oder andere Schuhe? Wie hoch dürfen die Absätze sein? Kann ich im Sommer Slingpumps tragen? Kann ich ein Tuch über das Jackett drapieren? Wie viel Schmuck darf ich tragen? Muss ich mich jeden Tag schminken? Muss ich wirklich immer Strümpfe tragen? Kann ich statt eines Jacketts auch mal ein Twinset tragen? Wie lang sollte mein Rock sein?

Es ist richtig, dass eine Frau prinzipiell mehr Auswahl in der Kleidung hat, eine größere Auswahl bedeutet aber auch mehr Möglichkeiten für Fehlgriffe. Zudem sind die Regeln für den Herrenanzug, wie zum Beispiel die Länge des Jacketts oder wie weit die Hemdmanschetten herausschauen dürfen, eindeutiger als für die Geschäftskleidung der Frau. Was genau die richtige Wahl für den Arbeitsalltag oder für bestimmte Termine ist, ergibt sich deshalb nur durch Beobachtung, welche Spielregeln innerhalb einer Branche in einem bestimmten Unternehmen herrschen. Eine Frau, die an ihrer Karriere interessiert ist, richtet sich nicht nach den möglicherweise bequemen Möglichkeiten ihrer Kolleginnen, sondern danach, wie die Frauen ein bis zwei Hierarchiestufen über ihr gekleidet sind.

Doch nicht nur im Beruf gibt es ungeschriebene Regeln. Auch bei Kleidungsvermerken auf Einladungen bedeutet der Hinweis »Dunkler Anzug« oder »Smoking« nicht, dass Frauen völlig frei in der Wahl ihrer Kleidung sind. Kleidungsvorschriften haben auch für die Wahl des weiblichen Outfits eindeutige Konsequenzen. Der Grund, dass sie nicht explizit formuliert werden, ist die Vorstellung, dass es unhöflich sei, einer Dame vorzuschreiben, was sie anziehen solle, da sie das selbst sehr gut wisse.

No brown in town

Irrtum:
Diese Regel hat heute keine Bedeutung mehr.
Richtig ist:
Braun ist für hochoffizielle Geschäftskleidung unpassend.

»No brown in town« ist ein Satz, der heute fälschlicherweise meist belächelt und nicht ernst genommen wird. Ein Blick in die Geschichte zeigt, dass er seinen Ursprung in einer Zeit hat, als Männer immer Anzüge trugen, beruflich und privat. Anzüge in Brauntönen aus etwas rustikaleren Materialien und anderen Mustern waren für die freie Zeit bestimmt. Da der Satz aus England stammt, wo sich die feine Gesellschaft in der Freizeit in ihren Landhäusern aufhielt und zur Jagd ging, wurde die Kleidung für geschäftliche Zwecke oder für die Sitzungen im Oberhaus nur in der Stadt getragen. Natürlich leben heute fast alle Menschen nicht mehr in diesem Rhythmus und unter diesen Bedingungen. Dennoch hat dieser Satz noch seine Bedeutung. Blickt man in die höhere Politik und in Berufe, die mit Geld oder viel Verantwortung zu tun haben, sowie in Führungs- und Vorstandsetagen, so wird man dort so gut wie nie einen braunen Anzug finden. Es gibt nicht wenige Unternehmensberatungen und Banken, die ihren Bewerbern am ersten Tag deutlich machen, dass braune Anzüge in der Arbeit nicht erwünscht sind. Da Frauen heute ebenfalls diese Berufe ausüben, gilt dieser Satz auch für sie.

Die Regel »No brown in town« hat also nicht völlig ihre Bedeutung verloren – sie hat sich vielmehr gewandelt, da sie nur noch für bestimmte Berufsfelder und Anlässe gilt.

III

Arbeit und Beruf

Testen Sie Ihr Wissen: Richtig oder falsch?

	richtig	falsch
Steht die Tür eines Büros offen, kann ich jederzeit eintreten.		
Die Regel »Ladies first« gilt immer.		
Der Ranghöhere bietet immer zuerst seine Visitenkarte an.		
Im Beruf wird das »Du« nicht unbedingt vom Älteren, sondern vom Ranghöheren angeboten.		
Ein Bewerber sollte bei einem Vorstellungsgespräch unbedingt alle Anwesenden mit Handschlag begrüßen.		
Es ist auf jeden Fall nett, kranke Kollegen zu besuchen.		
Kleine Verspätungen sind heute im Beruf normal und müssen nicht erklärt werden.		
An einem gemeinsamen Geschenk für Kollegen muss man sich auf jeden Fall beteiligen.		
Zu einer Betriebsfeier sollte man unbedingt gehen, auch wenn sie außerhalb der Arbeitszeit stattfindet.		
Ein »Du« während der Weihnachtsfeier hat am nächsten Tag keine Bedeutung mehr.		
Wird einem im Beruf das »Du« von Kunden oder Vorgesetzten angeboten, so kann man das nicht ablehnen.		
»MfG« ist heute eine geläufige Abkürzung.		
Bittet man schriftlich um eine Antwort, so fragt man nach einer »Rückantwort«.		
Der Mann steigt nie hinter einer Dame die Treppe hoch.		
Den Betreff eines Briefes macht man heute nicht mehr durch das Wort »Betreff« kenntlich.		
Zu einem Vorstellungsgespräch sollte man möglichst früh erscheinen.		
Eine Einladung zu einem Vorgesetzten nach Hause gilt nicht als Privateinladung.		

	richtig	falsch
Heutzutage meldet man sich am Telefon nicht nur mit den Worten »Sie sprechen mit Frau Huber«, sondern gibt auch den Namen der Firma an, die Abteilung, den Apparat, begrüßt den Anrufer und fragt, wie man helfen könne.		
Bei einem beruflichen Treffen angebotene Getränke sollte man möglichst nicht ablehnen.		
Kunden haben immer und überall den Vortritt.		
Der Chef wird dem Kunden zuerst vorgestellt.		
Bei einer Begrüßung mit Handschlag bleiben Frauen immer sitzen.		

»Es kommt schließlich nur auf die Leistung an« – das hört man oft, wenn die Rede von Umgangsformen im Beruf ist. Ein fataler Irrglaube, der unsensibel für die Bedeutung der Spielregeln macht und allen erdenklichen Fehltritten Tür und Tor öffnet. Menschen fühlen sich einfach wohler, wenn sie freundlich, höflich und respektvoll behandelt werden. Und jeder macht lieber mit angenehmen Mitmenschen Geschäfte als mit unangenehmen oder beteiligt eher freundliche Mitarbeiter an Projekten als schlecht erzogene, solange sie eine vergleichbare Leistung bringen. Viele Untersuchungen der letzten Jahre belegen, dass gute Manieren ein Erfolgsfaktor sind. So stellt der Elitenforscher Michael Hartmann in seinem Buch *Der Mythos von den Leistungseliten* dar, dass die Kenntnis der Verhaltenscodes hilft, sich ähnlich wie bereits erfolgreiche Kollegen, Vorgesetzte, Kunden und Geschäftspartner zu verhalten. Diese (von den anderen unbewusst wahrgenommene) Ähnlichkeit in Verhalten und Kleidung führt bei gleicher oder zumindest vergleichbarer Leistung dazu, dass man von den anderen deutlich positiver bewertet wird. Entsprechende Differenzen hingegen wirken sich negativ aus.

Klopf, klopf

Irrtum:

Steht die Tür zu einem anderen Büro offen, darf ich einfach eintreten.

Richtig ist:

Eine offene Tür bedeutet nicht automatisch, dass jeder immer eintreten darf.

Was eine offene Bürotür zu bedeuten hat, ist je nach Unternehmenskultur unterschiedlich. In manchen Firmen heißt es, dass prinzipiell jeder hereinkommen kann, ohne vorher anzuklopfen. Andernorts wird durch eine offene Tür nur signalisiert, dass gerade kein vertrauliches Gespräch stattfindet und der Mitarbeiter zumindest grundsätzlich ansprechbar ist. Dieser erwartet aber, dass nicht jeder einfach hereinschneit, sondern erst mal in der Türöffnung abwartet, ob er wirklich willkommen ist. Üblich ist es dann, an den Türrahmen oder an die geöffnete Tür zu klopfen.

Für eine geschlossene Tür gibt es ebenfalls verschiedene Deutungsmöglichkeiten: Sie kann ein Hinweis darauf sein, dass gerade auf keinen Fall eine Störung erwünscht ist, egal worum es geht. Oder aber die Türen sind im Haus immer geschlossen und jeder darf prinzipiell eintreten – wenn er vorher angeklopft hat. In einigen Firmen ist es auch bei geschlossenen Türen nicht üblich, anzuklopfen.

Man kann sich das Ganze als eine Art Sprache vorstellen: Es gibt Zeichen – offene oder geschlossene Tür –, die eine bestimmte Bedeutung haben. Diese Bedeutung ist jedoch nicht universell, es gibt keine allgemeingültige Übersetzung. Fangen Sie also in einem Unternehmen neu an, so ist es klug, zunächst andere zu beobachten, wie sie die »Türenfrage« handhaben, oder aber einfach danach zu fragen. Denn das, was vielleicht bei Ihren drei vorherigen Arbeitsstellen galt, muss nicht überall gelten.

Gerade das unerwünschte Betreten eines Raumes wird (wenn vielleicht auch unbewusst) als Eindringen in fremdes Territorium interpretiert – für einen Neuankömmling also ein potentieller Fettnapf: Tritt er hinein, kann sich das möglicherweise negativ auf die Beurteilung durch seine

Kollegen auswirken. Ein Missverständnis, das vermeidbar ist.

Was weiterhin zu bedenken ist: Nur wer anderen Respekt entgegenbringt, wird selbst auch respektvoll behandelt. Es gibt keinen Grund dafür, dass ein Vorgesetzter verlangt, dass an seiner Tür angeklopft wird, er selbst jedoch ohne Anklopfen nach Lust und Laune aus Prinzip bei seinen Mitarbeitern hineinmarschiert.

Und glauben Sie bloß nicht, dass ein forsches Eintreten ohne Klopfen ein Zeichen von Selbstbewusstsein sei. Wirklich souveräne Menschen haben es nicht nötig, unhöflich zu sein.

Ladies first!

Irrtum:

Frauen werden immer bevorzugt behandelt.

Richtig ist:

Im Beruf zählt Hierarchie mehr als Geschlecht.

Regeln über die Stellung des Einzelnen in der Gesellschaft, die unter anderem vorsehen, wer wem gegenüber bevorzugt behandelt wird, existieren seit jeher in jeder Kultur. Sie sind elementar für das menschliche Zusammenleben – Grund genug, sie ernst zu nehmen und um die Bedürfnisse, die dahinter stecken, zu wissen. Denn eine Respektlosigkeit, auch wenn sie gar nicht beabsichtigt war, wird nur schwer verziehen.

Eine eiserne Regel besagt: Egal ob privat oder im Berufsleben, wer in der Hierarchie höher steht, hat Vorrang. Das bedeutet, er geht voran (durch die Tür, in einem Flur, in einen Raum), er entscheidet, ob er die Hand schütteln will

oder nicht, er setzt sich zuerst, und andere Menschen werden zuerst ihm vorgestellt. Wenn Sie nebeneinander gehen
oder sitzen, gebührt ihm jeweils der rechte bzw. der bessere
und sicherere Platz. Bis hierher ist noch alles klar. Schwieriger wird es, zu bestimmen, wer eigentlich als höherrangige
Person gilt. Viele denken, mit »Ladies first« das Problem
gelöst zu haben. Doch das ist falsch. Wäre es uneingeschränkt so, dann müsste der Vorstand eines Unternehmens
allen Mitarbeiterinnen, egal ob Managerin, Sekretärin oder
Reinigungskraft, den Vortritt lassen, er müsste es ihnen
überlassen, ob sie morgens mit Handschlag begrüßt werden
möchten usw. Dem ist aber nicht so. Innerhalb eines Unternehmens regelt die Hierarchie die Position der Mitarbeiter.
Sie zählt mehr als das Geschlecht. Ein männlicher Abteilungsleiter steht also über der weiblichen Mitarbeiterin seines Bereiches. Würden die beiden sich hingegen rein privat
außerhalb des Berufs kennenlernen, beispielsweise auf einer
Party von gemeinsamen Bekannten, dann gilt natürlich die
Regel »Ladies first«.

Es gibt also mitunter unterschiedliche Regeln, je nachdem,
ob wir uns privat oder beruflich begegnen. Die Regelungen
bezüglich Frauen im Beruf sind erst im Laufe des 20. Jahrhunderts entstanden, sie sind also relativ neu. Und da Verhaltensregeln immer von einer Generation an die nächste
weitergegeben werden, dauert es eine Weile, bis sich Neuerungen durchgesetzt haben und sie wirklich jeder kennt.
Durch die Entwicklung der Berufstätigkeit der Frauen im
20. Jahrhundert mussten die Regeln neu interpretiert werden.
Vorher waren Frauen kaum im klassischen Sinne berufstätig,
auch wenn sie gearbeitet haben. Begegnungen beider Ge-
schlechter fanden daher nur auf privatem oder gesellschaft-

lichem Terrain statt – und hier galt und gilt stets die Regel
»Die Dame zuerst«.

Was unter den Mitarbeitern eines Unternehmens gilt, gilt
übrigens auch im Kontakt mit Externen: Entscheidend ist
deren Stellung und nicht das Geschlecht. Kunden stehen
automatisch höher und werden gegenüber einer Mitarbeiterin bevorzugt behandelt. Das gilt auch für Kollegen oder
Mitarbeiter von Partnerfirmen, die zu Besuch kommen – sie
sind eben Gäste. Treffen umgekehrt Sie auf Ihre Dienstleister
oder Zulieferer, dann sind Sie der Kunde und bekommen
hoffentlich bevorzugte Behandlung.

Beispiele:

1. Monika Meier, Versicherungsmaklerin, trifft auf einer
   Veranstaltung der IHK ihren Kunden Hans Huber. Ist
   Frau Meier höflich, so wird sie ihren Kunden freundlich
   grüßen, es jedoch ihm überlassen, ob er einen Handschlag
   wünscht. Das erfordert von Frauen eine gewisse Flexibilität und Rollenbewusstsein. Wäre Frau Meier auf einer
   privaten Party eingeladen und träfe dort männliche Bekannte, dann wäre es an ihr, zu entscheiden, ob sie einen
   Handschlag möchte oder nicht. Geht Frau Meier mit
   ihrem Kunden nun durch eine Tür, kann sie gleichfalls
   nicht erwarten, dass er ihr den Vortritt lässt oder die Tür
   aufhält – auch wenn sie es privat gewohnt ist. Keine Frage:
   Macht der Kunde es trotzdem, dann kann sie diese
   freundliche Geste annehmen. Sie sollte als gute Dienst-
   leisterin und kluge Verkäuferin aber nicht davon ausgehen,
   dass ihr dieses Recht prinzipiell gebührt.
2. Klaus Kramer, Abteilungsleiter, geht mit seiner Assistentin
   Sandra Schulze zu einem Termin. Wenn Frau Schulze die

Etikette-Regeln kennt, wird sie ihren Chef wie jeden Morgen höflich grüßen: »Guten Morgen Herr Kramer«. Sie überlässt es jedoch ihm als hierarchisch Höherstehendem, ob er Menschen, mit denen er täglich zu tun hat, die Hand gibt oder nicht. Nicht nur bei den Türen räumt sie ihm den Vortritt ein, auch in einer Vorstellungsrunde. Wie im ersten Beispiel gilt auch hier, dass der Vorgesetzte diese Dinge nicht in Anspruch nehmen muss – die Assistentin aber muss verstehen, dass sie hier nicht automatisch als Dame, also als höherrangige Person, agieren darf.

Die Visitenkarte

Irrtum:
Der Ranghöhere überreicht zuerst seine Visitenkarte.
Richtig ist:
Die Visitenkarte wird vom Besucher oder sonst vom Rangniederen angeboten.

Der Begriff »Visitenkarte« hat sich heute für alle möglichen Kärtchen durchgesetzt. Bis vor einiger Zeit unterschied man noch zwischen »Geschäftskarten« mit Angaben der beruflichen Kontaktdaten und der Position im Unternehmen und »Visitenkarten«, die ursprünglich »Besuchskarten« hießen. Stilvolle private Visitenkarten zeichnen sich dadurch aus, dass sie außer dem Namen und eventuell einem Titel keine weitere Information enthalten. Die benötigten Angaben werden dann je nach Situation per Hand auf der Karte notiert, bevor man sie dem Empfänger überreicht.

Aus diesem Grund ist es für Geschäftsleute durchaus angebracht, zwei verschiedene Arten von Visitenkarten zu haben. Berufstätige, die viel im Ausland zu tun haben, sollten überdies noch eine englische Version ihrer Geschäftskarte besitzen – zumindest die Rückseite der deutschen Karte sollte in englischer Sprache sein. Hat man hauptsächlich in einem bestimmten Land zu tun, zum Beispiel in China, sollte man eine Karte haben, die auf einer Seite Englisch und auf der anderen in der Landessprache bedruckt ist.

Manche Menschen glauben irrtümlich, auf eine Visitenkarte solle man nichts draufschreiben. Das trifft aber nur für fremde Karten zu, nicht für die eigene. Ganz im Gegenteil ist es in manchen Situationen sogar empfehlenswert, erhält die Visitenkarte durch eine handschriftliche Notiz doch eine individuelle und persönliche Note. Zudem gibt es auch heute noch die Sitte, bestimmte Wünsche oder Botschaften auf eine Karte zu schreiben, die beim Adressaten hinterlassen oder – eventuell mit Blumen – versandt wird. Business Cards sind dafür aber nicht geeignet, sondern nur elegante und im Informationsgehalt reduzierte Visitenkarten.

Geschäftskarten sollten wirklich nur im beruflichen Kontext überreicht werden – bei gehobeneren gesellschaftlichen Veranstaltungen oder gar im Smoking wirkt das äußerst stillos.

Eine Visitenkarte zu überreichen, ob beruflich oder privat, ist eine Form, sich anderen vorzustellen. Dementsprechend gelten hier die Regeln für das Bekanntmachen. Der Ranghöhere erfährt zuerst, mit wem er es zu tun hat.

Das bedeutet konkret:

- Der in der Hierarchie niedriger Stehende übergibt zuerst seine Karte. Auf diese Weise bittet man auch indirekt und diskret um die Karte des anderen, ohne die Bitte laut auszusprechen (was unhöflich wäre). So kann es durchaus passieren, dass Sie Ihre Karte überreichen und Ihr Gesprächspartner sie freundlich entgegennimmt und wegsteckt. Haben Sie Glück, dann ist er am Kontakt interessiert und meldet sich später bei Ihnen.

- Bei Gleichrangigkeit oder vergleichbarer Position zweier Personen macht einfach einer von beiden den Anfang – hier gibt es keine klare Regel.

- Ranghöhere können jederzeit um die Visitenkarte des Gegenübers bitten. Entweder sprechen sie diesen Wunsch aus: »Geben Sie mir doch bitte Ihre Karte« oder »Wenn Sie mir Ihre Karte geben, rufe ich Sie an«, oder sie zücken ihre Karte zuerst, um den anderen zu motivieren, im Gegenzug auch seine zu überreichen.

- Besucher aller Art, egal ob Kunden, Dienstleister oder Zulieferer, überreichen ihre Karte zuerst, und zwar entweder bei der Begrüßung oder danach, wenn die Gesprächspartner um einen Tisch sitzen und das Meeting beginnt. Normalerweise stellen sich die Teilnehmer einer Runde erst mal vor – ein guter Zeitpunkt, seine Karte zu überreichen.

- Wenn Sie Interesse an den Leistungen und Angeboten einer Person oder eines Unternehmens haben, Sie also eventuell eine Beratung oder ein Produkt wünschen, können Sie jederzeit um eine Karte bitten, auch wenn Sie Ihre eigene nicht überreichen möchten.

Eine Reihe von Fehlern können auch bei der konkreten Übergabe unterlaufen.

Es wirkt beispielsweise nicht respektvoll, eine Visitenkarte jemandem irgendwie hinzustrecken. Höflicher ist es, dem

Gesprächspartner die Karte so zu reichen, dass er sie sofort lesen kann und nicht erst um neunzig Grad drehen muss. Bei uns in Europa wird eine Visitenkarte immer mit einer Hand überreicht, nicht mit beiden. Es ist Unsinn, zu glauben, dies wäre respektvoller. Eine Übergabe mit beiden Händen ist nur in asiatischen Kulturen üblich, dort gibt es allerdings auch noch andere Regeln zum Thema Geschäftskarten, die bei uns nicht gängig sind.

Visitenkarten werden dem Gesprächspartner nach Möglichkeit in die Hand gegeben und nicht einfach auf den Tisch gelegt; auf gar keinen Fall werden sie über den Tisch geschoben.

Für eine Ihnen überreichte Visitenkarte sollten Sie sich einen Augenblick Zeit nehmen, sie zu studieren. Erstens gebietet das die Höflichkeit – Sie haben schließlich etwas von jemandem bekommen, das sollte man nicht einfach so beiseiteschieben oder wegstecken. Zweitens enthält die Visitenkarte Informationen, die möglicherweise für das Gespräch mit dem noch Unbekannten wichtig sein können. Vielleicht ist Ihre Kontaktperson, die Sie am Telefon als »Stefan Steinwall« kennengelernt haben, tatsächlich aber »Dr. Stefan Steinwall« oder »Stefan Graf von Steinwall«. Als höflicher Mensch hat er sich ohne diese Angaben vorgestellt. Nun aber, da Sie es besser wissen, sollten Sie ihn richtig ansprechen, also mit seinem Titel oder akademischen Grad. Eventuell verrät die Karte auch, welche Position er im Unternehmen hat. Außerdem bietet eine Visitenkarte oft einen guten Einstieg in den Small Talk: Sprechen Sie etwa über den Ort der Firmenniederlassung oder auch über die Gestaltung der Karte – viele Menschen freuen sich zum Beispiel über Nachfragen oder anerkennende Worte zu ihrem Firmenlogo.

Verwahren Sie die Visitenkarte an einem angemessenen Ort. Das kann ein Etui sein oder ein Fach in Ihrem Kalender. Ein Portemonnaie, das anschließend in die Gesäßtasche gesteckt wird, gehört eindeutig nicht dazu.

Das steht dem Älteren zu!

Irrtum:

Das Angebot, sich zu duzen, muss vom Älteren kommen.

Richtig ist:

Im Beruf zählt Hierarchie mehr als Alter.

Vielen ist nicht klar, dass im Berufsleben andere Umgangsformen herrschen als im Privatleben. So kommt es gerade beim Thema »Duzen« zu einer Reihe von Missverständnissen, die zu Unsicherheit und Verwirrung führen.

In Deutschland ist es unter Kollegen und Mitarbeitern im Allgemeinen üblich, sich gegenseitig zu siezen – zumindest anfangs. Nur in bestimmten Branchen, wie in Handwerk und Bau und vielen kreativen Bereichen, wird fast generell und durchgängig geduzt. Aber auch in großen, international agierenden Konzernen setzt sich das Duzen immer mehr durch. Es scheint vielen Schwierigkeiten zu bereiten, sich in einem auf Englisch geführten Meeting mit Vornamen und »you« anzusprechen, in der kurz darauf stattfindenden deutschen Besprechung wieder zum »Sie« und zum Nachnamen überzugehen.

So hat es sich also mancherorts eingebürgert, dass sich alle duzen. Dem Neuling mag es daher scheinen, als sei dort ein besonders lockerer Umgangston üblich und als gäbe es flache Hierarchien. Dies kann ein fataler Irrtum sein, denn in solchen Fällen sind die Hierarchien oft einfach nur besser versteckt, und das Duzen weist keinesfalls auf einen lockeren Umgangston hin.

Einige Konzerne bemühen sich aus diesen Gründen um eine Mischung in der Anrede. In den englischen Meetings wird der Vorname und »you« verwendet – das ja gleichermaßen die Übersetzung für »Du« und »Sie« ist. Auf Deutsch bleibt es dann beim Vornamen, gesiezt wird aber trotzdem. Diese Anredeform wird auch »Hamburger Sie« genannt.

Doch auch die Möglichkeit, mit der Sprache die Anrede zu wechseln, besteht: Hier bleibt es dann bei »Frau Huber«, obwohl es fünf Minuten vorher im Meeting auf Englisch noch hieß: »Claudia, could you please ...«

Jeder, der neu in ein Unternehmen kommt oder auch nur an einen anderen Standort des gleichen Konzerns versetzt wird, muss also zunächst die dort gängige Handhabung beobachten, anstatt forsch so loszulegen, wie er es bisher gewohnt war. Ein hinzukommender Kollege passt sich immer den Spielregeln der Alteingesessenen an – auch wenn Sie es nicht mögen, wenn sich alle in der Arbeit duzen. Tun es alle anderen Kollegen, so sollten Sie sich dem nicht verweigern. Eine Verfehlung ist es allerdings auch, als Neuling von sich aus den Kollegen das Du anzubieten, nur weil sie sich untereinander duzen, man selbst aber gesiezt wird. Sollte das so sein, ist es vermutlich gewollt. Duzen kann ein Zeichen der Zugehörigkeit zu einer Gruppe sein, und erst, wenn Sie zum Beispiel die Probezeit bestanden haben, werden auch Sie mit der informellen Form angesprochen.

Ansonsten gilt die Regel, dass derjenige, der in der Unternehmenshierarchie höher steht, das Du anbieten kann. Geschlecht und Alter spielen hier keine Rolle. Geht es um zwei

Kollegen, die ungefähr auf der gleichen Ebene stehen, so geht die Initiative von dem länger in der Firma tätigen Mitarbeiter aus. Arbeiten hingegen beide schon eine Weile im Unternehmen, dann könnte das Alter ins Gewicht fallen, allerdings nur, wenn ein deutlicher Unterschied von etwa einer Generation zwischen den beiden besteht – ein Altersunterschied von etwa zehn Jahren reicht dafür nicht unbedingt, zumal er nach außen hin längst nicht immer offensichtlich ist. In solchen Fällen ist es üblich, dass einfach einer von beiden den Anfang macht. Klug ist es, die Worte so zu wählen, dass der andere ablehnen kann, ohne dass die Stimmung darunter leidet. Zum Beispiel: »Wir arbeiten nun schon so lange und so gut zusammen. Wollen wir nicht zum Du übergehen? Das fände ich schön. Wenn es Ihnen aber mit dem ›Sie‹ angenehmer ist, verstehe ich das – an unserer guten Zusammenarbeit ändert sich ja nichts.«

In Supermärkten oder Kaufhäusern hört man übrigens manchmal eine Mischung aus »Du« und Familienname: »Frau Müller, kommst du bitte mal zu Kasse drei?« Dies wird »Münchner Du« genannt. Stilvoll ist es nicht unbedingt.

So viel Respekt muss sein

Irrtum:

Es gilt als höflich, als Bewerber bei einem Vorstellungsgespräch die Gesprächspartner mit einem Handschlag zu begrüßen.

Richtig ist:

Die Erlaubnis zum Körperkontakt geht immer vom Gastgeber aus.

Viele Bewerber, die zu einem Vorstellungsgespräch erscheinen, glauben, wenn Sie mit einer ausgestreckten Hand auf ihre Gesprächspartner zugehen, sei das nicht nur höflich, sondern wirke auch selbstbewusst. Sie hoffen, sie erscheinen dadurch als energischer und tatkräftiger Mensch. Ein fataler Irrtum, der einen ungünstigen ersten Eindruck hinterlassen kann. Zum einen erteilt immer derjenige die Erlaubnis zum Körperkontakt und damit zum Handschlag, der in der Hierarchie höher steht, zumindest im Beruf. Bei einem Vorstellungsgespräch ist dies auf jeden Fall der potentielle Arbeitgeber, also der Vorgesetzte, sowie Mitarbeiter aus der Personalabteilung und jene, die bei einer zukünftigen Zusammenarbeit Kollegen wären; sie gelten in dieser Situation als höherrangig, da sie das Senioritätsprinzip genießen (sprich: schon länger da). Des Weiteren gibt es den Grundsatz, dass es immer am – privaten oder beruflichen – Gastgeber liegt, die Hand zum Gruß anzubieten. Das Gastgeberprinzip ist entscheidend: Lädt zum Beispiel ein Mitarbeiter seine Vorgesetzten zu einem Meeting ein, so offeriert ausnahmsweise er den Handschlag, da er in dieser Situation als Gastgeber fungiert. Bei einem Bewerbungsgespräch ist der Bewerber ein Gast, die Mitarbeiter des Unternehmens sind die Gastgeber. Es gibt für den Bewerber also gleich zwei Gründe, beim Eintreten abzuwarten, ob ihm ein Händedruck angeboten wird oder nicht.

Unsicher wirkt man deswegen noch lange nicht. Jemand, der mit festem und sicherem Schritt, aufrechter und ruhiger Körperhaltung und einem freundlichen, offenen Lächeln den Raum betritt und die Anwesenden mit »Guten Tag« grüßt, gerät kaum in die Verlegenheit, unsicher zu wirken.

Arm dran

Irrtum:
*Es ist auf jeden Fall eine nette Geste, bei kranken
Kollegen vorbeizuschauen.*

Richtig ist:
*Nicht jeder möchte in desolatem Zustand von Menschen
aus seinem beruflichen Umfeld gesehen werden.*

Ein wunderbares Beispiel dafür, dass eine gutgemeinte
Geste, die nicht nur Freundlichkeit und Herzenswärme vor-
aussetzt, sondern auch Zeit und Mühe fordert, beim anderen schlecht ankommen kann. Es ist auf jeden Fall eine
lobenswerte Einstellung, kranke Kollegen nicht außen vor
zu lassen, sondern sie im Krankenhaus oder zu Hause zu
besuchen, ihnen ein wenig die Zeit zu vertreiben und sie
seelisch zu unterstützen. Trotzdem ist fraglich, ob der Kranke sich wirklich darüber freut, auch wenn er die gute Absicht
anerkennt – spricht sie doch für den Zusammenhalt einer
Abteilung und dafür, dass die Kollegen nicht nur seine Leistung, sondern auch ihn als Menschen schätzen.

Nicht jeder ist jedoch begeistert davon, sich ungeschminkt
oder unrasiert mit Katheter im Bett liegend jenen zu präsentieren, mit denen er sonst auf rein dienstlicher Ebene
verkehrt. Viele fühlen sich in dieser Situation unwohl und
unsicher, da sie sich genieren und nicht so recht wissen, wie
sie mit den Besuchern umgehen sollen.

Wer einem kranken Kollegen etwas Gutes tun möchte,
kann auf jeden Fall eine gemeinsame Karte schicken, ebenso wie Blumen, etwas zu lesen oder ein Hörbuch – je
nach Krankheit vielleicht auch Obst oder etwas Süßes. Das

wird immer gut ankommen, hier kann man nichts falsch machen.

Ein Besuch sollte immer angekündigt werden, zudem muss der Kranke entscheiden können, ob und wann seine Kollegen vorbeikommen. So hat er wenigstens die Chance, sich ein wenig zurechtzumachen und sich vielleicht nicht gerade im ältesten Schlafanzug zu präsentieren.

Ein Krankenbesuch, sei er beruflich oder privat, sollte grundsätzlich nicht länger als eine halbe Stunde dauern. Wenn es die Situation erlaubt, kann man nach Absprache mit dem Kranken auch länger bleiben – aber nur, wenn es ihm guttut und ihn nicht zu sehr anstrengt.

Auch die Themen für so einen Besuch sind nicht immer ganz unproblematisch. Natürlich können Sie erzählen, wie das gemeinsame Projekt gerade läuft. Schwierig und unfair ist es, dem Kranken zu vermitteln, ohne ihn laufe gar nichts oder trotz seiner Abwesenheit funktioniere alles bestens und eigentlich spüre niemand, dass er nicht da ist. Sätze wie »Kopf hoch, das wird schon wieder« kommen meist auch nicht gut an: Sie wirken floskelhaft und gehen nicht auf das individuelle Empfinden ein.

Viele zögern, am Krankenbett über schöne Dinge wie Urlaubserlebnisse oder den letzten Wochenendausflug zu erzählen. Das kann man jedoch nicht grundsätzlich entscheiden. Prinzipiell ist alles gut, was den Kranken ein wenig von seiner Situation ablenkt und aufheitert, auch der Entwurf einer positiven Vision für die Zukunft. Bleiben Sie auf jeden Fall aufmerksam und vergessen Sie Ihr Gegenüber nicht vor lauter Begeisterung über die eigenen Erlebnisse. Spüren Sie an seiner Mimik, dass er Ihre Erzählungen genießt und sich freut, von anderen Dingen als von Krankheit,

Medikamenten, Problemen und Operationsterminen zu hören, dann können Sie Ihre Schilderungen vom Strandurlaub in Thailand fortführen. Sind Sie jedoch unsicher, da er wenig Reaktion zeigt, sollten Sie überlegen, ob ihn das Thema vielleicht traurig macht, da solche Urlaube für ihn vielleicht für lange Zeit unmöglich werden.

Kranke Menschen ärgern sich oft darüber, dass sie nur noch als »Kranke« und nicht mehr als »erwachsene Menschen« wahrgenommen werden. Sie fühlen sich nicht ernst genommen, da oft in ihrer Anwesenheit über sie statt mit ihnen gesprochen wird.

Schlussendlich: Wenn Sie Zweifel haben, ob Sie jemanden besuchen sollen, was sie ihm ins Krankenhaus mitbringen sollen und welche Themen ihn in dieser Situation interessieren, fragen Sie vorab besser danach.

Ist doch normal!

Irrtum:

Kleine Verspätungen gehören heute im Beruf dazu.

Richtig ist:

Verspätungen sind eine Verfehlung und keineswegs normal.

Verspätungen haben eine ähnliche Sogwirkung wie Graffiti an Hauswänden oder Abfall auf der Straße: Eine Straße ist über Jahre frei von Graffiti; sobald jedoch das Erste auf eine Wand gesprüht wird, dauert es nicht lange, und das Nächste folgt. Die Hemmschwelle, in blitzsauberer Umgebung seinen Abfall einfach fallen zu lassen, ist relativ hoch. In einer vermüllten Umgebung hingegen tendieren leider auch or-

dentliche, umweltbewusste Menschen dazu, Abfall ohne
weiteres wegzuwerfen.

Nicht anders ist es mit Unpünktlichkeit im Berufsleben.
Kommen immer alle rechtzeitig, dann schert kaum jemand
aus der Reihe. Verspätet sich einmal ein Kollege um ein paar
Minuten, so wird er mit schlechtem Gewissen um Entschuldigung bitten. Bringen jedoch eine neue Führungskraft oder
eine neue Gruppe von Mitarbeitern andere Gewohnheiten
mit, so wird sich langsam, aber stetig das Verhalten fast aller
anderen ändern.

Zu beobachten ist, dass zu Beginn noch Befremden über
das Verhalten der unpünktlichen Mitarbeiter herrscht.
Schnell wird es jedoch zu einer Art Normalzustand. Jeder,
der vorher in aller Eile durch die Gänge geflitzt ist, um
rechtzeitig bei der Besprechung zu sein, wird sich nun fragen, warum er sich diesen Stress antun soll, da das Meeting
voraussichtlich ohnehin nicht zur geplanten Zeit startet. So
kommt es über kurz oder lang, dass alle von vornherein zur
wöchentlich um 10 Uhr geplanten Teamsitzung eine Viertelstunde später erscheinen, da vorher sowieso nichts passiert.

Diese allgemeine Lässigkeit und Unverbindlichkeit im
Umgang mit Terminen geht inzwischen so weit, dass in einigen Schulen der Unterricht nicht mehr wie gewohnt um
8 Uhr beginnt, sondern die erste Stunde mit »sozialen Akti-
vitäten« verbracht wird, weil viele Schüler zu spät kommen
und es keinen Sinn hat, vorher anzufangen. Die Schüler lernen also zu Hause und in der Schule keine Pünktlichkeit
mehr. Ins Berufsleben treten sie dann mit der Erwartung,
dass eine Verspätung von 10 oder 15 Minuten nicht als
unpünktlich gilt, sondern ganz normal ist.

So normal ist es jedoch nicht – schließlich gibt es genügend Geschäftspartner und Kollegen, die ihre Zeit exakt planen müssen, um alle Aufgaben zu bewältigen, und daher pünktlich zu einem Meeting erscheinen und es genauso pünktlich verlassen müssen, um rechtzeitig bei der nächsten Besprechung zu sein.

Mehrere kleine Verzögerungen können schnell einen ganzen Tag durcheinanderbringen. Es gibt bereits Berechnungen, welche Summen den Unternehmen in Deutschland pro Jahr deswegen verlorengehen, weil Mitarbeiter nicht pünktlich sind und andere dadurch zu untätigem Warten verdammen.

Fazit: Wer respektvoll behandelt werden möchte, sollte auch seine Geschäftspartner und Kollegen mit Respekt behandeln. Eine Verspätung sollte nach Möglichkeit per Handy angekündigt werden; so können sich die anderen zumindest darauf einstellen und in der Zwischenzeit etwas Sinnvolles erledigen. Und: Vergessen Sie Ihre Bitte um Entschuldigung nicht.

Die lieben Kollegen

Irrtum:

An einem gemeinsamen Geschenk muss ich mich nicht beteiligen.

Richtig ist:

Sich so einer gemeinsamen Aktion zu verweigern kann für böses Blut sorgen und sich ungünstig für Sie auswirken.

Verlässt ein Mitarbeiter ein Unternehmen, um zum Beispiel in den Ruhestand zu treten oder zu einer anderen Firma zu

wechseln, erhält er üblicherweise ein kleines Abschieds-
geschenk. Möglicherweise aber denken Sie sich: »Was? Dem
noch etwas schenken? Ich bin froh, dass er endlich weg ist!
Jetzt kann es mit dem Unternehmen nur noch aufwärts-
gehen.« In diesem Fall ist Ihre Spendenbereitschaft wahrscheinlich nicht sehr groß, wenn die Kollegen mit der Sam-
melbüchse für das Geschenk durch die Büros laufen. Oder
Sie mögen den Kollegen und bedauern sogar, dass er geht,
finden aber die Idee für das gemeinsame Geschenk nicht
gut, sondern möchten ihm lieber etwas anderes schenken,
um ihm eine Freude zu bereiten.

Im Arbeitsleben ist jedoch Individualität nicht immer
gewünscht und auch nicht immer förderlich, vor allem
nicht bei gemeinschaftlichen Aktionen, in denen es nicht
um das Darstellen der eigenen Leistungsfähigkeit geht.
Wenn Sie sich nicht an einem gemeinsamen Geschenk beteiligen wollen, da Sie eine andere Idee haben, sollten Sie
also zuerst prüfen, inwieweit Sie die federführenden Kollegen damit vor den Kopf stoßen und die weitere Zusammenarbeit mit ihnen erschweren. Schließlich zeigen Sie den
Kollegen deutlich, dass Sie ihre Idee doof finden. Ist das in
dieser Situation wirklich nötig? Wollen Sie sich einen Streit
über die bessere Idee nicht lieber für das nächste wichtige
Projekt aufheben? Oder liegt Ihnen daran, sich einen Ruf
als ewiger Besserwisser zu schaffen? Fragen Sie sich auch,
ob Sie damit im Sinne des Beschenkten agieren. Ist er enttäuscht, wenn Sie sich nicht an dem großen Gemeinschaftsgeschenk beteiligen? Denkt er, dass Sie kein Geld
dafür ausgeben wollten, obwohl er sich über dieses Geschenk freut und auf diese Weise auch die Firma in guter
Erinnerung behält?

Möglich ist ein Kompromiss: Sie steuern etwas weniger Geld für das Gemeinschaftsgeschenk bei als die anderen und kaufen dafür noch etwas dazu.

Einen Beitrag zu einem Gemeinschaftsgeschenk zu verweigern, weil Sie den Kollegen nicht mögen, ist keine gute Idee. Es ist ein Irrtum, zu glauben, Sie zeigten damit Charakterfestigkeit und Konsequenz. Es macht den Abschied nicht besser, wenn der Kollege entdeckt, dass Sie auf der gemeinsamen Karte nicht unterschrieben haben. Und es geht auch um Fairness den Kollegen gegenüber. Wenn Sie sich nicht beteiligen, müssen die anderen nämlich umso mehr bezahlen.

Bedenken Sie auch: Der Abschied eines Kollegen ist nicht der richtige Zeitpunkt, ihn noch einmal deutlich spüren zu lassen, wie wenig Sie von ihm halten. Konnten Sie die Konflikte in den letzten Jahren nicht bereinigen, dann sollten Sie jetzt vielleicht die Gelegenheit nutzen und ein paar versöhnliche Worte finden – oder schweigen.

Einladung zur Betriebsfeier

Irrtum:
Ob man eine Betriebsfeier besucht, kann man von der eigenen Stimmung abhängig machen.
Richtig ist:
Das Meiden von Betriebsfeiern ist ein Karrierekiller.

Dieser Fauxpas hat so manche Karriere verzögert oder gar verhindert. Rein arbeitsrechtlich ist es tatsächlich so: Zur Teilnahme an einer Betriebsfeier, die außerhalb der Arbeitszeit stattfindet, kann kein Mitarbeiter gezwungen werden. Doch ob es höflich oder klug ist, auf diesem Recht zu beharren, ist eine ganz andere Sache. Schließlich zeigen Sie mit Ihrer Verweigerung, wie gleichgültig Ihnen die Firma und die Kollegen sind. Sie signalisieren: Ich betrete das Unternehmen nur, weil ich unbedingt muss und wenn ich Geld dafür bekomme. Sie demonstrieren damit geradezu, dass Sie sich dem Unternehmen nur bedingt zugehörig fühlen und sich auch nicht sonderlich mit Ihrer Tätigkeit identifizieren.

Feste in einem Unternehmen sind etwas sehr Wichtiges: Schließlich sind sie eine gute Möglichkeit, Kolleginnen und Kollegen auch einmal anders als während der täglichen Arbeit und der sonst vielleicht üblichen Hektik kennenzulernen. Selbst wenn Sie solche Feiern gar nicht mögen oder es Ihnen nicht zusagt, dass der diesjährige Betriebsausflug ausgerechnet eine Floßfahrt ist oder Sie vor der Weihnachtsfeier im Einkaufsstress sind: Gehen Sie hin. Sie grenzen sich sonst aus, das verursacht schnell böses Blut. Viele Kollegen werden Ihnen das übelnehmen – auch wenn sie es nicht äußern. Zudem schaffen Sie sich durch die auf den Betriebsfeiern geknüpften und vertieften Kontakte ein gutes Netzwerk. Und manches Gespräch mit Kollegen oder Vorgesetzten gibt Ihnen die Möglichkeit, ein falsches oder unvollständiges Bild von Ihnen zu berichtigen.

Damit Sie nicht nur Spaß *während* der Feier, sondern auch *danach* haben, sollten Sie folgende Regeln beachten:

- Es ist eine *Betriebs*feier, kein *privates Fest*. Betrachten Sie es einfach als beruflichen Termin.
- Auch wenn Sie von zu Hause aus zum Fest gehen oder der

Betriebsausflug eine sportliche Note hat, bedenken Sie bei der Kleiderwahl, welches Bild Sie von sich vermitteln – passt Ihr Aufzug wirklich?

- Lassen Sie es nicht zu Vertraulichkeiten kommen, die Sie später bereuen könnten. Es ist gut, wenn andere Sie ein wenig besser kennenlernen, und es ist völlig in Ordnung, etwas Persönliches zu erzählen. Schwierig wird es, wenn nach der Feier das halbe Unternehmen weiß, dass Sie Ihren übermäßigen Alkoholkonsum inzwischen glücklicherweise im Griff haben, Sie unter der Untreue Ihres Partners leiden und nicht nur Katzen, sondern auch Katzenbesitzer hassen.

- Sprechen Sie niemals schlecht über andere, auch nicht, wenn die Kollegen es tun.

- Beteiligen Sie sich auf keinen Fall an Tratsch und Klatsch, auch wenn es noch so amüsant erscheint.

- Trinken Sie nur wenig Alkohol.

- Genießen Sie es, ausgelassen und heiter zu sein, aber zeigen Sie, dass Sie die Grenzen der Fröhlichkeit kennen: Tanzen ja, Tanzen auf den Tischen nein.

- Lassen Sie sich nicht auf Intimitäten ein – auch wenn die sexy Kollegin oder der umwerfende Kollege aus dem Nachbarbüro sich angetrunken an Ihre Schulter lehnt.

Das Leben nach der Weihnachtsfeier

Irrtum:

Ein bei einer Weihnachtsfeier angebotenes Du hat absolute oder gar keine Gültigkeit.

Richtig ist:

So genau weiß man es nicht.

Ein angebotenes Du gilt ein Leben lang und kann nicht nach Lust und Laune wieder zurückgenommen werden. Die Frage ist aber, ob ein solches Angebot auf einer Weihnachtsfeier ernst gemeint ist oder ob es, im wahrsten Sinn des Wortes, eine Schnapsidee ist. In den meisten Fällen ist der im Rahmen eines Betriebsfestes vorgebrachte Vorschlag, sich zu duzen, durchaus aufrichtig gemeint. Der Wunsch war schon längere Zeit vorhanden und wurde bei diesem günstigen Anlass ausgedrückt. Wenn dem so ist, dann bleibt es natürlich auch nach dem Fest dabei. Manchmal tut ein Feiernder – man muss sagen: leider – aber auch eine ganze Reihe von Dingen, an die er sich am folgenden Tag nicht mehr erinnert oder die er bitter bereut. Aus diesem Grund sollte man mit Alkohol bei Betriebsfeiern vorsichtig sein …

Für einen Mitarbeiter, dem von seinem Vorgesetzten während so einer Feier zu fortgeschrittener Stunde das Du angeboten wurde, ist die Entscheidung schwierig, ob das Angebot ernst gemeint war oder nicht. Es wäre schon peinlich, den Chef am nächsten Morgen zu duzen und dafür mit einem verwunderten Blick bedacht zu werden, noch schlimmer aber, von ihm hören zu müssen, ob man nicht wieder zur gewohnten Anrede zurückkommen könne …

In Zweifelsfällen ist es sicherer, gerade den Vorgesetzten von sich aus am nächsten Tag wieder zu siezen. War die Idee nicht ernst gemeint, so kann auf beiden Seiten das Gesicht gewahrt werden. Besteht bei ihm aber tatsächlich der Wunsch, sich informeller anzusprechen, so wird er nachhaken oder lächelnd äußern: »Das hatten wir doch eigentlich schon hinter uns …« Es ist ein Leichtes, darauf zu erwidern: »Ja, richtig. Ich muss mich einfach noch ein wenig daran gewöhnen.« Das wird niemand übelnehmen. Ungünstig ist jedoch die Formulierung »Oh, das hatte ich ganz vergessen.« Hier hinterlässt ein Mitarbeiter den Eindruck, er habe zu tief ins Glas gesehen und könne sich an den vorherigen Abend nicht mehr erinnern oder aber er habe das Ganze als unwichtige Randerscheinung sofort wieder vergessen.

»Du«

Irrtum:
Ein Duz-Angebot im Beruf kann man nicht ablehnen.
Richtig ist:
Angebote dieser Art kann man durchaus freundlich ablehnen.

Ist die Frage, ob man sich duzen könne, ein Angebot, das man – wie jedes Angebot – ablehnen kann, oder handelt es sich um eine Bitte, die man nicht ausschlagen sollte? Das wird durchaus unterschiedlich beantwortet. Auf keinen Fall ist sie – oder sollte sie zumindest nicht sein – eine Aufforderung, der gefälligst und ohne Widerspruch nachzukommen ist.

Im Arbeitsleben ist der hierarchisch Höherstehende zu dieser Frage berechtigt, in diesem Kontext handelt es sich freilich um ein Angebot, das abgelehnt werden kann. Für viele Menschen gibt es gute Gründe, sich im Beruf nicht zu duzen. Schließlich ist es nicht immer einfach, Konflikte zu lösen oder Kritik auszusprechen, wenn man von der distanzierteren Form zum eher lockeren »Du« übergegangen ist. Außerdem kann es andere Kollegen, mit denen man per Sie ist, verstimmen, weil sie sich dadurch ausgegrenzt fühlen.

Duzen sich Kollegen und treffen sie bei einem gemeinsamen Termin Externe, muss man entscheiden, ob man auch in solchen Situationen bei der vertraulichen Anrede bleibt oder sich zum Zwecke der seriösen Außendarstellung siezt. In manchen Unternehmen wird dies ausdrücklich verlangt. Das erfordert von den Beteiligten einiges an Konzentration und Flexibilität, um nicht durcheinanderzukommen. Auch wenn Sie sich vor Kunden duzen – sprechen Sie über Ihren Kollegen, dann ist er nach wie vor »Herr Müller«, auch wenn er im Raum ist.

Diese Situation hört sich dann folgendermaßen an: »Martin, du erstellst dann also bis morgen die Kalkulation.« Zum Kunden gewandt sagen Sie anschließend: »Sie bekommen die Kalkulation morgen von Herrn Müller per E-Mail. Sollten Sie noch Fragen dazu haben, können Sie das auch direkt mit ihm besprechen.«

Möchten Sie solche Situationen vermeiden, dann ist die beste Lösung, im Job generell beim »Sie« zu bleiben. Rechnen Sie damit, dass Sie vielleicht ab und an wegen des »Du« gefragt werden, und überlegen Sie, ob und wie Sie es ablehnen wollen, damit Sie nicht in dem Moment verzweifelt nach Worten ringen müssen und eine peinliche Situation entsteht. Bedanken Sie sich für das Angebot und lehnen Sie dann mit einem freundlichen Lächeln ab.

Es ist für den anderen angenehmer, wenn Sie für Ihre Ablehnung eine kurze, wenn auch allgemeine Begründung parat haben. Sie könnte beispielsweise so klingen: »Vielen Dank für das Angebot, das freut mich sehr. Mir ist es jedoch lieber, wenn ich mich im Beruf mit allen siezen kann. Ich fühle mich damit einfach wohler. Bitte haben Sie Verständnis dafür, dass ich es deshalb gerne beim Sie belassen möchte.«

Oder Sie sagen: »Das ehrt mich. Danke für das Angebot. Aber wissen Sie, ich hätte es dann schwerer, das ›Du‹ anderen gegenüber hier in der Abteilung abzulehnen. Ich freue mich deshalb, wenn alles beim Alten bleibt und wir beide auch per Sie weiter so gut zusammenarbeiten.«

Vermeiden Sie auf jeden Fall langatmige Rechtfertigungen. Dafür besteht erstens kein Grund, und zweitens wird das Ganze für den anderen dadurch nur noch unangenehmer.

Effektivität zählt: »MfG«

Irrtum:

Die Abkürzung »MfG« ist für alle verständlich und kann deshalb verwendet werden.

Richtig ist:

Ein Gruß ist eine Höflichkeitsformel, die als Abkürzung ad absurdum geführt wird.

Sicher, dem Sprichwort »Zeit ist Geld« werden die wenigsten berufstätigen Menschen heute widersprechen. Nicht umsonst gibt es unzählige Ratgeber, die sich mit effektivem Arbeiten und Zeitmanagement beschäftigen. Es ist also durchaus legitim, tägliche Verrichtungen straffen zu wollen. Ebenso ist es wünschenswert, dass im Schriftverkehr, also in Briefen und E-Mails, statt Floskeln und überflüssigen Formulierungen klare inhaltsstarke Sätze stehen.

Doch ein mit Abkürzungen gespicktes Schreiben ist wenig leserfreundlich und für den Empfänger noch nicht einmal unbedingt zeitsparend. Dergleichen kann sich nämlich so anhören:

Betr.: z.K.

Sehr geehrter Hr. Prof. Müller,

*herzl. Dank für Ihr o.g. Schreiben vom 10. d. M. M. E. ist die
bespr. Lsg. n. i. O., das könnte u. U. zu vergl. Problemen führen,
wie es sie bereits 2005 gab. Ich halte es deshalb für n. zul., auch
die. Kosten sind nicht o. k. ebenso wie die bespr. Zeiten u. v. a.
Ich werde Sie bezgl. dieser Dinge evtl. noch mal anrufen, wenn
ich mit dem jur. Experten die Fristen usw. geklärt habe. Bitte
teilen Sie mir v. a. noch das Az. mit.*

U. A. w. g. ASAP

*MfG
H. Huber*

Das ist natürlich ein übertriebenes Beispiel, dennoch: Generell gilt, dass alle Abkürzungen, die buchstäblich ausgespro-
chen werden, wie TÜV oder BGB, wie eigenständige Worte
gehandhabt werden. Das heißt, sie werden auch im Schriftverkehr in der abgekürzten Form und ohne Punkt zwischen
den Buchstaben verwendet.

Ansonsten sollte man nur allgemein übliche und für je-
dermann verständliche Abkürzungen benutzen, wie »z. B.«.
Bei mehr als einem Buchstaben steht in der Textverarbei-
tung immer ein Festabstand (kleiner Zwischenraum) zwischen den einzelnen Elementen. Nicht empfehlenswert sind
Zusammenziehungen mit einem Punkt am Ende, wie »tgl.«
für »täglich«. Als einzige Ausnahmen gelten hier »usw.« oder
»bzw.«.

Ein am Ende eines Schreibens abgekürzter Gruß ist völlig daneben – das vermittelt dem Empfänger überdeutlich, dass die Angelegenheit dem Absender nicht einmal so viel wert ist, dass er sich Zeit für einen richtigen Gruß nimmt.

Auch die Anrede wird immer ausgeschrieben, beispielsweise »Frau«/»Herr« oder »Professor«/»Professorin«; abgekürzt wird nur »Dr.«.

Eine weitere Möglichkeit, etwas verkürzt darzustellen, sind Smileys, auch Emoticons genannt. Sie sind weniger in Briefen, eher in E-Mails oder anderer elektronischer Kommunikation wie in Chatrooms oder SMS zu finden. Emoticons sind aus den Zeichen der Tastatur zusammengesetzt; dreht man den Kopf bei ihrer Betrachtung ein wenig nach links, so erkennt man ein Gesicht, das ein bestimmtes Gefühl zeigt:

;)   freundlich zwinkern
:)   lächeln, gute Laune, Freude
:-(traurig, schade

Ihre Verwendung hat ebenso wie die von Akronymen wie zum Beispiel »ASAP« (»as soon as possible«) in seriöser Geschäftskorrespondenz keinen Platz. Nur wenn Ihr Korrespondenzpartner diese Zeichen ganz sicher versteht, zwischen Ihnen ein lockerer Umgangston herrscht und es sich eher um eine kleine Notiz als um ein offizielles Dokument handelt, können Sie deren Verwendung erwägen.

»Um Rückantwort wird gebeten«

Irrtum:
Schickt man jemandem Post und bittet um Antwort, so ist
die »Bitte um Rückantwort« korrekt.
Richtig ist:
Umständliche Sprache und »Doppelmoppel« haben in
moderner Korrespondenz nichts zu suchen.

Mancher Irrtum entsteht durch den Wunsch, möglichst deutlich und präzise zu formulieren. Anscheinend denken viele,
man müsse sich schriftlich anders ausdrücken als mündlich.
Vermutlich soll so der Eindruck von Seriosität und gutem
Stil erweckt werden. Dadurch entstehen Doppelungen wie
»Alternativmöglichkeit«, »überwiegende Mehrheit«, »getrof-
fene Vereinbarung«, »Rückantwort« usw. Diese Doppelungen
sind Unsinn, denn eine Möglichkeit ist stets eine Alternative
und eine Antwort kommt immer auf etwas zurück. Guter Stil
in Briefen und E-Mails zeichnet sich durch eine zeitgemäße,
klare Sprache aus. Umständliche Formulierungen, Doppelungen und Floskeln sind ebenso fehl am Platz wie überlange
Sätze. Floskeln sind vor allem Sätze und Wörter, die »immer
schon so geschrieben wurden« und daher unreflektiert in die
eigene Korrespondenz übernommen werden. Dazu gehören
Ausdrücke wie »betreffs«, »Bezug nehmend«, »anlässlich«,
»in Beantwortung Ihres Schreibens« usw. Jeder, der sich
Kundenorientierung auf die Fahnen geschrieben hat, tut also
gut daran, zu prüfen, ob nicht nur die Geschäftsabwicklung
und das Verhalten der Mitarbeiter, sondern auch die schrift-
liche Kommunikation im Sinne des Kunden ist: zeitgemäß,
kurz, klar, freundlich und anschaulich.

Treppauf, treppab

Irrtum:

Ein Mann geht nicht hinter einer Dame eine Treppe hinauf.

Richtig ist:

Die Reihenfolge beim Treppensteigen ist von mehreren Faktoren abhängig.

»Ein Mann geht nie hinter einer Frau eine Treppe nach oben«, lassen wohlmeinende Menschen oft verlauten. Gefragt, warum das so sei, kommen oftmals stockende Erklärungsversuche: Er könne ihr dabei unter den Rock sehen, er würde möglicherweise auf ihren Hintern schauen … Eine Reihe von Missverständnissen kommt hier zusammen:

1. Wenn ein Rock so kurz ist, dass man beim Treppensteigen unter ihn sehen kann, dann ist er – zumindest für seriöse Berufe – eindeutig zu kurz.
2. Wer in welcher Situation vorangeht, ist von verschiedenen Faktoren abhängig; das kann man nicht generalisieren.
3. Reihenfolgen beim Treppensteigen haben etwas mit Schutz zu tun. Nur wenn man mehrere Stufen hinter jemandem die Treppe hinaufgeht, hat man Ausblick auf dessen Hintern – dann könnte man der Person bei einem Stolperer von hinten aber auch nicht Schutz und Stütze zu bieten.

Richtig ist, dass es bis vor etwa hundert Jahren nicht zum guten Ton gehörte, hinter einer Dame eine Treppe nach oben zu steigen. Damals waren die Röcke der Frauen nicht nur knöchel-, sondern bodenlang. Beim Treppensteigen musste

ein Rock ein wenig geschürzt werden, der nachfolgende
Herr hätte also einen Blick auf die Knöchel der Dame erha-
schen können. Das wäre höchst ungehörig gewesen. Im
Übergang vom 19. zum 20. Jahrhundert änderte sich nicht
nur die Mode der Frauen – die Röcke waren nur noch
knöchellang –, sondern auch die Moralvorstellungen. Der
Blick auf fremde Knöchel war nicht mehr tabuisiert und
kein Fauxpas mehr. So gilt seit nunmehr rund hundert Jahren die Regel, dass der Herr der Dame den Vortritt auf der
Treppe lässt, um sie gegebenenfalls zu stützen, falls sie stolpern sollte. Dadurch lässt sich jedoch nicht ableiten, dass
Frauen immer vorausgehen, denn Etikette-Regeln unterscheiden zwischen Privatleben, also gesellschaftlichen Spielregeln (dann wird im Allgemeinen der Ausdruck »Dame«
verwendet), und Regeln für das Berufsleben (hier spricht
man von »Frau«), da für die dortigen Umgangsformen nicht
die Frage des Geschlechts, sondern die Hierarchie im be-
trieblichen Ablauf entscheidet.

So gibt es heute folgende Regeln, wenn zwei Personen eine
Treppe hinaufgehen:

- Privat: Die Dame geht voran. Gehen zwei Personen gleichen Geschlechts eine Treppe hinauf, bekommt die Person
  den Vortritt, die deutlich älter ist.
- Beruflich: Der Kunde geht vor dem Mitarbeiter – unabhängig von Alter oder Geschlecht. Der Mitarbeiter lässt
  seinem Vorgesetzten den Vortritt – unabhängig von Geschlecht und Alter.
- Privat und beruflich: Die Gäste haben stets den Vortritt.
  Geht es eine Treppe hinab, so ist die Reihenfolge umgekehrt: Die zu schützende Person (privat die Dame, beruf-

lich der hierarchisch Höherstehende) folgt einem nun, da es so möglich ist, ihr im Zweifelsfall eine stützende Hand zu bieten.

Betrifft: Betreff

Irrtum:

In einem Brief wird die Betreffzeile durch das Wort »Betreff:« gekennzeichnet.

Richtig ist:

Heute fällt dieser Hinweis vor der Betreffzeile weg.

Viele haben es noch so gelernt: Zwischen der Adresse des Empfängers und der Anrede steht die Betreffzeile, angekündigt mit dem Begriff »Betreff:«. Auch heute gehört eine aussagekräftige Betreffzeile zu einem guten Brief. Sie entscheidet darüber, ob er sofort in den Müll wandert oder gelesen wird, und auch darüber, welche Priorität ihm zugeschrieben wird. Doch nicht nur der Geschmack, sondern auch Regeln und Vorschriften ändern sich. So wird schon seit einigen Jahren auf den Begriff »Betreff:« verzichtet, denn es ist jedem klar, was eine Betreffzeile ist. Verwenden Sie ihn dennoch, so signalisieren Sie, dass Sie die neuen Regeln des Schriftverkehrs nicht kennen, und geben sich und Ihrem Unternehmen einen altmodischen Anstrich.

Bei E-Mails ist es einfacher, da nur über den Inhalt des Betreffs und nicht über seine Bezeichnung nachgedacht werden muss. Keinesfalls sollte aber diese kurze Information vernachlässigt werden, da dies nachhaltigere Konsequenzen als bei Briefen haben kann. Schließlich hat der Leser einen Briefbogen bereits in der Hand, wenn er die Betreffzeile liest – selbst wenn sie nichtssagend ist, erhascht er vielleicht mit einem flüchtigen Blick einen Hinweis darauf, dass der Brief wichtig ist. Eine E-Mail ist jedoch schnell gelöscht oder wandert in den Spam-Ordner, ohne dass sie jemals geöffnet und gelesen wurde – auch, weil die Betreffzeile nicht aussagekräftig genug war.

Die meisten Berufstätigen bekommen heute mehr E-Mails als Briefe, und viele klagen, dass sie wegen der sehr allgemein oder unklar formulierten Betreffzeilen oft große Mühe haben, eine bestimmte E-Mail nach einiger Zeit wiederzufinden, denn das Postfach weise Dutzende von E-Mails auf mit Betreffs wie »Nachfrage«, »Terminklärung«, »Letzte Fragen« usw. Eine Umfrage des Meinungsforschungsinstitutes emnid zeigt überdies, dass viele Menschen sich an den unklaren Betreff-Formulierungen der E-Mails stören.

Der frühe Gast

Irrtum:
Zu einem Vorstellungsgespräch sollte man möglichst früh erscheinen.
Richtig ist:
Mehr als 15 Minuten zu früh ist störend.

Vor lauter Sorge, zu spät zum Vorstellungsgespräch zu kommen und damit einen schlechten ersten Eindruck zu hinterlassen, rutschen manche Bewerber ins andere Extrem: Sie kommen rund eine halbe Stunde zu früh. Das aber macht alles andere als einen guten ersten Eindruck. Hier könnte der Eindruck entstehen, Sie planten schlecht und verschwendeten schon mal Zeit oder seien über die Maßen ner-

vös und ängstlich. Zudem kann es sein, dass Sie einfach
stören. Gerade in kleineren Unternehmen gibt es oft keine
Gelegenheit, die Gäste warten zu lassen. Da kann es schon
passieren, dass Sie im Raum einer Sekretärin platziert werden, da Ihr Ansprechpartner noch mit einem anderen Bewerber oder einer anderen wichtigen Angelegenheit beschäftigt ist. Für Sie mag es sogar interessant sein, was Sie auf
diese Weise mitbekommen – ob es aber dem Unternehmen
angenehm ist, ist eine andere Frage.

Wenn Sie zu früh eintreffen, dann nutzen Sie lieber die
Gelegenheit, das Äußere des Gebäudes und das Gelände in
aller Ruhe zu betrachten: Was fällt Ihnen auf? Könnten sich
daraus Fragen für das Gespräch ergeben, vielleicht für den
Einstieg und ein wenig Small Talk?

Generell sollten Sie so planen, dass Sie nicht mehr als
15 Minuten vor der Zeit am verabredeten Ort sind. Haben
Sie einen Termin bei einem großen Unternehmen oder
einem Konzern, können Sie davon ausgehen, an der Pforte
eine etwas längere Anmeldeprozedur über sich ergehen lassen zu müssen, um einen Besucherausweis zu erhalten. Das
verlangt ein wenig Zeit, wird in der Regel aber in einem vor-
hergehenden Telefonat zur Terminvereinbarung erwähnt.

Mal so ganz privat

Irrtum:

*Eine Einladung ins Haus des Vorgesetzten gilt als
Privateinladung.*

Richtig ist:

Einladungen im beruflichen Kontext sind nie rein privat.

Veranstaltungen, die außerhalb der normalen Arbeitszeiten stattfinden, können häufig für Missverständnisse sorgen. Die Gründe, warum ein Vorgesetzter Sie zu sich nach Hause einlädt, können vielfältig sein. Möglicherweise will er sich einfach ein genaueres Bild von Ihnen machen, oder er möchte sehen, wie Sie sich außerhalb Ihrer sonstigen Tätigkeit verhalten und was Sie privat für ein Mensch sind. Vielleicht hat er bestimmte Aufgaben und Positionen im Auge, die in den nächsten Monaten verteilt werden sollen, und möchte sehen, ob Sie dafür in Frage kommen. Gerade Aufgaben, bei denen Sie künftig deutlich mehr und auch mit ganz anderen Menschen zu tun haben, lassen Ihren Chef unter Umständen kritisch überlegen, ob Sie dafür geeignet sind. Es kann auch sein, dass er Ihre Parkettsicherheit prüfen will: Beherrschen Sie Small Talk? Gelingt es Ihnen, auch die Frau des Chefs ins Gespräch einzubeziehen, oder können Sie nur über Fachliches reden? Sind Ihre Tischmanieren gut genug? Wie verhalten Sie sich generell in einem fremden Haus? Haben Sie daran gedacht, eine kleine Aufmerksamkeit mitzubringen? Und auch die Kinder nicht vergessen?

Freilich: Vielleicht findet Ihr Vorgesetzter Sie auch einfach nur nett und interessant. Oder er will nur hören, wie Sie Ihre Nepalreise organisiert haben, da er auch dergleichen plant.

Was auch immer der Grund ist: Ganz privat, so wie bei Ihren Freunden, ist so eine Einladung nie. Schließlich treffen Sie sich am nächsten Tag und für voraussichtlich lange Zeit täglich wieder, müssen gemeinsam arbeiten, Konflikte lösen und sind aufeinander angewiesen. Da ist es klug, zu überlegen, was Sie für ein Bild von sich abgeben. Was erzählen Sie von sich? Wie sind Sie sozial eingebettet? Haben Sie Freunde? Sind Sie mit Ihren Eltern, den Nachbarn, dem Vermieter und Ihrem Exmann zerstritten? Was kann man daraus folgern?

Wenn es Alkohol zum Essen gibt, so trinken Sie ein wenig mit, wenn Sie mögen. Denken Sie aber daran, wie viel Verantwortungsbewusstsein Sie zeigen, wenn Sie nach einem durchzechten Abend noch ins Auto steigen. Trinken Sie nur so viel, dass Sie sich selbst unter Kontrolle haben und nicht ungewollt vertrauensselig oder zu ungehemmt werden.

Ist auch Ihr Partner oder Ihre Partnerin eingeladen, sollten Sie vorher klären, was der Grund für die Einladung sein könnte, was Sie sich von dem Abend erwarten, welche Chancen und Risiken er bietet und was Sie sich von Ihrem Partner/Ihrer Partnerin wünschen. Weisen Sie gegebenenfalls auch darauf hin, welche Themen unbedingt vermieden werden sollten.

»Sie sprechen mit Frau Meier«

Irrtum:

Am besten meldet man sich am Telefon mit folgenden Worten: »Guten Tag, XY AG, Abteilung Rechnungswesen, Apparat Himmelhuber, Sie sprechen mit Frau Meier, was kann ich für Sie tun?«

Richtig ist:

Was Sie tun können, kann der Anrufer nicht beurteilen; zudem meldet man sich nicht mit »Frau Meier« oder »Herr Müller«

Es ist schade, dass viele Unternehmen darauf verzichten, auch am Telefon für einen positiven ersten Eindruck zu sorgen. Geld und Mühe für Imagekampagnen sind umsonst, wenn potentielle Kunden am Telefon das Gefühl bekommen, sie hätten es mit einem biederen, hinterwäldlerischen Verein zu tun oder die Mitarbeiter seien komplett überlastet. Dann doch lieber zur Konkurrenz ...

Der erste Irrtum: »Was kann ich für Sie tun?« Nun, die Frage, was Sie für einen Anrufer tatsächlich tun können, vermögen nur Sie selbst zu beantworten, nicht der Anrufer. Die Frage ist also unsinnig. Wenn überhaupt, dann sollte sie lauten: »Was darf ich für Sie tun?«

Der zweite Irrtum: Sich am Telefon mit möglichst vielen Informationen zu melden ist gut gemeint, dennoch ist es für einen Anrufer unmöglich, alles so schnell zu verarbeiten. Die wichtigsten Informationen reichen in den meisten Fällen: Der Name des Unternehmens, der Name der Person, mit der der Anrufer spricht, sowie eine Grußformel. Werden viele Informationen unzählige Male am Tag über Monate oder Jahre aufgesagt, werden sie meist ohnehin nur mehr genuschelt, und das hilft dem Anrufer dann auch nicht weiter.

Der dritte Irrtum: »Sie sprechen mit Frau Meier«: So wird *über* Sie gesprochen, und so werden Sie angesprochen. Sich selbst aber nennt man nicht so. Melden Sie sich am Telefon so, wie Sie sich auch sonst vorstellen: mit Ihrem Vornamen und Ihrem Nachnamen.

»Nein, danke«

Irrtum:

Angebotene Getränke braucht man nicht anzunehmen.

Richtig ist:

Ein Gespräch mit einem »Nein« zu beginnen ist ungeschickt.

Natürlich muss niemand etwas trinken, wenn er nicht möchte. Ein Getränk aber annehmen sollte jeder, der zu einem Vorstellungsgespräch, einer Produktpräsentation oder generell zu einem ersten Kennenlernen in ein Unternehmen eingeladen wurde. Der Gastgeber verhält sich freundlich, er möchte, dass es Ihnen gutgeht, und kümmert sich um Ihr Wohlbefinden. Nach der Begrüßung, der Aufforderung, Platz zu nehmen, und vielleicht noch nach der Frage, wie die Anreise gewesen sei, wird Ihnen zumeist ein Getränk angeboten. Dieses Angebot abzulehnen ist ungünstig. Eine Reihe von Untersuchungen zu menschlicher Kommunikation hat ergeben, dass ein Gespräch, das mit einem »Nein« beginnt, schwieriger in eine positive Richtung zu lenken ist als eines, in dem die erste Frage bejaht wird. Wird Ihnen also etwas zu trinken angeboten, so antworten Sie immer »Ja, gerne«, auch wenn Sie keinen Durst haben. Es wird ja nicht verlangt, dass Sie einen ganzen Liter schlucken. Hüten Sie sich jedoch davor, Sonderwünsche zu äußern. Die meisten Firmen haben Mineralwasser und Kaffee bereitstehen, manchmal auch Säfte, seltener Tee. Wenn Sie kein Kaffeetrinker sind und gefragt werden: »Darf ich Ihnen etwas zu trinken anbieten? Kaffee? Oder vielleicht lieber ein Wasser?«, so nehmen Sie das Wasser. Nach Tee zu fragen, auch wenn es für Sie ein normales und alltägliches Getränk ist, ist keine gute Idee. Sonst müsste Ihr Gastgeber eventuell »Nein« sagen: »Oh, tut mir leid, wir haben nur Kaffee.« Oder er muss noch Tee für Sie organisieren. Sie sind aus geschäftlichen Gründen gekommen, nicht um einen gemütlichen Nachmittag mit Ihren Lieblingsgetränken zu verbringen. Machen Sie es den anderen also leicht – dann werden Sie auch den Eindruck erwecken, unkompliziert zu sein.

Wenn Sie gefragt werden, ob Sie ein Glas Sekt oder Bier mittrinken wollen, so sollten Sie zumindest als Bewerber unbedingt und immer ablehnen. Verkneifen Sie sich jegliche Bemerkung wie »Das ist mir noch zu früh am Tag« oder Ähnliches. Hier ist es angebracht, freundlich zu lächeln und zu antworten: »Nein, danke, für mich bitte nicht.«

Der Kunde kommt immer zuerst

Irrtum:
Der Kunde ist König, deshalb hat er immer den Vortritt.
Richtig ist:
Einem Kunden lässt man nur dann den Vortritt,
wenn man ihm damit etwas Gutes tut.

Falsch verstandene Höflichkeit sorgt nicht nur im Berufsleben für Irritationen. Sicher, der Kunde ist König. Ihm gebührt der Vorrang. In dem Augenblick, in dem Sie ihn in Ihrem Unternehmen empfangen, sind Sie jedoch nicht nur Dienstleister oder Verkäufer, Sie sind auch Gastgeber. Gastgeber gehen in den eigenen Räumen voran. Schließlich kennt der andere den Weg nicht, und es ist für niemanden sehr angenehm, durch fremde Gänge zu laufen und von hinten Anweisungen wie »links« oder »rechts« zu hören. Ein guter Gastgeber kommentiert kurz, dass er vorangeht: »Ich gehe mal voraus, Frau Schulze – die Wege bei uns sind ziemlich verwinkelt, und wir haben noch ein Stück Weg vor uns.« Haben Sie den Besprechungsraum erreicht, öffnen Sie die Tür und lassen Sie Ihrem Kunden wieder den Vortritt.

Anders ist es, wenn Sie Ihren Kunden bei einer Messe oder

einem Symposium treffen. Hier sind Sie nicht der Gastgeber (und damit auch nicht der Wegweisende). Gehen Sie hier gemeinsam ein Stück, bekommt selbstverständlich der Kunde den Vortritt.

Wer ist hier der König?

Irrtum:

Möchte man einen Kunden und einen Vorgesetzten miteinander bekannt machen, wird der Kunde dem Chef vorgestellt.

Richtig ist:

Der Kunde ist König und somit gegenüber dem Chef bevorzugt zu behandeln. Also wird der Chef zuerst dem Kunden vorgestellt.

Den Kunden zuerst dem Chef vorzustellen ist eine Verfehlung, die zwar den Vorgesetzten ehrt, der Bedeutung des Kunden aber nicht gerecht wird. Schließlich sorgt der Kunde mit seinen Aufträgen für das Wohl des gesamten Unternehmens. Aus diesem Grund nimmt er auch gegenüber Ihrem Chef oder dem Firmeninhaber eine bevorzugte Stellung ein. Da die Regel lautet: »Wer in der Hierarchie höher steht, erfährt zuerst, wer der andere ist«, wird zuerst Ihr Vorgesetzter dem Kunden vorgestellt. Erst dann erfährt der Chef, mit wem er es zu tun hat. Vorstellbar ist zum Beispiel, dass Sie zusammen mit Ihrem Kunden Peter Schulze auf dem Weg zum Besprechungsraum zufällig Ihrem Abteilungsleiter, Franz Mann, begegnen. Sie wenden sich mit folgenden Worten dem Kunden zu: »Jetzt lernen Sie gleich einmal unseren Abteilungsleiter Franz Mann kennen. Bei

der letzten Präsentation haben Sie sich ja leider gerade verpasst.« Dann bauen Sie Blickkontakt zu Ihrem Chef auf und
sagen: »Herr Mann, das ist Peter Schulze. Wir wollen uns
gerade die Modelle der neuen beta-Serie anschauen.« So
haben Sie die beiden nicht nur in der richtigen Reihenfolge
vorgestellt, sondern auch gleich die wichtigste Information
mitgeliefert: wer der andere ist, wo die beiden sich schon
hätten treffen können und was Sie nun vorhaben – damit
bieten Sie Anknüpfungspunkte für den Austausch einiger
Worte.

Auch im beruflichen Kontext ist es übrigens zeitgemäß
und höflicher, neben dem Nach- auch den Vornamen zu
nennen. Das klingt freundlicher, und Untersuchungen haben ergeben, dass so der Nachname nicht nur besser verstanden, sondern auch eher abgespeichert wird.

Damen dürfen sitzen bleiben

Irrtum:

*Bei einer Begrüßung mit Handschlag bleiben Frauen
sitzen.*

Richtig ist:

*Im Geschäftsleben stehen Frauen zur Begrüßung immer
auf, im Privatleben können sie auch sitzen bleiben.*

Wenn Regeln sich ändern, dann dauert es oft sehr lange, bis
diese Änderung zu allen Menschen durchgedrungen ist. Oft
kommen nur Bruchstücke an, und die Verwirrung ist groß.
Dies ist der Fall bei der Frage, wann man bei einer Begrüßung mit Händedruck aufsteht. Früher hieß es ganz klar:

Herren stehen auf, Damen bleiben sitzen. Auch heute noch stehen Männer immer und in jedem Fall auf. Was früher für Damen galt, ist hingegen nicht mehr uneingeschränkt gültig, da sich die gesellschaftlichen Umstände geändert haben. Es gibt heutzutage keinen Grund mehr, warum sich eine Ingenieurin, Bankerin, Ärztin, Verwaltungsbeamtin oder Angestellte anders gegenüber ihren Vorgesetzten, Kunden oder Patienten verhalten sollte als ihre männlichen Kollegen. Das bedeutet: Im Beruf stehen Damen und Herren stets auf, um jemandem die Hand reichen.

Im Privatleben ist es, zumindest heute noch, ein wenig anders. Die meisten jüngeren Frauen stehen auch hier auf, einfach weil sie es merkwürdig und unlogisch finden, sitzen zu bleiben, während die Männer sich erheben. Sicherlich ist es auch den Damen zu empfehlen, aufzustehen, aber da es keine feste Regel mehr gibt, handelt es sich auch nicht um eine Unhöflichkeit, wenn Sie es unterlassen. Sehr viele Frauen sind seit Jahrzehnten gewohnt, zumindest im Privatleben, bei einer Begrüßung sitzen bleiben zu dürfen. Solange es noch so gelebt wird, ist es in Ordnung.

IV

Tatort Restaurant

Testen Sie Ihr Wissen: Richtig oder falsch?

	richtig	falsch
Kartoffeln schneidet man nicht.		
Eine Gräte holt man vorsichtig mit den Fingern hinter vorgehaltener Hand aus dem Mund.		
Wenn mir etwas im Restaurant nicht schmeckt, habe ich trotzdem kein Recht, es zu reklamieren.		
Auch wenn eine Suppentasse zwei Henkel hat, darf man nicht aus ihr trinken.		
Ist eine Speise zu heiß, pustet man nicht, um sie zu kühlen.		
Suppenteller und -tassen dürfen gekippt werden, um sie vollständig zu leeren.		
Den Milchschaum von Cappuccino löffelt man nicht.		
Heute kann man jemandem auch mit Wasser zuprosten oder sogar mit ihm anstoßen.		
Die Art und Weise, wie ich nach dem Essen mein Besteck ablege, sagt dem Service, ob es mir geschmeckt hat.		
Eine Schale zum Reinigen der Finger nennt sich »Fingerbowle«.		
»Prost« passt nicht an die gehobene Tafel.		
Ein Zahnstocher wird niemals am Tisch benutzt.		
Am Tisch kann man sich die Lippen nachziehen, wenn man das ohne Spiegel schafft.		
Papierservietten legt man nach dem Essen auf den Teller.		
Es wirkt gierig, seinen Teller leer zu essen, deshalb lässt man einen Anstandsrest übrig.		
Sauce wird in Deutschland niemals mit Brot aufgetunkt.		
Es ist unhöflich, den Tischgenossen auf einen Krümel am Mundwinkel aufmerksam zu machen.		
Man dekantiert nur sehr edle Rotweine.		
Nach dem Essen trinkt man Kaffee, Cappuccino, Espresso oder Latte macchiato .		
Alles, was fliegt, darf man mit den Fingern essen.		

	richtig	falsch
Die Regel »Weißer Wein zu weißem Fleisch und Fisch, roter Wein zu rotem Fleisch« muss nicht unbedingt eingehalten werden.		
Zu Beginn eines Essens wünscht man seinen Tischgenossen »Guten Appetit!«.		
Lässt man in einem Restaurant Besteck oder Serviette fallen, hebt man sie nicht selbst wieder auf.		
Der Herr betritt immer vor einer Dame das Restaurant.		
Es ist falsch und nicht hilfreich, sein Geschirr an die Servicemitarbeiter zu reichen.		
Eier köpft man nicht.		
Für Linkshänder deckt man den Tisch anders herum ein.		
Nicht jeder Fisch wird mit Fischbesteck gegessen.		
Nach dem Essen wird eine Stoffserviette nur lose zusammengelegt.		
Vornehme Menschen legen die Gabel nach dem Essen so auf dem Teller ab, dass die Zinken nach unten zeigen.		
Es wirkt kultiviert, eine Gabel mit den Zinken nach unten zum Mund zu führen.		
Gibt es bei einem mehrgängigen Menü Käse, so kommt er immer zum Schluss.		
Bei einem gemeinsamen Essen sollte nicht jeder nur seinem Esstempo nachgehen, sondern sich an den anderen orientieren.		
Die Dekoration auf dem Teller isst man grundsätzlich nicht mit.		
»Fingerfood« und »Fingergerichte« sind dasselbe.		
Von einer Brotscheibe, die als Beilage gereicht wird, beißt man nicht ab.		
Testet man einen Wein im Restaurant, so verhält man sich anders, als wenn man einen Wein im Laden probiert.		
Sobald allen Gästen am Tisch der Wein eingeschenkt wurde, dürfen sie ihn trinken.		
Beim Bezahlen ist es eleganter, den Betrag zu nennen, den man zurückhaben möchte, als den Gesamtbetrag inklusive Trinkgeld.		

Essen ist mehr als reine Nahrungsaufnahme, es ist eng ins soziale Leben eingebettet. »Hauptsache, man isst nicht unappetitlich«, könnte man einen grundlegenden Irrtum hinsichtlich der Tischmanieren auf den Punkt bringen. Gemeinsames Essen, beruflich oder privat, zu Hause oder im Restaurant, ist jedoch mehr. Es birgt kommunikative und soziale Aspekte: Essen drückt Beziehungen, Macht, Respekt, Liebe, Gemeinschaft aus. Nicht nur was, sondern auch wo und wie wir essen und bei welchen Gelegenheiten, wer kocht oder serviert und wer teilnimmt: All das vermittelt ein bestimmtes Bild von uns.

Tischmanieren und die Kenntnis der Spielregeln zum Thema Essen, Wein und Restaurant drücken somit eine Menge aus: Sie

- erlauben Rückschlüsse auf Ihre Erziehung und Sozialisation,
- zeigen Gästen und Gastgeber, ob und wie sehr Sie diese respektieren,
- demonstrieren Ihre Weltgewandtheit oder mangelnde Erfahrung und
- ermöglichen es, private und berufliche Essenstermine leichter zu steuern.

Des Deutschen Leibspeise: die Kartoffel

Irrtum:

Kartoffeln schneidet man nicht.

Richtig ist:

Kartoffeln darf man heute durchaus mit dem Messer zerteilen.

Die meisten Menschen glauben, dass man Kartoffeln nicht schneiden darf. Das zeigt jedoch nur, wie hartnäckig sich bestimmte Etikette-Regeln halten, obwohl sie schon lange veraltet sind. Früher gab es das Verbot, Kartoffeln zu schneiden, und zwar mit gutem Grund. Die Schneiden der Messer waren früher nicht legiert und verfärbten sich beim Kontakt mit Stärke unschön, was nur mühselig wieder zu entfernen war. Da Kartoffeln sehr stärkehaltig sind, sollten die Messer möglichst nicht mit ihnen in Berührung kommen. Seit 1907 gibt es jedoch Messerschneiden, denen die Stärke nichts anhaben kann, wenn es auch einige Zeit dauerte, bis sie sich in den Haushalten durchgesetzt hatten. Und bis sich herumgesprochen hat, dass damit die alte Vorschrift keinen Sinn mehr hat, wird wohl noch mehr Zeit vergehen. So geistert nach wie vor die Idee herum, man dürfe Kartoffeln nicht schneiden. Zudem werden Kartoffeln heute anders zubereitet als vor zwanzig Jahren: Gab es früher hauptsächlich Bratkartoffeln, Salzkartoffeln oder Kartoffelbrei, so werden sie heute oft als Hälften mit der Schale in den Ofen geschoben und dort ge- oder überbacken. So eine – oftmals sehr feste – Kartoffel nur mit der Gabel essen zu wollen kann sehr schwierig werden und ist ohne Messer manchmal gar nicht möglich.

Generell gilt die Regel, dass ein kultivierter Esser das Messer so wenig wie möglich zum Schneiden einsetzen sollte. Das bedeutet, dass Sie das Messer zum Schneiden benutzen können, wenn es notwendig ist, ansonsten sollten Sie die Gabel verwenden. Falsch war und ist es, Kartoffeln mit der Gabel zu zerquetschen. Das dürfen Sie nur, wenn Sie Schwierigkeiten mit dem Kauen haben oder einem Kind das Essen zubereiten.

Grausige Gräten

Irrtum:
Eine in den Mund geratene Fischgräte holt man
vorsichtig hinter vorgehaltener Hand wieder heraus.
Richtig ist:
Die Fischgräte wird mit den Lippen auf der Gabel
abgelegt und damit am Tellerrand oder auf dem
Grätenteller platziert.

Viele Menschen, die gerne Fisch essen, verzichten bei beruflichen Mahlzeiten auf diesen Genuss. Sie fürchten nicht nur,
beim Zerteilen des Fisches eine schlechte Figur zu machen,
sondern auch, Gräten in den Mund zu bekommen, da es
ihnen unangenehm ist, eine Hand vor den Mund zu halten,
um mit der anderen die Gräte herauszupulen – zumal so
der Fischgeruch auf die Hand übergehen kann. Und in der
Tat: Weder für den Betroffenen noch für die anderen Gäste
der Runde ist so eine Aktion appetitlich.

Es gibt bei Tisch eine einfache Grundregel für alles, was
unerwünscht im Mund landet: Wie hinein so hinaus. Da
Fisch üblicherweise mit der Fischgabel gegessen wird,
muss die Gräte auch über diese wieder hinausbefördert
werden.

Haben Sie also eine Fischgräte im Mund, so befördern Sie
diese auf dezente Art und Weise mit der Zunge Richtung
Lippe, von dort auf die Gabel und dann damit entweder an
den Tellerrand, oder, falls vorhanden, auf den Grätenteller.
Wenn Sie das noch nie zuvor gemacht haben, werden Sie
feststellen, dass das gar nicht so einfach ist. Ein Gesicht, das
sich bei Tisch zu einer Grimasse verzieht, um eine Gräte auf

eine Gabel zu befördern, wirkt natürlich auch nicht elegant. Es ist aber mit etwas Übung möglich, es ganz diskret zu handhaben. Wenn Sie es zu Hause ebenso konsequent machen wie in Gesellschaft, dann werden Sie nach wenigen Malen den richtigen »Dreh« heraushaben und in Zukunft keine Sorgen mehr beim Fischessen haben.

Der Himbeertraum – ein Alptraum?

Irrtum:
Wenn es mir im Restaurant nicht schmeckt, dann habe ich das Recht, zu reklamieren.
Richtig ist:
Nur eine Speise, die Mängel aufweist, da sie zum Beispiel versalzen, verkocht, zu kalt oder zu roh ist, kann reklamiert werden.

Moderne Speisekarten lesen sich manchmal wie ein Gedicht. Poetische Beschreibungen, geheimnisvolle Begriffe und verlockende Namen verführen den hungrigen Leser dazu, sich in das Abenteuer zu stürzen und Gerichte zu bestellen, die seine Fantasie anregen – ohne genau zu wissen, worum es sich eigentlich dabei handelt.

»Himbeertraum mit vier Variationen in Weiß am Zweierlei der Valrhona-Spezialität des Monats« ist keine sehr griffige Formulierung. Sie lädt dazu ein, dass sich jeder sein eigenes Traumdessert vorstellt. Wird es dann serviert, ist mitunter die Enttäuschung groß. Dass die »Variationen in Weiß« aus Baiser, Eis, Schlagsahne und Panna Cotta bestehen, mag manch ein Dessertfreund zu chaotisch finden, und dass der Himbeertraum eine Art Rote Grütze ist, geradezu beleidigend banal. Dabei wäre es so einfach gewesen. Niemand sollte sich auf nebulöse Formulierungen verlassen, wenn die Abenteuerlust beim Essen gedämpft ist. Restaurants, die derartige Namen für ihre Kreationen verwenden, haben meist sehr gut ausgebildete Servicekräfte, die darüber informiert sind, was die Küche zu bieten hat. Normalerweise freuen sie sich über Fragen interessierter Gäste und erklären die Gerichte genau.

Anders ist es, wenn Sie explizit ein »Überraschungsmenü« bestellt haben. Hier können Sie nur vorher sagen, was Sie auf keinen Fall essen möchten oder dürfen. Enttäuscht Sie das bestellte Gericht, dann haben Sie schlichtweg Pech gehabt.

Natürlich dürfen Sie mitteilen, wenn Ihnen etwas nicht schmeckt, schließlich ist das Feedback der Gäste für den gesamten Betrieb wichtig. Es kann auch passieren, dass das Restaurant aus Kulanz das Gericht zurücknimmt und Ihnen etwas anderes anbietet oder, falls Sie keinen Ersatz möchten, die Speise nicht auf die Rechnung setzt. Dies sind aber freiwillige Gesten des Hauses.

Reklamieren, also eine Speise beanstanden und um Ersatz, Rücknahme oder Kompensation bitten, können Sie nur dann, wenn sie nicht oder kaum genießbar ist. Solche Mängel können zum Beispiel sein, wenn das Essen versalzen, verkocht, halb gar, kalt oder verdorben ist, wenn sich unappetitliche Dinge in der Speise befinden, das Gericht nicht so zubereitet ist wie bestellt oder wenn die Beilagen nicht den Angaben auf der Speisekarte entsprechen.

Es handelt sich also um Qualitätsmängel, die meist objektiv beurteilt werden können. Geschmack hingegen ist subjektiv. Nur weil es Ihnen nicht schmeckt, ist das Essen noch

lange nicht mangelhaft und kann deshalb auch nicht reklamiert werden.

Meine Suppe trink ich nicht

Irrtum:
*Aus einer Suppentasse mit zwei Henkeln darf man die
Suppe trinken.*
Richtig ist:
*Suppe ist eine Speise, kein Getränk. Sie wird deshalb mit
dem Löffel gegessen und nicht getrunken.*

Auffällig ist, dass selbst an einer sehr kultivierten Tafel der
eine oder andere Gast seine Tasse an den Henkeln nimmt,
um den letzten Suppenrest auszutrinken. Peinlich berührt
blicken dann einige der Tischnachbarn schnell weg.

Dabei ist die Regel eindeutig: Eine Suppe wird ausgelöf-
felt, und zwar bis zum Rest. Möchten Sie Ihre Suppentasse
bis zum letzten Tropfen leeren, so dürfen Sie diese leicht kippen – idealerweise mit der linken Hand leicht nach schräg
rechts –, während Sie mit dem Löffel weiteressen. Völlig
daneben ist es, den Rest der Suppe in den Löffel zu gießen.
Auch einen Suppenteller dürfen Sie für die letzten Löffel
leicht anheben.

Es gibt zugegebenermaßen Ausnahmesituationen, in denen eine Suppe getrunken werden darf, beispielsweise eine in
einer Minitasse gereichte klare Bouillon als Zwischengang bei
einem sehr festlichen Dinner. Diese Tassen sind nur so groß
wie Espressotassen. Normalerweise bekommt man keinen
klassischen Suppenlöffel dazu, sondern einen in der Größe
eines Kaffeelöffels. Mit diesem ist es nicht möglich, mehr als

zwei Drittel der Suppe auszulöffeln. In diesem Fall dürfen Sie daher tatsächlich Ihre Tasse zum Mund heben und den Rest austrinken. Sonst aber gilt immer die Regel, dass man das zum Gericht gehörende Besteck benutzt, nichts anderes.

So eine Hitze!

Irrtum:
Wenn eine Suppe zu heiß ist, darf man vorsichtig auf den Löffel pusten.
Richtig ist:
Pusten auf Speisen ist generell tabu.

Viele Menschen glauben, eine Suppe, die zu heiß ist, um sofort gegessen zu werden, könne nur durch Pusten gekühlt werden. Einer Mehrheit kommt offenbar gar nicht in den Sinn, dass dies einen Tischfehler darstellt. Denn, so der Einwand, was solle man denn sonst machen? Man könne sich doch schließlich nicht den Mund verbrennen, nur weil Pusten tabu sei!

Natürlich verlangt niemand, dass Sie sich selbst schaden, nur um einer Etikette-Regel Genüge zu tun. Das kann nicht der Sinn von gutem Benehmen sein, auch wenn dieses oft kleine Opfer erfordert.

Die Lösung ist sehr einfach: Wenn eine Speise zu heiß ist, um gefahrlos genossen zu werden, dann muss man eben ein wenig warten. Es ist dabei gleichgültig, ob es sich um ein flüssiges oder festes Gericht handelt. Würde man nämlich pusten, könnte es bei aller Vorsicht doch passieren, dass Spritzer auf dem Tischtuch oder gar beim Nachbarn landen. Legen Sie einfach Ihren Suppenlöffel auf den Unterteller und plaudern Sie ein wenig mit dem Tischgenossen, dem es vermutlich genauso geht. Ständiges Umrühren, um die Suppe zum Abkühlen zu bringen, zeugt von Ungeduld und Gier – nicht gerade das, was Sie anderen vermitteln möchten. Also warten Sie einfach ein wenig. Eine heiße Suppe gehört zu den Problemen, die sich von selbst erledigen.

In Restaurants der gehobenen Kategorie wird Ihnen übrigens nie eine viel zu heiße Suppe serviert werden. Es gehört zum Stolz der Küche, die Speisen optimal temperiert auf den Tisch zu bringen. Ein Gast, der das nicht gewohnt ist, hat deshalb möglicherweise sogar das Gefühl, die Suppe sei zu kalt, und gibt sich die Blöße einer Reklamation.

Bis zum letzten Tropfen

Irrtum:

Suppentasse und Suppenteller darf man nicht kippen.

Richtig ist:

Wenn es sich um den letzten Löffel der Suppe handelt, dürfen Teller oder Tasse ein wenig geneigt werden.

Blickt man bei einer großen Tafel in die Runde, kann man feststellen, dass viele einen Rest der Suppe übrig lassen, obwohl sie ihnen geschmeckt hat. Sie verzichten auf etwas, das sie eigentlich gerne essen möchten; zudem wandern gute Lebensmittel nicht in den Magen, sondern in den Ausguss.

Richtig ist, dass es früher als unfein galt, Suppentassen oder -teller zu neigen, um an die letzten Tropfen zu gelangen. Es galt als gierig und maßlos. Lange schon haben jedoch Lebensmittel wieder einen sehr hohen Stellenwert in

der Gesellschaft, und es ist nicht mehr üblich, etwas wegzuwerfen, nur um den eigenen Status zu heben. Deshalb
können Sie Teller oder Tasse kippen und die Suppe komplett auslöffeln.

Wenn Sie Rechtshänder sind, sollten Sie dazu mit der
linken Hand das Geschirr leicht schräg von sich weg neigen,
so dass der tiefste Punkt rechts Richtung Tischmitte liegt.
Dann können Sie bequem mit der rechten Hand noch einen
oder zwei Löffel Suppe essen. Linkshänder machen es genau
anders herum.

Man sollte sich aber nicht dazu verführen lassen, den Teller oder die Tasse extrem weit zu neigen oder mit dem Besteck laut über das Geschirr zu kratzen. Ebenso wenig
gehört es zum guten Stil, Suppentassen oder -teller anzuhe-
ben, um den Rest auf den Löffel zu gießen.

Schaumschläger

Irrtum:

*Man darf den Schaum von Cappuccino oder Latte
macchiato löffeln.*

Richtig ist:

*Cappuccino und Latte macchiato sind Getränke, daher
sollte man sie nur trinkend genießen.*

Sicher kennen einige die Regel, dass man den Kaffee- oder
Teelöffel nach dem Umrühren nicht ablecken, sondern so,
wie er ist, auf der Untertasse ablegen sollte. Gleichzeitig
löffeln sie voller Genuss den Milchschaum von ihrem
Cappuccino oder Latte macchiato, ohne auf die Idee zu
kommen, dass sie dabei genau die Regel verletzen, für

deren Befolgung sie mit dem Verbot des Löffelableckens plädieren.

Die Regel lautet: Kaffee – in welcher Form auch immer (Ausnahme: Eiskaffee) – ist ein Getränk, keine Speise. Getränke werden getrunken und nicht gegessen.

Damit ist geklärt, dass der Schaum nicht gelöffelt wird – weder der, der auf dem Kaffee schwimmt, noch der Restschaum, der sich gegebenenfalls in der ansonsten geleerten Tasse befindet. Die begeisterten Anhänger der italienischen Kaffeespezialitäten wird das vielleicht empören, da sie sich um den hauptsächlichen Genuss des Getränks gebracht sehen. Aber ein Teil des Schaums wird ja durchaus mitgetrunken. Und ein Rest bleibt dann eben übrig.

Manche stören sich daran, dass nach dem Umrühren noch ein wenig Kaffee oder Milchschaum am Löffel klebt. Aber dafür haben Tassen schließlich eine Untertasse. Wird der Löffel darauf abgelegt, so ist es auch nichts anderes, als wenn an einem Messer noch ein wenig Bratensaft ist. Es sind natürliche Spuren des Essens und Trinkens.

Rebensaft und Gänsewein

Irrtum:
Mit Wasser darf man weder anderen zuprosten noch mit ihnen anstoßen.
Richtig ist:
Eine Person, die keinen Alkohol trinkt, schließt man nicht aus einer Runde aus.

Die Regel »Mit Wasser stößt man weder an, noch prostet man sich damit zu« wird oft falsch verstanden. Sie gilt nur dann, wenn alle Anwesenden alkoholfreie Getränke in den Gläsern haben. Das war schon immer so, und daran hat sich bis heute nichts geändert. Früher wurde diese Regel dahingehend interpretiert, dass eine Person, die keinen Alkohol trank, ihr Glas auf dem Tisch lassen sollte, wenn die anderen sich zuprosteten oder anstießen. Es ist jedoch keine sehr schöne Sitte, jemanden gerade aus einem Ritual auszuschließen, das ein Gemeinschaftsgefühl schaffen soll. Waren früher nur vereinzelt Personen davon betroffen, so sind heute bei fast jedem Essen Menschen dabei, die keinen Alkohol trinken. Die Gründe dafür sind unterschiedlich:

- Die Gesetze und die Promille-Regelungen für Alkohol am Steuer sind in den letzten zwanzig Jahren zunehmend strenger geworden.
- Viele Menschen müssen aus beruflichen Gründen ständig abends essen gehen und verzichten aus taktischen Gründen auf Alkohol.
- Man lebt heute gesundheitsbewusster als noch vor zwei oder drei Jahrzehnten, viele schränken deshalb ihren Alkoholkonsum ein.
- Immer mehr Menschen achten auf ihre Figur und reduzieren durch den Verzicht auf Alkohol Kalorien.
- In Berufen mit internationalen Kontakten und in einer pluralistischen Gesellschaft mit verschiedenen Kulturen und Religionen gibt es genügend Menschen, die aus religiösen Gründen keinen Alkohol trinken.

Deshalb ist es heute üblich, dass alle Gäste ihre Gläser zu einem Toast erheben oder miteinander anstoßen, auch wenn nicht in jedem Glas Sekt oder Wein ist.

Mythos Bestecksprache

Irrtum:
Die Anordnung des Bestecks auf dem Teller sagt etwas darüber aus, ob mir das Essen geschmeckt hat.
Richtig ist:
Eine Aussage über die Zufriedenheit mit dem Essen kann nur verbal, nicht nonverbal ausgedrückt werden.

Es gibt viele Gerüchte darüber, was man mit Hilfe des Bestecks angeblich alles den Servicekräften mitteilen könne. Fakt ist jedoch, dass es genau zwei international gültige Zeichen in der Bestecksprache gibt:

1. *Ich bin mit dem Essen fertig.* Dafür werden Messer und Gabel parallel zueinander auf den Teller gelegt, das Messer liegt oberhalb der Gabel, die Schneide zeigt Richtung Gabel. Stellt man sich den Teller als Uhr vor, liegen beide Griffe ungefähr dort, wo sich die Ziffer 5 befindet.

2. *Ich mache eine Pause beim Essen.* Hier liegt das Besteck leicht gekreuzt, die Griffe befinden sich auf dem Tellerrand, die Besteckspitzen zeigen in die Tellermitte. Gibt es Beilagen, die nachgereicht werden, signalisiert dies auch den Servicekräften, sich beim Gast zu erkundigen, ob er noch etwas möchte.

Durch die Platzierung des Bestecks kann man aber nicht ausdrücken, ob einem das Essen besonders gut oder eher nicht geschmeckt hat. Es wäre auch sehr unsinnig, die Mitarbeiter des Restaurants nach dem Essen mit kryptischen Zeichen zum Grübeln zu bringen. Gibt Ihr Essen Grund zur Beanstandung, so sollten Sie das sofort sagen. Nur dann hat das Restaurant die Möglichkeit, darauf zu reagieren und Abhilfe zu schaffen. Nach dem Gang ist es zu spät dafür. Sind Sie besonders zufrieden, sollten Sie das aussprechen und ein deutliches Lob formulieren. Die Fachkraft, die Sie bedient, wird es an die Köche weitergeben, die sich freuen, dass ihre Mühe sich gelohnt hat.

Sind wir Kannibalen?

Irrtum:
Eine Schale, die zum Reinigen der Finger auf dem Tisch steht, nennt sich »Fingerbowle«.
Richtig ist:
Die Schale zum Reinigen der Finger heißt »Fingerbowl« oder »Fingerschale«.

Oft hört man von Leuten, die weltgewandt wirken wollen, den Satz: »Dass man etwas mit den Fingern essen darf, erkennt man daran, dass eine Fingerbowle auf dem Tisch steht.«

Es wäre allerdings schrecklich, eine »Fingerbowle« vor sich auf dem Tisch zu haben. So wie eine Erdbeerbowle aus Erdbeeren zubereitet wird, müsste folgerichtig eine »Fingerbowle« aus Fingern bestehen.

Der Irrtum besteht darin, dass sich in dem Wort »Fingerbowle« Englisch und Deutsch vermischen – dieses Wort gibt es aus gutem Grund gar nicht, schließlich sind wir keine Kannibalen.

Auf unseren Tischen steht entweder eine »Fingerschale« (das ist der korrekte deutsche Ausdruck) oder eine »Fingerbowl«. Beides meint dasselbe: Eine Schale oder kleine Schüssel mit lauwarmem Wasser, manchmal auch einer Scheibe

Zitrone, in der die Gäste ihre Finger säubern können, wenn sie ein Gericht bestellt haben, das man ohne Besteck essen kann oder muss. Anschließend trocknet man die Hände mit einer extra bereitliegenden Serviette und kann dann mit sauberen Händen wieder zum Besteck oder zum Glas greifen.

Bei der Benutzung der Fingerschale tauchen weitere Missverständnisse auf. Manch ein Gast glaubt, man säubere seine Finger nur, wenn man aufgegessen habe. Richtig ist aber, dass man das vor jedem Griff zum Besteck oder Glas tut. Sonst ist innerhalb kurzer Zeit alles mit einem unappetitlichen Fettfilm überzogen.

Andere wiederum nehmen es mit der Reinlichkeit besonders genau und versuchen, gleich ihre Hände in dem kleinen Schälchen zu waschen. Es ist aber kein Handwaschbecken, sondern eine Fingerschale. Man geht davon aus, dass an einer abendländischen Tafel nur die Fingerspitzen mit der Speise in Berührung kommen.

Sind die Hände dennoch großflächig in Mitleidenschaft gezogen worden, was zum Beispiel bei einem Krebsessen durchaus passieren kann, so reinigt man die Finger vorsichtig in der Fingerschale, trocknet sich die Hände ab und sucht dann die Toiletten auf. Dort kann man seine Hände und eventuell auch die Fingernägel reinigen.

Ein Prosit der Gemütlichkeit

Irrtum:

Hebt man die Gläser, so sagt man »Prost«.

Richtig ist:

An einer kultivierten Tafel hat ein »Prost« nichts zu suchen, angemessen ist der Ausdruck »Zum Wohl«.

»Prosit« ist Lateinisch und bedeutet »es möge nutzen«. »Prost« ist die Kurzform davon.

Manch einer ist stolz darauf, dass er die ursprüngliche und vermeintlich kultivierte Form nutzt. Tatsache ist, dass sie früher tatsächlich üblich war. Durch den inflationären Gebrauch des Wortes »Prost« ist dessen Charakter aber auf das Ursprungswort übergegangen. Beiden Ausdrücken gemeinsam ist, dass sie heute in eleganter Atmosphäre nicht angebracht sind. Die Verkleinerung »Prösterchen« ist am schlimmsten. Eine stillosere Variante, einen Toast auszubringen, gibt es auf Deutsch kaum. Auch die englischen bzw. französischen Varianten »Cheers« und »Santé«, die gerne von Menschen benutzt werden, die sich dadurch besonders weltmännisch vorkommen, haben hier nichts zu suchen.

An einer kultivierten Tafel, bei der zum Essen Wein getrunken wird, gibt es verschiedene Möglichkeiten, einen Toast auszubringen. »Zum Wohl« ist die kürzeste und allgemein übliche Variante. Ebenso verbreitet sind »Auf einen schönen Abend«, »Auf ein gelungenes Projekt« oder »Auf gute Zusammenarbeit«. Sehr elegant ist es, einige persönliche Worte zu sagen und am Schluss das Glas zu heben: »Ich freue mich, dass alles so gut geklappt hat und die Arbeit erfolgreich abgeschlossen wurde. Ich hoffe, beim nächsten Projekt haben wir alle ebenso viel Freude. Zum Wohl!«

Im Biergarten, in der Kneipe oder auf dem Oktoberfest werden Sie natürlich überall ein fröhliches »Prost« hören. Das ist in Ordnung – hier gehört es hin, nicht jedoch an eine elegant gedeckte Tafel.

Übrigens: Falls jemand zu Ihnen sagt »Auf *Ihr* Wohl«, trinken Sie nicht mit. Und noch etwas: Im Allgemeinen wird

heute das Glas erhoben, aber nur in Ausnahmefällen angestoßen – zum Beispiel bei ganz besonderen Gelegenheiten.
Die Anregung dazu geht immer vom Gastgeber oder von
demjenigen aus, der etwas zu feiern hat.

Zahnstocher

Irrtum:

*Zahnstocher, die auf dem Tisch stehen, dürfen auch
bei Tisch benutzt werden, wenn man dabei die Hand vor
den Mund hält.*

Richtig ist:

Zahnstocher werden niemals bei Tisch benutzt.

So manch einer mag denken, dass Dinge, die auf dem Tisch
stehen, zur dortigen Benutzung da seien. Wenn es jedoch
um die Art und Weise der Benutzung geht, dann muss man
differenzieren. In guten Restaurants stehen niemals Zahnstocher auf dem Tisch. Man findet sie nur in sehr einfachen
und rustikalen Kneipen und Restaurants oder an Imbiss-
ständen. Allein ihr Fehlen in der gehobenen Gastronomie
sollte zum Nachdenken anregen.

Wer aufmerksam ist, weiß, dass in den Waschräumen bes-
serer Hotels und Restaurants neben Seife und Handtüchern
oft auch andere Toilettenartikel zu finden sind. Nicht selten
stehen dort auch einzeln verpackte Zahnstocher.

All dies sind Hinweise darauf, dass der Gebrauch von
Zahnstochern am Tisch unerwünscht ist, da er niemals diskret genug sein kann. Auch mit einer Hand vor dem Mund
ist jedem Anwesenden klar, was für eine Aktion gerade im
Gange ist. Das ist weder ästhetisch noch appetitlich. Des-

halb gibt es ein klares Gebot, dass hygienische und kosmetische Reparaturarbeiten nie an der Tafel vorgenommen werden, sondern immer in den Waschräumen. Stehen also in einem Restaurant tatsächlich Zahnstocher auf dem Tisch, so nehmen Sie diese mit in die Waschräume und erledigen dort, was zu erledigen ist.

Rote Lippen soll man ...

Irrtum:
Lippenstift darf am Tisch nachgezogen werden.
Richtig ist:
Sämtliche kosmetischen Reparaturen haben an einer Tafel nichts verloren.

Viele Frauen haben das Problem, dass im Laufe eines mehrgängigen Menüs der Lippenstift vom Mund verschwindet, so dass nur noch der Rand der Lippen geschminkt ist. Die verschwundene Farbe findet sich bei unachtsamen Esserinnen am Glasrand wieder. Frauen mit guten Tischmanieren hingegen tupfen sich (ebenso wie die Männer) vor jedem Schluck den Mund einmal mit der Serviette ab, damit das nicht passiert.

Gleich wo der Lippenstift bleibt, auf jeden Fall sind die Lippen nach dem Essen nicht mehr so perfekt geschminkt wie zu Beginn. Die meisten Frauen sind der Meinung, dass sie den Lippenstift bei Tisch nachziehen dürfen, wenn sie es nur »richtig« anstellen, also dezent und ohne Spiegel. Das ist falsch. Sämtliche kosmetischen Reparaturen haben bei Tisch nichts zu suchen. Deshalb heißt er ja auch »Esstisch« und nicht etwa »Schminktisch«.

Möchten Sie also Ihre Lippen nachziehen oder zumindest kontrollieren, so können Sie sich kurz bei Ihrem Tischnachbarn entschuldigen, die Waschräume aufsuchen und dort Ihr Äußeres in Ordnung bringen, damit Sie sich wieder wohlfühlen.

Ist doch nur Papier!

Irrtum:
Papierservietten werden nach dem Essen auf den Teller gelegt.

Richtig ist:
Papier- und Stoffservietten werden heute gleich behandelt und landen niemals auf dem Teller.

Die meisten Menschen wissen sehr gut, dass eine Stoffserviette links neben den Teller gelegt wird, wenn man sich von seinem Platz entfernt. Manche zweifeln jedoch, ob dies ebenfalls für eine Papierserviette gilt. Viele zerknüllen diese daher und lassen sie auf dem Teller zurück.

Mal ehrlich: Finden Sie eine zusammengeknüllte Serviette auf dem Teller appetitlich? Ist es ein schöner Anblick, wenn sie sich langsam mit dem Rest Sauce vollsaugt? Sicher nicht. Allein dies wäre Grund genug, die Papierserviette wie eine Stoffserviette zu behandeln und ebenfalls links neben dem Teller zu platzieren. Die Empfehlung, die Serviette auf den Teller zu legen, stammt aus den Anfangszeiten der Papierserviette. Appetitlich war es noch nie.

Inzwischen gibt es ein weiteres Argument, das dagegen spricht. Heutzutage wird der Abfall sorgfältiger und genauer getrennt als noch vor Jahrzehnten, auch in der Gastronomie. Verbleibt die Papierserviette auf dem Teller, müssen die Beschäftigten in Service und Küche sie von den Essensresten picken und separat entsorgen. Das ist eine unerfreuliche und unnötige Arbeit. Sie lässt sich verhindern, indem jeder Gast seine Serviette – egal ob aus Stoff oder aus Papier – links neben den Teller legt.

Dass die Serviette links und nicht rechts des Tellers platziert wird, hängt übrigens nur damit zusammen, dass die Servicekräfte des Restaurants den Gast in der Regel von rechts bedienen. Läge dort die Serviette, könnte sie stören und eventuell heruntergestoßen werden.

Anstandsrest

Irrtum:
Man isst seinen Teller niemals ganz leer,
sondern lässt immer einen kleinen Anstandsrest
übrig.
Richtig ist:
Der Teller darf heute völlig leer gegessen
werden.

Vielen schwebt die Idee vor, man dürfe seinen Teller niemals komplett leer essen, sonst entstehe der Eindruck, es habe nicht genug gegeben. In anderen Ländern, in China oder Rumänien zum Beispiel, ist das tatsächlich so, und man kann die Gastgeber dort damit durchaus in Verlegenheit bringen. Sie werden dann verzweifelt versuchen, dem Gast noch mehr aufzutischen und seine Beteuerungen, er sei schon satt, so lange ignorieren, bis er wirklich ein wenig auf dem Teller zurücklässt.

Auch in Deutschland war es einmal üblich, den Teller nicht leer zu essen. Es gibt genügend literarische Hinweise, dass gerade in den ersten Jahren nach dem Zweiten Weltkrieg diese Sitte weitverbreitet war. Damit wollte man signalisieren: »Uns geht es gut, wir haben es nicht nötig, die letzten Reste zusammenzukratzen.« Üppigkeit, teilweise geradezu Verschwendungssucht waren Versuche, die Jahre des Mangels zu kompensieren.

Schon lange aber hat sich die Einstellung zu Essen und Ernährung gewandelt. Nicht nur durch die großen Hungerkatastrophen in anderen Erdteilen, sondern auch durch Nahrungsmittelskandale und den Boom des biologischen Landbaus haben Nahrungsmittel wieder einen besonderen Stellenwert in der heutigen Gesellschaft. Dazu passt nicht, einen Essensrest auf dem Teller zu lassen, obwohl man noch Appetit hat.

Daher darf heute der Teller komplett geleert werden. Das gilt auch für die Dekoration wie einzelne Salatblätter oder Blüten. In Deutschland muss alles essbar sein, was auf den Teller kommt. Auch wenn eine Blüte sehr exotisch aussieht, essbar ist sie auf jeden Fall.

Nur nichts übrig lassen!

Irrtum:

Sauce auf dem Teller darf man mit etwas Brot auftunken.

Richtig ist:

Die Sauce wird nur mit dem Besteck verzehrt.

Jene, die gute Saucen schätzen, bedauern es möglicherweise, dass man Kartoffeln nicht zerquetschen darf, um besser an die Sauce zu kommen. Deshalb tunken viele die restliche Sauce mit etwas Brot auf. Doch auch dies gehört nicht zum guten Benehmen. Ein Teller wird nicht mit Brot leer gewischt und Sauce nicht mit Brot aufgetunkt. Es macht keinen Unterschied, ob man dazu das Brot mit den Händen nimmt oder auf die Gabel spießt.

Die gehobene Gastronomie zeigt, wie man es richtig macht. In guten Restaurants finden Sie nicht umsonst sehr oft zum Essen einen Gourmetlöffel, der als drittes Besteck bereitliegt. In manchen Restaurants ist er schräg eingedeckt, oder er liegt oberhalb des Tellers. Dem Gast wird so signalisiert, dass er das Zusatzbesteck für einen beliebigen Gang nutzen kann, beispielsweise um von der Sauce zu essen.

Ein Gourmetlöffel ist ein flacher Löffel, in der Form etwas eckiger als ein Suppenlöffel, mit einer leicht abgeschrägten Ecke. Er eignet sich wunderbar dazu, die Sauce aufzunehmen und zu genießen. Ursprünglich wurde er nur von den Köchen zum Kosten von Saucen und Fonds verwendet. Erst als in Deutschland statt brauner Mehlpampen konzentrierte, hochwertige und damit sehr teure Saucen serviert wurden, fand der Gourmetlöffel seinen Weg auf die Tafel.

Wenn kein Gourmetlöffel vorhanden ist, müssen Sie sich mit dem anderen Besteck behelfen – Auftunken ist auch dann tabu.

Das Krümelmonster

Irrtum:

Hat sich mein Tischnachbar bekleckert oder einen Krümel am Mundrand, so verbietet es die Höflichkeit, ihn darauf aufmerksam zu machen.

Richtig ist:

Es ist unhöflich, einen anderen Menschen in dieser peinlichen Situation zu belassen.

Viele glauben, man bringt einen anderen Menschen in eine peinliche Situation, wenn man ihn auf Essensreste im Gesicht oder auf der Kleidung hinweist. Hier geht es freilich nicht darum, einen anderen Menschen in eine peinliche Situation zu bringen, sondern vielmehr darum, ihn daraus zu befreien.

Viele kennen die Szene aus dem Loriot-Sketch: Die Nudel am Kinn des Gesprächspartners irritiert so sehr, dass es nicht mehr möglich ist, sich mit ihm zu unterhalten, zumal bei jeder Bewegung die Nudel an einen anderen, noch irritierenderen Ort im Gesicht wandert.

Auch wenn es Sie Überwindung kostet, jemanden darauf hinzuweisen, dass er einen Spinatrest im Gesicht hat: Sie sollten es unbedingt tun. Selbst wenn es Ihr Chef ist oder Sie das erste romantische Treffen mit der Person Ihres Herzens haben. Denn hier geht es nicht um Sie, sondern um die andere Person.

Versetzen Sie sich einfach mal in seine Lage: Stellen Sie sich vor, Sie unterhalten sich über mehrere Stunden während eines wichtigen Essens mit den Gästen, haben danach vielleicht noch andere Termine und stellen um zehn Uhr abends vor dem Spiegel fest, dass Ihnen die Reste Ihrer Vorspeise vom Mittagessen immer noch am Kinn kleben. Viele Ihrer Gesprächspartner werden es bemerkt haben. Das ist Ihnen sicherlich viel peinlicher als die kurze, unangenehme Situation, in der Sie jemand auf Ihren Makel hinweist.

Behalten Sie das im Kopf, wenn Sie zu jemandem sagen »Sie sollten sich einmal über das Kinn wischen« oder »Sie haben noch etwas am Mundwinkel«. Schauen Sie weg, während Ihr Gegenüber die Spuren beseitigt, und sprechen Sie über etwas anderes. Schließlich wollen Sie nicht, dass ausgerechnet dieses Missgeschick zum Gesprächsthema wird.

Dekantieren

Irrtum:
Man dekantiert nur sehr alten Rotwein.
Richtig ist:
Nahezu alle Weine können dekantiert werden,
aber aus verschiedenen Gründen und auf unterschied-
liche Weise.

Kenner unterscheiden zwischen »Dekantieren« – ein vorsichtiges Trennen eines alten Weines von seinem Depot – und »Karaffieren«, das einfache Umfüllen von der Flasche in eine Karaffe. In beiden Fällen geht es darum, den Wein umzufüllen, und man spricht allgemein von »Dekantieren«.

Es ist also entscheidend, welchen Wein man vor sich hat. Je nach Alter müssen unterschiedliche Dinge beachtet werden. Gerade junge oder auch einfache Weine gewinnen an Geschmack, wenn sie intensiven Sauerstoffkontakt haben. Das funktioniert auch bei Weißweinen. Bei diesem sogenanntem Sturzdekantieren bzw. Karaffieren gießen Sie die Flasche Wein ganz einfach in eine Glaskaraffe.

Das echte Dekantieren hingegen erfordert sehr viel mehr Sorgfalt. Es wird vor allem mit besonders edlen, alten Rotweinen gemacht und erfüllt zwei Zwecke: Einerseits mischt sich der Wein mit Sauerstoff, was sein Aroma verbessert, andererseits wird der Wein gründlich von eventuellen Rückständen (Depot) in der Flasche getrennt. Es besteht immer die Gefahr, dass der Wein beim Dekantieren zu lange geöffnet ist. Bei empfindlichen alten Weinen genügt oft schon ein sehr kurzer Zeitraum, und er ist nach dem Kontakt mit Sauerstoff nicht mehr trinkbar.

Alte Weine werden langsam und vorsichtig, oft mit Hilfe einer hinter der Flasche stehenden Kerze, umgefüllt. Die Kerze ermöglicht es, gegen das Licht die Depotreste in der Flasche zu erkennen, die nicht in die Karaffe gelangen sollen.

Um edle Rotweine am Tisch zu dekantieren, werden sie mit dem Etikett nach oben im Dekantierkorb an den Tisch gebracht. Das Einbetten der Flasche in den Korb muss vorsichtig geschehen, die Flasche darf nicht erschüttert und ihre Lagerungsposition nicht verändert werden, damit das Depot nicht bewegt wird.

Kaffee gefällig?

Irrtum:
Nach dem Essen kann man Kaffee, Espresso,
Cappuccino oder Latte macchiato bestellen.
Richtig ist:
Nach dem Essen wird nur ein normaler Kaffee
oder ein Espresso getrunken.

Oft wird die Frage im Restaurant nach dem Essen, »Möchten Sie noch einen Kaffee oder einen Espresso?«, so verstanden, dass man irgendein Kaffeegetränk bestellen könne. Mancher wählt dann einen Latte macchiato, einen Caffè Latte oder einen Cappuccino – und hat damit die Frage falsch ausgelegt. Ebenso wie der Espresso kommen diese Getränke ursprünglich aus Italien – die milchhaltigen Varianten werden dort aber niemals nach dem Essen getrunken. Nun könnte man erwidern, wir seien schließlich in Deutschland und müssten uns nicht unbedingt an diese Gepflogenheiten halten. Das ist schon richtig, allerdings haben die Italiener gute Gründe dafür, wann sie welches ihrer verschiedenen Kaffeegetränke zu sich nehmen. So sind Latte macchiato oder Cappuccino durch ihren hohen Milchanteil und den üppigen Milchschaum sättigend – bestellt man sie nach einem Essen, erweckt man möglicherweise den Eindruck, nicht satt geworden zu sein. Abgesehen davon erschweren sie durch die Milch die Verdauung und verfehlen damit ihr ursprüngliches Ziel. Ein Espresso (oder ein Mokka) hingegen fördert die Verdauung und macht wieder munter.

Mögen Sie keinen Espresso, weil Sie Kaffee generell mit Milch trinken, so können Sie auch einen Espresso macchiato bestellen. Die kleine Portion Milchschaum auf dem Kaffee mildert den bitteren Geschmack und erschwert trotzdem nicht die Verdauung. Ebenso ist es möglich, einen Tee zu trinken.

Übrigens: An der Frage eines Kellners, ob Sie Kaffee, Cappuccino oder Espresso trinken möchten, erkennen Sie schon, dass er entweder nicht gut geschult ist oder Erfahrungen mit anderen Gästen gemacht hat, die auf seine Frage, »Möchten Sie noch einen Espresso?«, häufig mit »Oh, gerne. Bitte einen Latte macchiato« geantwortet haben.

Alles, was fliegt

Irrtum:
Alles, was fliegt, darf man mit den Fingern essen.
Richtig ist:
Man isst nur äußerst selten mit den Fingern.
Wenn dies der Fall ist, muss eine Fingerschale auf dem Tisch stehen.

Es ist rätselhaft, wie manche Irrtümer eigentlich entstanden sind, da sie so offensichtlich unsinnig sind. Zu dieser Kategorie gehört der Satz »Alles, was fliegt, darf man mit den Händen essen«. Wie sollen wir uns das vorstellen? Bedeutet es, dass man bei einem winterlichen Gänseessen das Geflügel vom mit Sauce, Rotkohl und Knödeln gefüllten Teller nimmt und es abnagt? Wird das Hähnchenbrustfilet nicht mit Messer und Gabel gegessen, sondern in die Hand genommen? Je länger man über diese vermeintliche Regel nachdenkt, desto unsinniger erscheint sie.

Geflügel wird in Deutschland in vielerlei Varianten zubereitet. Solange es sich um Hühnerfrikassee oder gebratene Filets handelt, scheint die Sache noch klar und einfach. Die meisten geraten jedoch ins Nachdenken, wenn ein halbes Hähnchen, eine Entenkeule oder gar eine Wachtel vor ihnen liegt.

Es gibt eine einfache Orientierungshilfe: Wenn eine Fingerschale auf dem Tisch steht, darf man die Finger zu Hilfe nehmen. Steht keine da, dann sollte ein erwachsener, halbwegs kultivierter Esser es auch mit dem in Deutschland üblichen Besteck schaffen.

Klassische, mit Saucen servierte Gerichte wie Ente oder Gans isst man logischerweise mit dem Besteck. Es gibt keine appetitliche Möglichkeit, Geflügelteile mit den Fingern aus der Sauce zu fischen und anschließend wieder zum Besteck zu greifen – auch nicht mit einer Fingerschale.

Eine Fingerschale werden Sie aus diesem Grund bei Geflügel selten finden, höchstens bei Kleingeflügel wie einer Wachtel. Doch auch diese wird nicht komplett mit den Fingern gegessen. Ein wenig Geschicklichkeit ist schon gefragt, wenn Sie das Fleisch mit Messer und Gabel von den Knochen lösen wollen. Nur bei den Wachtelbeinchen, die so klein und zart sind, dass sie mit dem Besteck kaum bewältigt werden können, dürfen die Finger eingesetzt werden.

Die Farbe muss stimmen

Irrtum:

Weißer Wein wird zu weißem Fleisch getrunken und roter Wein zu rotem Fleisch.

Richtig ist:

Die Wahl des Weins richtet sich nach der Zubereitung, nicht nach der Farbe des Fleisches.

Die Regel »Weißer Wein zu weißem Fleisch und Fisch, roter Wein zu rotem Fleisch« ist inzwischen überholt, da sie mehr einschränkt als nötig. Gewürze und Zutaten aus aller Welt werden heute kreativ miteinander kombiniert. Hühnerbrust mit Zitronengras und Kokossauce ist eben etwas ganz anderes als Brathähnchen. Nicht nur Kochstile, auch der Wein hat grundlegende Veränderungen erfahren. Neue Anbaugebiete, weiterentwickelte Techniken und andere Anbauformen haben dazu geführt, dass Weine, die vor wenigen Jahrzehnten unbekannt oder zumindest unüblich waren, heute weitverbreitet sind. Beispielsweise haben schwere, üppige Weißweine mit starker Holznote nicht mehr viel gemeinsam mit den klassischen Fischweinen.

Grundsätzlich wird eine Harmonie zwischen Speise und Wein angestrebt. Idealerweise führt die Kombination von Essen und Wein zu etwas Besonderem, das mehr als die Summe seiner Teile ist.

Der wichtigste Gesichtspunkt bei der Suche nach dem passenden Wein ist, wie schwer ein Gericht ist. Das hängt von der Garmethode sowie den Zutaten ab. Die Schwere des Weins wird mit der Schwere des Gerichts abgestimmt. Weitere Entscheidungskriterien sind die Intensität des jeweiligen Geschmacks – der eine darf den anderen nicht überlagern – sowie Säure, Salzgehalt und Süße.

Diese Gesichtspunkte sind also entscheidend, um den passenden Wein für ein Gericht zu finden, nicht seine Farbe. Es gibt Fischgerichte, die sich durchaus mit einem leichten Rotwein vertragen, sowie moderne Varianten von Rindfleisch (also rotem Fleisch), zum Beispiel im Wok zubereitet, die sich besser mit einem Weißwein kombinieren lassen. Der Grundsatz, Fisch niemals mit Rotwein zu kombinieren, wurde in den Mittelmeerländern ohnehin nie so streng befolgt. Schon immer gab es zum Beispiel in Frankreich Fischgerichte mit frischen Rotweinen. Trotzdem hat das Unbehagen, das manche bei dieser Vorstellung empfinden, einen Grund. Viele Rotweine sind sehr tanninhaltig, und in Kombination mit dem Eiweiß des Fischs ergibt sich im Mund ein merkwürdig bitterer, leicht metallischer Geschmack.

»Guten Appetit!«

Irrtum:
Zu Beginn einer Mahlzeit ist es höflich, den anderen Gästen »Guten Appetit« zu wünschen.
Richtig ist:
»Guten Appetit« sagt man, wenn überhaupt, nur im familiären Kreis.

Den meisten Menschen ist es wichtig, sich höflich und freundlich zu verhalten. Viele Fehler entstehen deshalb aus einem Zuviel statt aus einem Zuwenig. Eindeutig zu viel und fehl am Platz ist es, einander »Guten Appetit« zu wünschen. Schließlich sollte der Appetit nicht der Grund sein, warum man bei Tisch zusammenkommt, sondern der Wunsch nach Gemeinsamkeit, auch bei einem Geschäftsessen. Die Gastgeberin oder der Gastgeber eröffnet das Essen und gibt den Gästen ein Zeichen, anfangen zu dürfen. Eleganter ist die nonverbale Variante: das Besteck aufnehmen, ein Lächeln in die Runde, ein freundliches Nicken – mehr nicht.

Manche glauben, diese Regel sei neu, aber auch das ist ein Irrtum. »Guten Appetit« sagte man auch im letzten und vorletzten Jahrhundert in gehobenen Kreisen nicht, schon gar nicht bei offiziellen Essen oder Banketten.

Ein Kellner oder ein Koch, der diesen Wunsch ausspricht, macht hingegen nichts falsch. Schließlich ist es seine Aufgabe, sich um das Wohlergehen, also auch um den Appetit der Gäste zu kümmern.

Wünscht Ihnen jemand bei Tische einen »Guten Appetit«, dann verzichten Sie auf eine Belehrung, sondern erwidern es freundlich, damit das Essen in ungetrübter Stimmung beginnen kann.

»Mahlzeit!«

Irrtum:
Begegnet man seinen Kollegen zur Mittagszeit auf dem Flur oder in der Kantine, so grüßt man mit »Mahlzeit«.
Richtig ist:
»Mahlzeit« verwenden kultivierte Menschen niemals in diesem Zusammenhang.

Geht man zur Mittagszeit durch die Flure der deutschen Unternehmen, so schallt einem fast überall ein »Mahlzeit!« entgegen – eine freundliche und gutgemeinte, aber leider völlig stillose Geste. Viele, die das wissen, fühlen sich dennoch bewogen, ihn zu erwidern, um nicht unfreundlich zu wirken.

Es gibt Berichte von Mitarbeitern, die sich scheuen, in der Mittagszeit durch das Unternehmen zu laufen, da sie es nicht ertragen können, permanent so unkultiviert beschallt zu werden, und weil sie sich außerstande sehen, eine adäquate Erwiderung zu finden. Unter der Rubrik *Sprache in*

Österreich bei ostarrichi.org findet sich sogar ein Beitrag, in dem steht, einer der Gründe für den Gang in die Selbständigkeit sei der Wunsch gewesen, diesem lächerlichen Brauch endlich zu entfliehen. Wer noch mehr Argumente braucht, kann sich *Der Erwin* von Gerhard Polt anhören oder es den Kollegen vorspielen.

Grüßen Ihre Kollegen Sie in dieser Form, so können Sie ihnen entweder einfach freundlich lächelnd zunicken oder Sie antworten mit »Guten Tag« oder »Hallo«, je nachdem, wie vertraut Ihnen die Kollegen sind. Möglich ist auch so etwas wie »Erholsame Mittagspause« oder »Bis später«.

Der Gruß, der einem heute so hartnäckig entgegenschallt, entstammt zwar der früher üblicherweise nach dem Tischgebet geäußerten Formel »Gesegnete Mahlzeit«, ist aber längst aus diesem Zusammenhang gerissen und kaum jemandem mehr bekannt. Im Berufsalltag wird in Deutschland, bis auf wenige Ausnahmen wie in kirchlichen Organisationen oder religiösen Stiftungen, nicht gebetet. Wird hingegen in einem Privathaushalt eine »gesegnete Mahlzeit« nach einem Tischgebet gewünscht, so können Sie dies, wenn Sie mögen, selbstverständlich erwidern.

Wieder aufheben

Irrtum:

Lässt man im Restaurant das Besteck oder die Serviette zu Boden fallen, hebt man sie selbst wieder auf.

Richtig ist:

Im Restaurant vertraut man dem Service seine Wünsche an und müht sich nicht selbst.

Guter Service macht es sich zur Ehre, perfekt für die Gäste zu sorgen und sie zu verwöhnen. Je mehr die Gäste selbst Hand anlegen, desto eher haben gute Servicekräfte das Gefühl, ihrer Aufgabe nicht gerecht zu werden. Deshalb ist es nicht unfreundlich, Heruntergefallenes liegen zu lassen, wie viele vermuten, sondern zeugt von Respekt gegenüber den Servicekräften.

Jedem kann es passieren, dass eine Serviette während des Essens vom Schoß rutscht und schließlich auf dem Boden landet. Meist merkt man es erst, wenn man sie benutzen möchte und der Griff ins Leere geht, im Gegensatz zum Besteck, das zum eigenen Leidwesen laut klirrend auf dem Boden aufschlägt.

Was auch immer Ihnen entglitten ist: Sie sollten in einem Restaurant nicht unter dem Tisch verschwinden und den Boden absuchen. Lassen Sie die Dinge einfach liegen. Aufmerksame Servicekräfte bemerken Ihren Fauxpas sofort und bringen ohne Aufforderung Ersatz. Auch die Mitarbeiter werden übrigens während eines Menüs nicht den Boden absuchen, wenn es nicht zwingend notwendig ist, sondern erst, wenn die Gäste den Platz verlassen haben.

Hat niemand bemerkt, dass Sie etwas fallen ließen, so können Sie den Kellner auf sich aufmerksam machen und um ein neues Messer oder eine neue Serviette bitten. Es gibt keinen Grund, sich vor den anderen Gästen zu genieren und auf die Bitte zu verzichten, damit diese es nicht bemerken und sich möglicherweise belustigen. Fast jedem ist so etwas schon passiert, und je selbstverständlicher und gelassener Sie mit der Situation umgehen, desto souveräner wirken Sie.

Anders ist es, wenn Sie in lockerem Kreis bei Freunden

zum Abendessen sind. Dort ein heruntergefallenes Messer nicht aufzuheben ist frech. Schließlich haben Sie es hier (jedenfalls in der Regel) nicht mit ausgebildetem Personal zu tun, sondern mit Freunden, mit denen Sie unkompliziert im Wohnzimmer oder in der Essküche zusammensitzen. Fragen Sie, wo Sie das aufgehobene Messer abwaschen oder ob Sie Ersatz dafür bekommen können. Gute Gastgeber werden sich sofort darum kümmern.

In einem Selbstbedienungsrestaurant, zum Beispiel in einer Skihütte oder einem Biergarten, sorgt selbstverständlich jeder für sich und holt sich selbst eine neue Gabel. Unter den Tisch kriechen, um sie aufzuheben, sollten Sie aber auch hier nicht.

Nicht ganz unwichtig ist, was Sie fallen lassen und wo. Bei einem Stehempfang könnte möglicherweise jemand stolpern und sich verletzen. Auch könnte das auf dem Boden gelandete Essen durch die vielen Menschen im Raum verteilt werden. In diesen Fällen ist es ein Gebot der Rücksicht, die Gefahr zu bannen und das Heruntergefallene möglichst rasch selbst aufzuheben.

Wer betritt das Restaurant zuerst?

Irrtum:
Der Herr betritt vor der Dame das Restaurant.
Richtig ist:
Der Herr lässt der Dame den Vortritt, geht aber vor ihr durch das Restaurant.

Wenige Regeln haben für so viel Verwirrung und Irrtümer gesorgt wie jene, dass der Herr vor der Dame das Restaurant betrete. Das liegt vor allem an den jeweiligen Formulierungen der Etikette-Autoren.

Die meisten Türen von Restaurants, Cafés und Bars öffnen sich nach außen. Wie kann es dann sein, dass der Herr das Restaurant zuerst betritt, wenn er doch höflicherweise der Dame die Tür aufhält? Stellt man sich diesen Ablauf vor, so wird klar, dass das nicht geht.

Bei einem privaten Restaurantbesuch öffnet der Herr der Dame die Türe. Sie betritt das Restaurant zuerst und bleibt dann stehen. Der Herr überholt sie und geht vor ihr durch das Restaurant. Früher sollte der Herr die Dame auf diese Weise vor fremden Blicken schützen und konnte zugleich überprüfen, ob das Terrain sicher und angenehm war. Nicht umsonst kommt uns das heute antiquiert vor.

Heute gilt, dass der Gastgeber vorangeht. Er kann sich so an den Kellner wenden und nach dem reservierten Tisch fragen oder seiner Begleitung einen Tisch vorschlagen, gleich, ob es sich um eine Gruppe oder eine Einzelperson handelt.

Heute ist es natürlich genauso möglich, dass eine Frau die Gastgeberpflichten übernimmt, wenn sie beruflich oder privat in ein Restaurant einlädt. Dann hält sie als Gastgeberin ihrem Gast oder ihren Gästen die Tür auf, geht im Restaurant an ihnen vorbei und fragt nach dem Tisch, den sie auf ihren Namen hat reservieren lassen.

Übrigens: Führt ein Kellner ein Paar zum Tisch, folgt ihm zuerst die Dame, dann der Herr. Hier ändert sich also die Reihenfolge, die Dame wird in die Mitte genommen.

Sollte die Restauranttür tatsächlich einmal nach innen aufgehen, so kann der Herr oder der Gastgeber bzw. die Gastgeberin natürlich zuerst das Restaurant betreten.

Anderen zu helfen ist immer eine Tugend

Irrtum:

*Man reicht das Geschirr auf dem Tisch an den Service
weiter.*

Richtig ist:

*Gäste verhalten sich in einem Restaurant wie Gäste und
lassen sich dementsprechend bedienen.*

Ein Irrtum, den man in vielen Restaurants beobachten
kann, liegt im guten Willen der Gäste begründet: Sie reichen
ihren leeren Teller der Bedienung, um ihr beim Abräumen
zu helfen.

Allerdings ist diese Geste weder sinnvoll, noch zeugt sie
von gutem Benehmen. Zum einen gibt man den Beschäftigten zu verstehen, dass man ihnen die Schwierigkeiten mit
der Bewältigung ihrer Aufgabe ansieht. Nur: Je teurer das
Restaurant, desto besser ausgebildete Mitarbeiter gibt es,
und deren Ziel und Wunsch ist es, die Gäste zu verwöhnen.
Schließlich bezahlen Letztere nicht nur für das Essen,
sondern auch für das Ambiente und die professionelle Be-
treuung.

Dies wäre schon Grund genug, die Teller stehenzulassen.
Es gibt aber noch ein weiteres wichtiges Argument: Gut ausgebildete Kellner haben spezielle Handgriffe, mit denen sie
das Geschirr abräumen. Diese können sie aber nicht anwenden, wenn man ihnen einen Teller entgegenstreckt. So sorgt
die gutgemeinte Hilfe für Irritation.

Nicht nur die Teller, auch die Gläser bleiben auf dem
Tisch stehen. Der von Ihrer rechten Seite kommende Kellner
nimmt gelegentlich Ihr Glas, um nachzuschenken. Das muss

er jedoch selbst tun. Sie lassen Ihr Glas immer auf dem Tisch.

Natürlich gibt es auch hier Ausnahmefälle. Auf manchen Festen sitzen die Gäste auf an der Wand entlanggestellten Bänken, so dass der Kellner nicht wie gewohnt hinter sie treten und von rechts arbeiten kann. Will er sie bedienen, muss er sich über den Tisch beugen, ohne die Gäste in der vorderen Reihe zu stören. Je nachdem, wie tief die Tischplatte ist, kann dies eine ziemliche Herausforderung bedeuten. Hier keine helfende Hand anzubieten wäre rücksichtslos.

Als Fauxpas gilt es, das schmutzige Geschirr auf dem Tisch übereinanderzustapeln, das ist unappetitlich, gleich ob in privaten Räumen oder im Restaurant.

Eier darf man nicht köpfen

Irrtum:
Eier darf man nicht mit dem Messer aufschlagen.
Richtig ist:
Ein Ei darf heute auf jede erdenkliche Weise geöffnet werden, solange es auch für andere appetitlich aussieht.

Viele haben in den vergangenen Jahrzehnten gelernt, dass man Eier nicht köpfen dürfe, was zeigt, wie lange es dauert, bis sich Neuerungen oder Änderungen der Etikette-Regeln im allgemeinen Bewusstsein durchsetzen. Es gab früher, vor rund hundert Jahren, in der Tat eine Regel, die das Köpfen von Eiern eindeutig untersagte – aus guten Gründen: In Kontakt mit bestimmten Speisen, darunter Eiweiß, liefen die damaligen Messerklingen unschön an. Diese Verfärbungen ließen sich sehr schlecht wieder entfernen und beeinträchtigten den Geschmack. Auch wer heute ein Frühstücksei mit einem Silberlöffel isst, wird zumindest schmecken, dass beides aufeinander reagiert. Um 1907 kamen Messer auf den Markt, bei denen diese Gefahr nicht mehr bestand. Heute gibt es in jedem Haushalt solche Messer, weshalb es schon lange keinen Grund mehr gibt, Eier nicht zu köpfen.

Damit ist aber nicht gesagt, dass man Eier köpfen *muss*. Selbstverständlich ist es genauso in Ordnung, den Deckel des Eis mit dem Löffel anzuklopfen und abzuheben, oder den Deckel brüchig zu klopfen, um dann die Schale abzupellen.

Wichtig ist bei jeder Methode allein, dass sie auch für andere Esser am Tisch appetitlich aussieht. Kollernde Eierköpfe, herauslaufendes Eigelb oder in der Gegend verstreute Eierschalen sollten ebenso vermieden werden wie dramatische Handgriffe, die eher an asiatische Kampfkunst als an europäische Tafelkultur erinnern.

Links wie rechts?

Irrtum:
Für Linkshänder wird der Tisch ihren Essgewohnheiten entsprechend eingedeckt.
Richtig ist:
Jeder Gast erhält das gleiche Gedeck.

Gute Gastgeber möchten ihre Gäste möglichst perfekt umsorgen. Sie fragen und erwägen vorher, ob es besondere Abneigungen gegenüber bestimmten Speisen oder ob es religiöse oder gesundheitliche Restriktionen bei der Auswahl des Menüs gibt. So manch einer erinnert sich beim Eindecken der Tafel auch daran, dass einer der Geladenen Linkshänder ist. Es ist aber ein Irrtum, beim Gedeck zwischen Rechts- und Linkshändern zu unterscheiden.

Bei einer perfekt gedeckten Tafel sieht jeder Platz genau gleich aus. Profis messen deshalb exakt von der Tischkante ab, wohin Besteck und Platzteller gelegt werden. Ein einzelnes Gedeck, bei dem Messer und Gabel anders herum liegen, stört die Optik.

Das bedeutet aber nicht, dass Linkshänder das Besteck genauso handhaben müssen wie Rechtshänder. Die Zeiten, in denen Kinder entsprechend umtrainiert wurden, sind glücklicherweise vorbei. Ein Linkshänder wird deshalb bei jedem Gang gleichzeitig mit den anderen Gästen sein Besteck aufnehmen und es dann in der Hand tauschen.

Falsch ist es auch, wenn ein Linkshänder das Besteck nach dem Essen so ablegt, wie er es in der Hand hält, also das Messer auf der linken Seite des Tellers über der Gabel. Der – geschulte – Kellner tritt jedoch von rechts an den Gast heran, um den leeren Teller vom Tisch zu nehmen. Daher ist es hilfreich, wenn alle Gäste das Besteck auf dieselbe Weise ablegen. Nur so können geschulte Kräfte ihre gelernten Handgriffe anwenden und dafür sorgen, dass das Besteck nicht vom Teller rutscht.

Aus diesem Grund isst ein Linkshänder zwar so, wie er es gewohnt ist, bis zum Beginn des jeweiligen Ganges und nach dem Essen wird das Besteck jedoch wie bei einem Rechtshänder platziert.

Fisch und Fischbesteck

Irrtum:
Jeder Fisch wird mit dem Fischbesteck
gegessen.
Richtig ist:
Es hängt von der Fischsorte ab, wie sie
gegessen wird.

Fischbesteck, so sollte man meinen, wird immer zu Fisch-gerichten gereicht – zumindest, wenn man dergleichen be-sitzt. Dies trifft jedoch nicht immer zu. Fast alle gekochten und gegarten Fische werden zwar mit Fischbesteck gegessen, doch es gibt eine Ausnahme: Tintenfisch. Das Fleisch des Tintenfischs ist so fest, dass es nicht mit der stumpfen Schneide des Fischmessers zerteilt werden kann. So wird man zu einem Gericht, das hauptsächlich aus noch unter-zerteiltem Tintenfisch besteht, normales Besteck reichen. Gibt es jedoch mehrere Sorten Fisch, darunter Tintenfisch in mundgerechten Portionen, kann man Fischbesteck be-nutzen.

Niemals hingegen werden geräucherte oder marinierte Fische mit speziellem Besteck gegessen. Räucheraal oder Rollmops sind die bekanntesten Varianten. Auch bei Krus-tentieren wie Hummer und Languste wird auf Fischbesteck verzichtet, da das Fleisch viel zu fest ist.

Immer schön ordentlich!

Irrtum:
Nach dem Essen wird die Serviette wieder ordentlich gefaltet.
Richtig ist:
Normalerweise wird eine benutzte Serviette lose gefaltet oder lose gerafft zur Seite gelegt.

Ordnungssinn in allen Ehren, das gilt auch für den Wunsch, den angenehmen Anblick einer Tafel möglichst lange zu erhalten. Trotzdem: Eine Serviette wird nach dem Essen nicht ordentlich gefaltet. Bitte unternehmen Sie auch keinen Versuch, sie wieder in die ursprüngliche Form zu bringen.

Einer Serviette darf man am Ende des Essens ruhig ansehen, dass sie benutzt wurde – solange es nicht durch unappetitliche Flecken geschieht. Das wird aber dann nicht passieren, wenn Sie Ihren Mund immer zwischen zwei Stofflagen abtupfen. Die Serviette sollte ein Mal gefaltet auf Ihrem Schoß liegen, mit der offenen Seite zu Ihrem Körper. Nehmen Sie die Serviette bei Bedarf zu sich und tupfen Sie Ihren Mund zwischen den beiden Stofflagen ab. So bleibt sie bis zum Ende des Essens an der Außenseite frisch und appetitlich. Schließlich wird sie lose gefaltet oder gerafft auf der linken Seite des Tellers abgelegt.

In der gehobenen Gastronomie werden nach dem Dessert auch die Servietten entfernt, damit sie nicht stören, wenn die Gäste noch ein wenig am Tisch sitzen bleiben möchten. Nur in Privathaushalten, in denen jeder eine eigene Serviette mit einem Serviettenring oder einer Serviettentasche hat und die Mundtücher bei mehr als nur für eine Mahlzeit genutzt werden, werden sie selbstverständlich wieder ordentlich zusammengerollt oder gefaltet, damit sie für die nächste Mahlzeit bereitliegen.

Gelegentlich erhalten die Gäste auch in sehr kleinen, persönlich geführten Pensionen noch eigene Servietten, die für mehr als eine Mahlzeit bestimmt sind. Das erkennt man an der beigegebenen Tasche. Das ist aber eine Ausnahme, die Ihnen nur sehr selten widerfahren wird.

Nieder mit den Zinken!

Irrtum:

Eine Gabel wird mit den Zinken nach unten auf dem Teller abgelegt.

Richtig ist:

Bei einer abgelegten Gabel sollten die Zinken immer nach oben zeigen.

Viele kultivierte Esser haben die Regel verinnerlicht, dass die Bestecksspitzen beim Essen nicht nach oben oder in Richtung Nachbar zeigen und dass man mit dem Besteck in der Hand nicht gestikuliert. Messer- oder Gabelspitzen, die nach oben oder gar zu anderen hin zeigen, haben immer etwas Bedrohliches an sich.

Manch einer leitet daraus die Regel ab, dass dies auch für eine abgelegte Gabel gilt. Das ist aber falsch, da so die Gefahr besteht, dass die Gabel in den Teller hineinrutscht. Um weiterzuessen, müssen Sie dann entweder um eine neue Gabel bitten oder möglicherweise Ihre Finger mit Sauce beschmieren. Selbst wenn Sie schon aufgegessen haben: Es ist nicht sehr rücksichtsvoll, den Kellner zu nötigen, Ihr Besteck aus dem Teller zu fischen.

Übrigens: Bei den meisten eingedeckten Tafeln sind die Gabeln mit den Zinken nach oben platziert. Manchmal liegen sie jedoch auch anders herum. Das geschieht meist mit Bedacht und ist kein Irrtum. Der Grund hierfür ist oft ein Wappen oder ein Monogramm, das auf der Rückseite der Gabel angebracht ist und die Gäste erfreuen soll.

Hoch mit den Zinken!

Irrtum:

Eine Gabel wird beim Essen wie ein Spieß benutzt, so dass die Zinken nach unten zeigen.

Richtig ist:

Eine Gabel wird in Kontinentaleuropa so gebraucht, dass die Zinken nach oben zeigen.

Geht man heute in ein Restaurant und lässt seinen Blick über die Gäste schweifen, wird man feststellen, dass fast alle ihre Gabel wie einen Spieß benutzen: Ein Bissen wird mit den nach unten zeigenden Zinken aufgespießt, und die Gabel wird dann so zum Mund geführt. Es ist jedoch ein Irrtum, anzunehmen, dass dies elegant sei. Freilich ist diese Sitte außerordentlich weit verbreitet, so dass die meisten Etikette-Experten sie nicht als Fehler bezeichnen, sondern nur darauf hinweisen, dass es *eigentlich* anders gemacht wird.

Hierzulande wird die Gabel wie eine Schaufel verwendet, das bedeutet, die Zinken zeigen beim Essen nach oben. Das schließt aber das Aufspießen von Fleischstückchen nicht aus. Die Kunst liegt darin, ein Stück Fleisch mit der Gabel festzuhalten, wobei die Zinken nach unten zeigen. Das Stück wird dann abgeschnitten. Auf dem Weg zum Mund wird jedoch die Gabel gedreht, ohne dass dabei die Hand umgreift. Den geübten und eleganten Esser erkennt man daran, dass er die Gabel aus dem Handgelenk heraus dreht und dann als Schaufel zum Mund führt. In England ist es anders, hier wird den Kindern beigebracht, dass sie die Gabel immer mit den Zinken nach unten zum Mund führen müssen – sogar Erbsen werden auf diese Weise zum Mund transportiert.

Käse schließt den Magen

Irrtum:
Käse bildet bei einem mehrgängigen Menü immer den Abschluss.
Richtig ist:
Käse kann, muss aber nicht der letzte Gang sein.

»Käse schließt den Magen« – fast jeder kennt diesen Satz. Aber es ist ein weitverbreiteter Irrtum, anzunehmen, dass bei einem mehrgängigen Menü, bei dem auch Käse gereicht wird, dieser den Abschluss bilden muss.

Die klassische französische Speisenfolge ist fromage – dessert. Nicht der Käse schließt hier also Magen und Menü, sondern eine Süßspeise.

Die Redewendung »Käse schließt den Magen« wird auf den römischen Schriftsteller Plinius zurückgeführt, der angeblich nach seinen Mahlzeiten immer ein Stück Käse gegessen haben soll. Ernährungswissenschaftler haben sich mit dieser Theorie auseinandergesetzt. Es gibt unterschiedliche

Meinungen, die sich immerhin darin einig sind, dass Käse ein längeres Sättigungsgefühl hervorruft als ein Dessert.

Möchten Sie Käse im Rahmen eines mehrgängigen Menüs anbieten, so gibt es prinzipiell zwei Möglichkeiten: entweder vor dem Dessert oder als Abschluss des ganzen Menüs. Die meisten entscheiden sich dafür, den Käse vor dem Dessert zu reichen, da es für das Geschmacksempfinden angenehmer ist, nach der Süßspeise nicht wieder zum Salzigen zurückzukehren. Zudem haben Sie es mit der Auswahl der Weine dann leichter.

Käse *vor* dem Dessert und nicht als Abschluss zu servieren entspricht auf jeden Fall der klassischen Menüfolge.

Jeder nach seiner Façon?

Irrtum:

Jeder kann so schnell oder langsam essen, wie es ihm angenehm ist.

Richtig ist:

Gemeinsames Essen verlangt gemeinsames Tempo.

Schon in der eigenen Familie lässt sich teilweise ein sehr unterschiedliches Esstempo beobachten. Manch einer verputzt seinen Teller im Nu, ein anderer genießt ganz langsam und Bissen für Bissen seine Mahlzeit. Je kleiner die Runde und je privater der Rahmen, desto unproblematischer ist das unterschiedliche Essverhalten. Man kennt sich und seine Eigenheiten schließlich und kann sie berücksichtigen. Anders ist es jedoch, wenn eine größere Runde gemeinsam speist. Die meisten Menschen behalten immer und überall das ihnen eigene Esstempo bei. »Ich esse eben langsam. Das ist schließlich gesünder«, wird oft als Argument vorgebracht. Hier drückt sich ein großes Missverständnis über die Funktion gemeinsamen Essens aus. Bei einem gemeinsamen Essen, etwa anlässlich eines Familienfestes oder eines Vertragsabschlusses, steht nämlich nicht das Stillen des Hungers im Vordergrund, sondern das gemeinsame Essensritual.

Gibt es also in einer Runde von 16 Personen einen sehr langsamen Esser, so stört das den gesamten Ablauf. Schließlich müssen alle anderen Gäste vor ihren leer gegessenen Tellern sitzen bleiben, bis auch der Letzte aufgegessen hat. Erst dann räumt der Service das Geschirr ab. Es ist für niemanden erfreulich, lange vor seinem Teller zu sitzen, auf dem die Sauce langsam erstarrt und das übriggelassene Gemüse vor sich hintrocknet. So was verdirbt eher den Appetit.

Ein zweiter Aspekt ist der Ablauf in der Küche. Je größer eine Tischrunde ist, desto präziser muss die Küche planen, damit alle gleichzeitig den nächsten Gang bekommen. Dafür orientiert sie sich an bestimmten Durchschnittszeiten sowie an den Zeichen des Service.

Manche Speisen brauchen eine halbe Stunde, bis sie fertig gegart sind. Würde die Küche sich erst an die Zubereitung machen, wenn das Geschirr abgetragen ist, müssten die Gäste sehr lange auf den nächsten Gang warten. Das möchte niemand – also wird vorher damit begonnen. Sitzt aber einer der Gäste ewig vor seiner kalten Vorspeise, so kommt alles durcheinander und die Köche bangen um ihre Gerichte. Ein langsamer Esser muss in einer größeren Runde also entweder sein Esstempo den anderen anpassen oder mit dem Essen aufhören, wenn die anderen fertig sind.

Aufmerksame Gastgeber orientieren sich am Tempo ihrer

Gäste. Lädt ein Paar ein, so orientiert sich die Gastgeberin am langsamsten Esser, um ihn nicht in die unangenehme Situation zu bringen, dass er als Einziger noch isst, während alle anderen schon fertig sind.

Aber nicht nur zu langsames Essen kann irritieren. Wenn der Gastgeber schon nach kurzer Zeit mit dem Essen fertig ist, könnten die Gäste das als Zeichen verstehen, dass sie sich beeilen sollten.

Schmackhafte Dekoration

Irrtum:
Die Dekoration auf dem Teller wird nicht mitgegessen.
Richtig ist:
Alles, was auf dem Teller ist, kann und darf auch gegessen werden.

Mancher überlegt zögernd, ob er die Dekoration auf seinem Teller, wie eine Blüte, ein wenig Salat oder ein Tomatenröschen, mitessen darf. Andere zweifeln, ob die prachtvollen Blüten überhaupt genießbar sind.

Es gibt sicher Restaurants, in denen die Dekoration eher für das Auge gedacht ist, zum Beispiel, weil die aus riesigen Karotten geschnitzten Objekte einige Zeit in einem feuchten Tuch lagen und inzwischen zäh sind. So etwas muss man nicht essen – man kann es aber.

Moderne Köche richten die Teller optisch sehr ansprechend an. Gemüse wird auf sehr kreative Weise geschnitten und als Körbchen oder Netz drapiert, in dem sich dann weiteres Gemüse befindet. Oft kann man nicht unterscheiden, was Dekoration und was Teil des Gerichts ist.

Was auch immer Sie auf Ihrem Teller finden – ob nun ein liebloses Salatblatt oder eine kreative Gesamtkomposition –, es darf alles gegessen werden.

Fingerfood = Fingergericht?

Irrtum:
»Fingerfood« und »Fingergericht« sind zwei Begriffe für dieselbe Sache.
Richtig ist:
»Fingerfood« besteht aus kleinen Häppchen,
ein »Fingergericht« hat normale Größe.

Auch wenn die beiden Begriffe »Fingerfood« und »Fingergericht« von den meisten Menschen synonym gebraucht werden – falsch ist es trotzdem. Die Gastronomie unterscheidet sehr deutlich zwischen den beiden Begriffen. Es handelt sich nicht nur um unterschiedliche Gerichte, im Allgemeinen sind damit auch verschiedene Szenarien verbunden.

»Fingerfood« ist ein neuerer Begriff und beschreibt eine moderne Variante des Essens, nämlich Häppchen, die meist bei Stehempfängen gereicht werden. Für diese kleinen Leckereien genügt meist eine Serviette in der Hand, um sie zu verzehren. Manchmal werden sie auch auf kleinen Tellern oder eigenen Löffeln, jedoch ohne Besteck gereicht.

»Fingergerichte« sind hingegen klassische Speisen, die ganz normal am Tisch verzehrt werden. Schalen- und Krustentiere, Wachteln oder Artischocken am Stück fallen in diese Kategorie. Für den Gast steht dann eine Fingerschale bereit, in der er seine Finger reinigen kann.

Bröckchen und Flöckchen

Irrtum:
Brot als Beilage isst man genauso wie Brot als Hauptspeise.
Richtig ist:
Brot als Beilage wird niemals bestrichen, und man beißt
auch nicht davon ab.

Einige Arbeitgeber glauben, während eines Testessens erkennen zu können, wie der soziale Hintergrund eines Bewerbers aussieht. Wenn dieser fröhlich die als Beilage gereichte Scheibe Baguette mit Butter bestreicht und abbeißt, hat er seine Chancen deutlich verschlechtert.

Mit Brot als Beilage verbinden sich gleich zwei Missverständnisse. Erstens wird Beilagenbrot anders gegessen als Brot zum Frühstück oder zu einem kalten Abendessen. Morgens oder abends, als Hauptbestandteil des Essens, kann eine Brotscheibe komplett bestrichen werden. Je nach Art des Belags und Größe der Scheibe wird sie dann entweder mit Messer und Gabel gegessen oder man beißt einfach hinein.

Brot als Beilage wird hingegen weder bestrichen, noch beißt man davon ab.

Eine Scheibe Baguette als Beilage wird mit der »Bröckchen-und-Flöckchen-Technik« gegessen. Das bedeutet, Sie nehmen sich vom Aufstrich wie Butter, Schmalz oder Quark und geben etwas davon auf Ihren Brotteller. Dazu benutzen Sie entweder das für den Aufstrich vorgesehene Besteck oder das Buttermesser, das auf Ihrem Brotteller liegt. Dann brechen Sie ein mundgerechtes Stück vom Brot ab (Bröckchen), bestreichen es mit etwas Aufstrich (Flöckchen) und verzehren es.

Ein zweiter Irrtum, der oft zu beobachten ist, ist die An-
gewohnheit vieler Gäste, ihren Brotteller von der linken Seite
zur Mitte ihres Gedecks, also direkt vor sich zu schieben, damit sie nicht so viel krümeln. Das ist aber falsch. Erstens ver-
rückt ein Gast sein Gedeck nicht, sondern lässt es so, wie es
für ihn eingedeckt wurde. Ein liebevoll vorbereiteter Tisch
sähe sonst sehr schnell chaotisch aus. Zweitens erhebt man
auf diese Weise eine als Beilage vorgesehene Speise zu einem
Hauptgericht. Das ist weder gegenüber dem Koch noch
gegenüber dem Gastgeber nett. Drittens sind gute Servicekräfte oft so leise, dass sie von den Gästen nicht bemerkt
werden, wenn sie den nächsten Gang servieren möchten.
Steht nun ein Brotteller in der Mitte Ihres Gedeckes, dann
muss der Kellner mit den möglicherweise schweren und
heißen Tellern so lange warten, bis Sie ihn bemerken und
den Teller zur Seite stellen.

Die Regeln des Brotessens haben sich im Laufe der letzten
Jahrhunderte auf interessante Weise verändert. In früheren,
deutlicher hierarchisch gegliederten Gesellschaften hatten
solche Codes eine viel klarere Unterscheidungs- und Vor-
bildfunktion als heute. So wurde vom 15. bis ins 17. Jahrhundert hinein an einer vornehmen Tafel Brot mit dem
kostbaren und daher selten benutzten Messer geschnitten.
Als sich das Bürgertum ebenfalls Messer in größerer Zahl
leisten konnte und sein Brot gleichfalls schnitt, setzte der
Adel eine neue Norm: Als Geste aristokratischer Eleganz, die
Schlichtheit ausdrücken sollte, forderte man nun wieder
das Brechen des Brotes mit der Hand. Vergeblich verlangte
daraufhin eine bürgerliche Anstandslehre trotzig: »Das Brot
mit der Hand flach zu drücken und dann mit den Fingerspitzen kleine Stücke abzubrechen, das ist ein Vergnügen,

dass du gewissen Leuten bei Hofe überlassen musst. Für dich schickt es sich, das Brot anständig mit dem Messer zu schneiden.«

Wein testen

Irrtum:
Wenn man im Restaurant einen Wein testet, kann man zeigen, dass man etwas von Wein versteht.

Richtig ist:
Beim Weintesten im Restaurant geht es nicht um eine Weinprobe, sondern hauptsächlich darum, ob der Wein in Ordnung ist.

Wenn für den Gast eine neue Flasche geöffnet wird, ist es im Restaurant üblich, dass er den Wein nach dem Entkorken prüfen kann. Gerade Gäste, die den anderen am Tisch zeigen möchten, was für Kenner sie sind, machen eine große Zeremonie daraus – ohne Grund. Einen Wein im Restaurant zu testen ist nämlich etwas ganz anderes als eine Weinprobe im Laden, während eines Weinseminars oder bei einem Winzer. Im Restaurant geht es vor allem darum, zu entscheiden, ob der Wein in Ordnung ist – also ob er die richtige Temperatur hat und ob er nicht verdorben ist (zum Beispiel durch einen verschimmelten Korken).

Ein Blick auf die Farbe im Glas, ein vorsichtiges, kurzes Schwenken desselben und ein kleiner Schluck genügen dafür vollkommen. Alle anderen Dinge wie geräuschvolles Schlürfen oder hingebungsvolles Betrachten des Glasinhaltes sind im Restaurant fehl am Platz.

Wenn das Restaurant einen ganz besonderen, alten und entsprechend teuren Wein aus dem Weinkeller geholt hat, sollte die Prüfung natürlich intensiver ausfallen. Bei einem normalen Wein von der Karte reicht ein diskreter Test. Übrigens: Ein offener Hauswein wird grundsätzlich nicht getestet.

Ein verhängnisvoller Irrtum ist es, einen Wein, der merkwürdig schmeckt, sofort als »verkorkt« zu bemängeln. Erstens bedeutet nicht jeder ungewohnte Geschmack, dass ein Wein schlecht ist – es kann auch schlicht eine ungewohnte und vielleicht für Sie nicht angenehme Geschmacksnote sein. Zweitens gibt es eine Reihe von Gründen, warum ein Wein verdorben sein kann. Gerade bei jüngeren Weinen wird es eher selten am Korken liegen, denn immer öfter werden die Flaschen – auch hochwertiger Weine – nicht mehr mit einem Naturkorken versiegelt. Wenig glaubwürdig erscheinen Sie, wenn Sie einen Wein ablehnen mit der Begründung: »Der korkt«, der Sommelier oder Kellner aber gerade einen Glaskorken entfernt hat. Besser ist es also, Ihre Zweifel, ob der Wein tatsächlich qualitative Mängel aufweist, zu formulieren: »Der Wein schmeckt etwas merkwürdig. Ich bin mir nicht sicher, ob das so sein soll. Könnten Sie ihn bitte einmal probieren?«

Der erste Schluck

Irrtum:
Der Wein darf getrunken werden, sobald die Gläser gefüllt sind.
Richtig ist:
Jede neue »Runde« Wein muss erneut vom Gastgeber eröffnet werden.

Idealerweise wird im Restaurant dem Gastgeber ein kleiner Schluck Wein eingeschenkt, damit er ihn testen und dann sozusagen freigeben kann. Es ist jedoch falsch, sofort zum Glas zu greifen, wenn die Servicekraft nach seinem Nicken alle Gläser gefüllt hat. Es gehört nicht nur zu den Pflichten, sondern auch zu den Privilegien des Gastgebers, einen Wein für die gesamte Tafelrunde freizugeben. So wie es beim Essen ein Startzeichen gibt, damit alle gemeinsam beginnen können, gibt es auch beim Wein ein entsprechendes Signal. Schließlich geht es bei einem gemeinsamen Essen nicht vorrangig um die Aufnahme von Speis und Trank, sondern um das gemeinsame Beisammensein.

Wie der Gastgeber einen Wein eröffnet, bleibt ihm überlassen. Ein guter Gastgeber wird sowohl den Anlass als auch die Anzahl der Gäste sowie die Gesamtsituation berücksichtigen. Von einem kurzen, stummen Nicken in die Runde mit erhobenem Glas über ein »Zum Wohl« bis hin zu einer Tischrede ist alles möglich. Kommt ein Gastgeber dieser Aufgabe nicht nach, so entsteht für wohlerzogene Gäste eine unangenehme Situation: Sie dürfen eigentlich noch nicht von dem Wein trinken, da er ja noch nicht eröffnet wurde. Andererseits haben Sie vielleicht die Menükarte studiert und gesehen, dass zum nächsten Gang ein neuer Wein gereicht werden soll. Sie ahnen also schon, dass es ein wenig peinlich werden könnte, wenn der Sommelier den neuen Wein bringt, vor jedem Gast aber noch ein volles Glas des ersten Weines steht. Hier sollte dann der Gast beherzt eingreifen, der entweder der Rang-höchste, der Älteste oder der dem Gastgeber am nächsten Stehende ist. Er könnte ein paar Dankesworte an den Gastgeber richten und dann ostentativ sein Glas erheben. Doch Vorsicht: Das ist eine Notlösung, um Schlimmeres zu verhindern.

Es ist ebenfalls eine irrige Annahme, dass, nachdem der erste Wein eröffnet wurde, von den folgenden Weinen, die es möglicherweise im Verlauf des Abends gibt, sofort getrunken werden darf, da ja bereits das generelle Startzeichen erteilt worden ist. Ebenso wie jeder neue Gang sollte auch jede neue Weinsorte auf ein Zeichen des Gastgebers gemeinsam begonnen werden. Das ist allerdings nicht nötig, wenn nur eine neue Flasche des gleichen Weins geöffnet und getrunken wird.

»Machen Sie glatt Hundert!«

Irrtum:

Möchte man dem Service ein Trinkgeld geben, so nennt man die Gesamtsumme.

Richtig ist:

Trinkgeld wird entweder liegen gelassen oder man nennt den Betrag, den man zurückhaben möchte.

Trinkgeld zu geben ist in Deutschland zwar kein Zwang, aber absolut üblich – so üblich, dass fehlendes Trinkgeld automatisch als Kritik am Service verstanden wird. Üblich sind, je nach Gesamtsumme, etwa fünf bis zehn Prozent. Bei sehr hohen Summen kann es auch etwas weniger sein. Die Höhe des Trinkgelds hängt aber natürlich nicht nur von der Gesamtsumme, sondern auch von der Zufriedenheit des Gastes ab.

Die meisten Leute irren jedoch nicht, was den Betrag angeht, sondern darin, wie man das Trinkgeld überreicht. Bezahlen Sie mit Kreditkarte, so bekommen Sie den Beleg und Ihre Karte meist in einem Umschlag oder einem Kästchen zurück. Dort legen Sie dann das Trinkgeld hinein. Für die Beschäftigten im Restaurant ist es ohnehin am besten, das Trinkgeld bar zu bekommen. Ist das für Sie nicht möglich, weil Sie kein Kleingeld dabeihaben oder aus abrechnungstechnischen Gründen, dann schreiben Sie auf den Rechnungsbeleg von Hand »+ Trinkgeld 8 Euro«. Manche Belege haben inzwischen schon eine eigene, vorgedruckte Zeile dafür. Die Summe für Ihren Verzehr plus das von Ihnen angegebene Trinkgeld wird zusammen von Ihrer Kreditkarte abgebucht und auf dem Beleg ausgewiesen.

Bezahlen Sie bar, sollten Sie nie sagen »Machen Sie glatt Hundert«. Erstens hören Ihre Gäste so die Gesamtsumme, was nicht sein sollte – schließlich sollen Gäste einfach nur verwöhnt werden, ohne sich Gedanken über Geld zu machen. Zweitens hat es etwas Entwürdigendes gegenüber dem Kellner. Entweder Sie nennen den Betrag, den Sie zurückhaben möchten (»Geben Sie mir bitte zwanzig Euro zurück«), oder Sie lassen sich das gesamte Wechselgeld zurückbringen und legen das Trinkgeld in die dafür vorgesehene Schatulle, die der Kellner an den Tisch bringt.

Am elegantesten ist es, eine Rechnung außer Hörweite der Gäste zu begleichen. Nur so haben Sie die Gelegenheit, in Ruhe den Beleg und die aufgeführten Posten zu prüfen.

Übrigens: Der Chef oder die Chefin erhalten kein Trinkgeld – weder im Restaurant noch beim Friseur.

V

Feiern, Feste, Gastlichkeit

Testen Sie Ihr Wissen: Richtig oder falsch?

	richtig	falsch
Bei großen Festen, zu denen die Gäste von weither anreisen, muss der Gastgeber auch die Übernachtungen bezahlen.		
Der Wunsch eines Gastgebers »Keine Geschenke« muss unbedingt respektiert werden.		
Zu einer Einladung am Abend kommt man ein paar Minuten vor der Zeit.		
15 Minuten sind keine Verspätung, da sie noch unter das akademische Viertel fallen.		
Dass ein Fest in gehobenerem Rahmen stattfindet, kann man mit vornehmen Abkürzungen auf der Einladung wie »r. s. v. p.« kenntlich machen.		
Einladungen zu einem »Flying Buffet« oder einem »Running Dinner« sind modern und kombinieren Fitness und Essen.		
Zu einer Essenseinladung bringt man immer Blumen mit.		
Männern schenkt man heute genauso Blumen wie Frauen.		
Gastgeber sitzen immer nebeneinander.		
Man darf vor Geburtstagseinladungen nachfragen, was sich das Geburtstagskind wünscht.		
Blumen werden nicht in Papier eingepackt überreicht.		
Dass Herren stets die Rechnung übernehmen, ist nicht mehr selbstverständlich, sondern altmodisch.		
Ob auf den Tischkarten auch der Titel stehen soll, muss von Fall zu Fall entschieden werden.		
Ein Aperitifglas wird nicht zum Tisch mitgenommen.		
Wenn eine Dame vom Tisch aufsteht, müssen sich nicht mehr alle Männer erheben.		
Wurde man eingeladen, so genügt es, sich am Ende des Abends zu bedanken.		
Heute schreibt man keine Widmungen mehr in Bücher.		

	richtig	falsch
Wird ein Geschenk persönlich überreicht, dann ist eine Karte nicht notwendig.		
Geschenke packt man immer sofort aus.		
Die Regel, dass man ein Fest nicht vor dem Ehrengast verlassen darf, gilt heute nicht mehr.		
Wenn man zu Tisch gebeten wird, setzt man sich dort sofort hin.		
Witze sind für Small Talk und Gespräche auf Festen nicht geeignet.		
Blumen verschenkt man immer nur in ungerader Anzahl.		
Zu Beginn einer Tischrede an sein Glas zu klopfen ist nicht sehr stilvoll.		
Möchte man jemanden zum Tanzen auffordern, so fragt man: »Sie gestatten?«		
Bücher werden nicht in der Schutzfolie verschenkt.		
Wein als Mitbringsel wird nicht sofort getrunken.		
Der männliche Ehrengast sitzt rechts von der Gastgeberin.		
Eine feste Sitzordnung eignet sich nur für sehr formelle Anlässe.		
Bittet ein Gastgeber um eine Spende für einen guten Zweck, so bekommt er statt eines Geschenks die entsprechende Quittung.		
Bei großen Festen ist eine Nummerierung der Tische ungünstig.		
Dass man sich über das zahlreiche Erscheinen der Gäste freue, sollte man zu Beginn einer Rede erwähnen.		

Schon Freiherr von Knigge sagte: »Es gibt eine Art, Gastfreundschaft zu erweisen, die dem wenigen, was man dar-
reicht, einen höheren Wert verleiht als große Schmauserei.«
Feste und Gastfreundschaft gehören zu jeder Kultur, zumindest seit Beginn der Geschichtsschreibung. Heute beklagen
Privatleute und Unternehmen manchmal, dass Einladungen
mehr Stress als Freude brächten und dass es immer schwieriger werde, einen Rahmen zu finden, in dem sich alle wohl-
fühlten und sich adäquat verhielten. »Hauptsache, ich habe
Spaß«, mag sich wohl so manch ein Gast bei einer Einladung
denken. Doch das ist ein Irrtum: Jede Feier und jedes Fest
kann nur aus dem Zusammenspiel von Gästen und Gastgebern gelingen. Es ist wie ein Spiel oder Tanz, die Regeln
engen nicht ein, sondern machen das harmonische und
freudige Miteinander erst möglich. Doch damit es dazu
kommen kann, muss man die Regeln kennen.

Das wird aber teuer!

Irrtum:

*Bei einer Einladung zu einem großen Fest wie
einer Hochzeit kommt der Gastgeber auch für die
Übernachtungen auf.*

Richtig ist:

*Der Gastgeber zahlt die Hotelzimmer für seine Gäste
nur, wenn er dies explizit angekündigt hat.*

Bei großen Festen, insbesondere bei Hochzeiten, werden
meist nicht nur die Verwandtschaft, sondern auch viele
Freunde und Bekannte eingeladen, die heutzutage oftmals
aus dem ganzen Bundesgebiet anreisen müssen. Gute Gast-

geber kümmern sich rechtzeitig darum, dass es für alle eine geeignete Übernachtungsmöglichkeit vor Ort gibt. Gerade auf dem Land oder in kleineren Städten muss man lange vorher bei den wenigen Hotels anfragen, Zimmer reservieren und gegebenenfalls auch Sonderkonditionen für die große Gästeschar verhandeln.

Weil die Einladung die Adressen von möglichen Übernachtungsmöglichkeiten enthält, gehen manche davon aus, dass die Übernachtung vom Gastgeber bezahlt werde. Auch viele Gastgeber zögern bei ihrer Planung, weil sie die Übernachtungen der Gäste mitkalkulieren.

Beide Seiten irren jedoch, wenn sie davon ausgehen, es herrsche quasi ein Automatismus, dass der Gastgeber dafür aufkommen müsse, wenn die Feier an einem anderen Ort stattfindet.

Natürlich kann ein Gastgeber das tun – es spricht nichts dagegen. Allerdings sollte er es in der Einladung dann auch so formulieren, damit den Gästen klar ist, dass sie nur für die Fahrt und ein Geschenk aufkommen müssen.

Will oder kann der Gastgeber das jedoch nicht, so muss er auch dies klar auf der Einladung ausdrücken. Zum Beispiel: »Einige Hotels gewähren unseren Gästen Sonderkonditionen. Eine Liste mit Adressen und Preisen findet Ihr in diesem Umschlag. Die Anzahl der Hotelbetten ist bei uns auf dem Land beschränkt. Denkt also bitte daran, rechtzeitig zu reservieren.«

Gastgeber, die ein großes Fest ausrichten und alles dafür tun, damit es das Fest ihrer Träume wird, tun gut daran, sich vorher zu überlegen, was sie ihren Gästen zumuten. Der Wunsch eines Paares, seine Hochzeit in den Bergen oder auf Mallorca zu feiern, ist verständlich. Es sollte aber nicht vergessen, dass es nicht jedem Eingeladenen möglich ist, sich die nötige Zeit für Hin- und Rückreise und das Fest zu nehmen und nicht nur ein Geschenk, sondern auch Fahrt oder sogar Flug und eine oder zwei Übernachtungen zu bezahlen.

Bitte dieses Mal ohne

Irrtum:

Der Wunsch eines Gastgebers, keine Geschenke zu bekommen, ist bloß ein Ausdruck von Bescheidenheit und sollte nicht ernst genommen werden.

Richtig ist:

Der Wunsch eines Gastgebers ist auf jeden Fall zu respektieren.

Manchem Gastgeber sind die Geschenke der Gäste eher Last als Freude, vor allem, wenn er einen ganz exquisiten Geschmack hat, den nur Kenner verstehen. Die Gäste aber erinnern sich: »Er interessiert sich doch so für Kunst/trinkt gerne Wein/spielt Golf« und so weiter. Der Beschenkte quält sich dann ein Lächeln über das hundertste Golfbuch ab und nimmt mit aufgesetzter Freude Weinflaschen entgegen, die vermutlich teuer waren, aber nicht seiner Vorliebe für französische Rotweine aus dem Languedoc entsprechen.

Doch nicht nur schlechte Erfahrungen bringen Gastgeber dazu, auf Geschenke zu verzichten. Möglicherweise besitzen sie schon alles, was ihr Herz begehrt. Was sie sich wirklich wünschen, ist, möglichst alle Freunde zu versammeln und ein fröhliches Fest zu feiern.

So kommt es immer öfter vor, dass Einladungen den Hinweis enthalten, doch bitte auf Geschenke zu verzichten.

Doch nicht jeder Gast freut sich darüber, sondern grübelt, was er denn statt eines »richtigen« Geschenkes mitbringen solle. So kann es passieren, dass einige Gäste, wie gewünscht, ohne Gaben auftauchen, andere jedoch, die den Hinweis ignoriert haben, mit großen Paketen erscheinen und wieder andere eine symbolische Kleinigkeit in den Händen halten.

Die Konsequenz ist, dass alle verwirrt sind und sich fragen, ob sie etwas falsch gemacht haben.

Fakt ist: Ein Gast, der einen ausdrücklichen Wunsch des Gastgebers ignoriert, ist unhöflich. Er bringt nicht nur den Gastgeber in eine unangenehme Situation, sondern auch die anderen Gäste, die sich vielleicht ein wenig genieren, weil sie kein Geschenk haben – obwohl ja genau das ausdrücklich verlangt wurde.

Wenn Sie schon etwas vorbereitet haben, das nur für diesen Anlass passt, wie zum Beispiel ein Kalender mit Fotos aus Ihrer gemeinsamen Zeit, dann bringen Sie es auf keinen Fall zum Fest mit. Schicken Sie es lieber mit den Worten, dass Sie den Wunsch gerne respektieren, dieses individuelle Geschenk aber schon lange vorbereitet haben und es gerne in den Händen des Freundes wissen möchten.

Gerühmte deutsche Tugend: Wie pünktlich ist pünktlich?

Irrtum:

Zu einer Einladung sollte man immer ein paar Minuten vor der Zeit erscheinen.

Richtig ist:

Wie pünktlich man erwartet wird, hängt von der Art der Einladung ab.

Nirgends gibt es so viele Missverständnisse wie beim Thema
»Pünktliches Erscheinen zu Einladungen«. Einige sind fest
davon überzeugt, dass man immer ein paar Minuten vor der
Zeit kommen solle, da die Uhrzeit auf der Einladung ja der
Beginn des Festes sei. Andere wiederum sind der Meinung,
fünf Minuten nach der angegebenen Zeit sei höflicher. (Diejenigen, die kommen, wann es ihnen passt, und denken, das
sei in Ordnung, denn es handle sich ja schließlich nicht um
einen Termin, werden hier nicht weiter erwähnt.)

Die Irrtümer über den richtigen Zeitpunkt rühren daher,
dass der Begriff »Einladung« zu weit gefasst ist, um eine
allgemeingültige Regel zu finden. Eine Einladung kann ein
Essen in engem Kreis bei Freunden sein, eine Gartenparty
mit hundert Leuten, ein Ball oder auch ein Empfang.

Generell gilt: Je kleiner der Kreis und je mehr das gemeinsame Essen der Mittelpunkt ist, desto wichtiger ist absolute
Pünktlichkeit. Bei einem Treffen zu sechst fällt es allzu deutlich auf, wenn eine Person später als die anderen kommt,
außerdem behindert es den Ablauf. Bei hundert Gästen ist
der Ablauf meist schon von vornherein mit größeren Zeit-
abständen geplant, so dass es nicht besonders stört, wenn
einer fehlt. Doch auch bei großen Festen gilt: Zu einer
Essenseinladung muss man pünktlich erscheinen. Sind Sie
also um 20 Uhr zu einem Essen eingeladen, so sollten Sie
dort auch um 20 Uhr eintreffen.

Wenige Minuten früher da zu sein gehört aber auch nicht
zum guten Ton. Jeder Gast, der vor der Zeit erscheint, kann
den oder die Gastgeber dabei stören, im eigenen Haus noch
ein paar Handgriffe zu erledigen oder im Restaurant die
letzten Dinge mit den Mitarbeitern zu besprechen.

Bei großen Festen gibt es im Allgemeinen eine Toleranzschwelle zwischen 15 und 30 Minuten. Schließlich können hundert oder mehr Gäste nicht gleichzeitig eintreten, die Garderobe ablegen und die Gastgeber begrüßen.

Kluge Gastgeber legen bei großen Festen deshalb der Einladung einen Zeitplan bei, der folgendermaßen aussehen kann:

19 Uhr: Gemeinsamer Aperitif im Garten
20 Uhr: Dinner
Ab 23 Uhr: Party

Hier verstehen die Gäste, dass sie ab 19 Uhr erscheinen können und um 20 Uhr auf ihren Plätzen sitzen sollten.

Akademisches Viertel und andere Rätsel der Zeitrechnung

Irrtum:

Eine Verspätung von rund 15 Minuten ist eigentlich keine Verspätung – es ist ja noch im Rahmen des akademischen Viertels.

Richtig ist:

Das akademische Viertel hat mit Verspätung nichts zu tun.

Im Volksmund wird Akademikern und vor allem Studenten gerne unterstellt, sie kämen immer zu spät. Es gibt vage Vorstellungen davon, dass dies an Universitäten üblich sei. Einige erklären bei einer Verspätung von 15 Minuten, dass dies noch im Rahmen des »akademischen Viertels« und damit absolut in Ordnung sei. Diese vermeintlich witzige Bemerkung offenbart aber nur Unwissenheit.

Es ist natürlich Unsinn, dass Akademiker eine geradezu verlässliche Unpünktlichkeit an den Tag legen. Richtig ist, dass an vielen Hochschulen die Lehrveranstaltungen 15 Minuten nach der vollen Stunde beginnen. Das hat jedoch nichts damit zu tun, dass sowieso alle zu spät kommen.

Es gibt verschiedene Erklärungsmodelle für den Ursprung. Die meisten Historiker sind der Meinung, dass in den letzten Jahrhunderten viele Lehrveranstaltungen in den Privatwohnungen der Professoren abgehalten worden seien, die natürlich in der ganzen Universitätsstadt verstreut lagen. Um von einer Wohnung zur nächsten zu gelangen, brauchte man ein wenig Zeit. Auch heute liegen die Räume für Vorlesungen und Seminare oft weit auseinander, manchmal sogar in unterschiedlichen Gebäuden. Daher wird in vielen Universitäten mit dem »akademischen Viertel«, auch »akademische Viertelstunde« oder »akademisches Quart« genannt, gearbeitet. Die Veranstaltungen enden dann 15 Minuten vor der angegebenen Zeit und beginnen 15 Minuten nach dem festgesetzten Zeitpunkt. Lernende und Lehrende können so eine kurze Pause machen und von einem Ort zum anderen gelangen.

Außerhalb von Universitäten gibt es nur noch sehr selten Veranstaltungen, die mit dem akademischen Viertel planen. So können Sie die richtige Uhrzeit erkennen:

- 18 Uhr s.t. = 18 Uhr sine tempore (»ohne Zeit«); die Veranstaltung beginnt genau um 18 Uhr.
- 18 Uhr c.t. = 18 Uhr cum tempore (»mit Zeit«); die Veranstaltung beginnt um 18.15 Uhr, also nach der »akademischen Viertelstunde«.

Früher gab es noch zwei andere Zeitangaben, die heute so gut wie nicht mehr verwendet werden:

- 18 Uhr m. c. t. = 18 Uhr magno cum tempore (»mit viel Zeit«); die Veranstaltung beginnt um 18.30 Uhr.
- 18 Uhr mm. c. t. = 18 Uhr maximo cum tempore (»mit am meisten Zeit«); die Veranstaltung beginnt um 18.45 Uhr.

Wenn Sie sich nicht sicher sind, dass Ihre Gäste diese Zeit-angaben verstehen, dann verzichten Sie lieber darauf, sonst sorgt es nur für Verwirrung und alle kommen zu unter-schiedlichen Zeiten.

So vornehm sind wir heute: »r. s. v. p.«

Irrtum:
Wenn ich bei meinen Einladungen bestimmte Abkürzungen verwende, macht das gleich einen vornehmen Eindruck.

Richtig ist:
Ob bestimmte Begriffe oder Abkürzungen verwendet werden können, hängt vom Empfänger einer Nachricht ab, nicht vom Absender.

Der gesamte Stil einer Einladung – das Papier, der Veran-staltungsort und die Wortwahl – gibt den Gästen Hinweise darauf, was sie zu erwarten haben und was von ihnen selbst, vor allem auch in Bezug auf die Kleidung, erwartet wird. In-sofern ist es richtig, sich über den Ton der Einladung Ge-danken zu machen. Es ist ebenfalls richtig, eine kultivierte und gehobene Sprache zu verwenden, wenn Sie möchten, dass das Fest ebenfalls auf gehobenem Niveau stattfindet. Das muss aber nicht heißen, dass man dazu zwangsläufig auf bestimmte Abkürzungen zurückgreifen muss, die auf einigen Einladungen zu finden sind. Abkürzungen sollten vielmehr generell vermieden werden, da sie als unhöflich gelten, außer sie sind absolut üblich, wie bei »Dr.«. Schließlich spart man sich die Mühe, einen Begriff auszuschreiben. Zudem ist nicht jede Abkürzung allen geläufig – und es ist nicht besonders nett, die Eingeladenen mit dem Schreiben zunächst einmal ins Grübeln zu versetzen.

Folgende Abkürzungen sind auf vielen Einladungen zu finden:

- U.A.w.g. = »Um Antwort wird gebeten.« Manche glauben, es bedeutet »Um Abendkleidung wird gebeten«, was ein Irrtum ist. Viel freundlicher klingt eine Formulierung wie: »Bitte sagen Sie uns bis zum xx.xx. per Faxformular Bescheid, ob Sie kommen werden oder nicht.« Wichtig ist, die Eingeladenen zu bitten, dass sie auch ihr Nichterscheinen mitteilen, damit Sie den Überblick behalten. Eigentlich, so sollte man meinen, ist es eine Selbstverständlichkeit, den Gastgeber so bald wie möglich zu informieren, ob man kommt oder nicht. In einer *Spiegel*-Ausgabe vom Januar 2009 berichtet der Bürgermeister von Blaubeuren, Jörg Seibold, über den kurz zuvor zu Tode gekommenen Adolf Merckle, dieser habe auf Einladungen immer reagiert, selbst wenn es eine Absage gewesen sei. Zumindest im geschäftlichen Umfeld ist ein Feedback auf eine Einladung also offenbar so selten, dass es als postume Auszeichnung erwähnt werden muss.

- p. m. = »pour memoire« = »zur Erinnerung«. Dies steht oft auf kleinen Kärtchen, die kurz vor einem Fest verschickt werden, wenn die richtige Einladung schon eine Weile zurückliegt. Es ist sinnvoll, bei großen und wichtigen Festen schon viele Monate vorher mit der Planung zu beginnen, einen Veranstaltungsraum zu buchen und die Einladungen zu verschicken. Schließlich ist der Terminkalender vieler Menschen heute oft ein halbes Jahr im Voraus schon sehr voll. Man verschickt zwei Wochen vor dem Fest eine kleine Erinnerung, um sicherzugehen, dass alle, die vor Wochen oder Monaten zugesagt haben, auch wirklich kommen. »P. m.« sollten Sie aber nur verwenden, wenn Sie wissen, dass Ihre Gäste damit vertraut sind. Ein Hinweis wie »Zur Erinnerung« oder, wenn es ein wenig lockerer sein darf, »Bald ist es so weit« ist ebenfalls höflich.

- R. s. v. p. = »Répondez s'il vous plaît« = »Um Antwort wird gebeten.« So manch einer denkt, dies sei eine vornehmere Variante und damit für feinere Veranstaltungen zu bevorzugen. Das ist jedoch falsch. Verwenden Sie auch diese Abkürzung nur dann, wenn Sie sich sicher sein können, dass sie alle verstehen.

- a. s. a. p. (auch asap) = »as soon as possible« = »so schnell wie möglich«. Aufgrund des Kommandotons wirkt dieser Hinweis eher unhöflich. Wenn Sie für Ihre Planung eine rasche Antwort brauchen, dann schreiben Sie lieber, bis zu welchem Datum Sie sie erwarten.

Vergessen Sie nicht: Je klarer Sie eine Einladung formulieren, desto leichter ist es nicht nur für die Gäste, sondern auch für Sie. Sie sparen sich viele Nachfragen und erleben keine unliebsamen Überraschungen. Eine Einladung, die deutlich und leserfreundlich formuliert ist, wird den Gästen das Gefühl geben, wirklich willkommen zu sein. So kommen sie in guter Stimmung zum Fest.

Flying Buffet und Running Dinner

Irrtum:
Diese Begriffe haben irgendwas mit »Fingerfood« und körperlicher Bewegung zu tun.
Richtig ist:
Beides sind Menüs mit fester Speisenfolge – keine sportlichen Betätigungen.

Die Begriffe »Flying Buffet« und »Running Dinner« tauchen immer öfter auf Einladungen auf. Sie sollen den Gästen mehr Abwechslung und Unterhaltung bieten als ein klassisches Menü. Im Mittelpunkt steht hier vor allem die Kommunikation zwischen den Menschen. Ein »Flying Buffet« wird oft mit dem klassischen »Fingerfood« verwechselt. Auf den ersten Blick könnte das auch so sein; dies ist aber nicht der Fall.

»Fingerfood« bedeutet, dass es unterschiedliche kleine Häppchen gibt, die mit einem Bissen verzehrt werden können. Meist isst man »Fingerfood« im Stehen, es gibt eine kleine Serviette, gelegentlich auch einen kleinen Teller dazu. Die Auswahl der Speisen ist oft groß und jeder kann entscheiden, was er nehmen möchte. Im Allgemeinen geht es nicht darum, die Gäste satt zu machen, vielmehr werden die

Kleinigkeiten zu einem Getränk, zum Beispiel im Rahmen eines Empfanges oder einer Vernissage, angeboten.

Ein »Flying Buffet« hingegen ist ein Menü mit mehreren Gängen, also einer festen Speisenfolge, die man genauso wenig frei wählen kann wie bei Tisch. Die Gerichte werden wie beim »Fingerfood« als Häppchen dargeboten, die man im Stehen isst, entweder direkt mit den Fingern von einem kleinen Teller oder mit Besteck, das üblicherweise eine kleine Gabel oder ein kleiner Löffel ist.

Das »Flying Buffet« wird immer wieder mit einem »Running Dinner« verwechselt, vielleicht, weil die Gäste auch bei Letzterem nicht nur stehen, sondern sich durch den Raum oder sogar durch die Stadt bewegen und so unterschiedliche Gesprächspartner haben.

Ein »Running Dinner« hat ebenfalls eine feste Abfolge von mehreren Gängen. Hier wird jedoch ganz klassisch am Tisch gegessen. Das Besondere dabei ist, dass jeder Gang an einem anderen Ort eingenommen wird. Ist das Dinner von Freunden organisiert, dann gibt es den Aperitif und den ersten Gang bei dem ersten Bekannten. Danach wandern oder fahren alle gemeinsam zum nächsten Haus oder zur nächsten Wohnung, wo es den zweiten Gang gibt, und so weiter. Wird so ein »Running Dinner« von Firmen veranstaltet, werden die verschiedenen Gänge in unterschiedlichen Bereichen oder Gebäuden des Unternehmens gegessen. Die Gäste lernen auf diese Weise das Unternehmen kennen, und es gibt viele Gelegenheiten, sich mit immer wieder anderen Menschen auszutauschen.

Mit leeren Händen kommt man nicht!

Irrtum:

Wird man zum Essen eingeladen, so muss man auf jeden Fall ein paar Blumen mitbringen.

Richtig ist:

Zu einer Einladung oder Verabredung im Restaurant bringt man keine Blumen mit.

Es ist hierzulande absolut üblich, eine Kleinigkeit für die Gastgeber mitzubringen, wenn man zum Essen eingeladen ist. Die meisten Menschen entscheiden sich dafür, Blumen zu überreichen. Diese kleine Gabe ist ein Dankeschön für die Einladung, eine Aufmerksamkeit, kein Geschenk. Blumen sind demnach unabhängig vom Anlass ein gutes Mitbringsel.

Das gilt jedoch nicht immer und uneingeschränkt. Für Gastgeber ist es sicher eine Freude, wenn sie in ihren eigenen Räumen feiern und die Gäste einen Strauß mitbringen, der die Wohnung schmückt und ihnen am nächsten Tag einen schönen Anblick bietet. Zudem verfügen die meisten Haushalte über genügend Blumenvasen.

Bei einer Einladung in ein Restaurant ist das anders. Erstens ist hier die Raumausstattung bereits definiert und die Tischdekoration von den Mitarbeitern des Hauses schon gestaltet, so dass es kaum Möglichkeiten gibt, den Blumen einen würdigen Ort zuzuweisen. Restaurants haben zudem nicht immer Vasen für die Gäste zur Hand. Zuletzt kommt noch das Problem auf die Gastgeber zu, wie sie am Ende des Abends all die Blumen unbeschadet nach Hause schaffen sollen. So müssen dann die nassen Sträuße in das Papier gewickelt, ins Taxi geladen und in die Wohnung geschleppt werden. Das tut den Pflanzen nicht gut und macht den Gastgebern Umstände. Beides ist sicherlich von den Gästen nicht beabsichtigt – sie wollten nur eine Freude bereiten.

Möchten Sie also unbedingt Blumen schenken, dann bringen Sie sie nicht ins Restaurant mit, sondern schicken Sie sie vorab ins Haus des Gastgebers, zusammen mit einer kleinen Karte, auf der steht, wie sehr Sie sich auf den Abend freuen. Oder Sie lassen den Einladenden nach dem Fest einen Strauß mit ein paar Dankesworten zukommen. So stiften Sie Freude und sorgen zudem für eine Überraschung.

Wenn Sie auf keinen Fall darauf verzichten wollen, Blumen mitzubringen, dann sollte es wirklich nur ein ganz kleines Sträußchen sein, das auf den Tisch passt – mehr ein Symbol als ein wirklicher Strauß.

Aber doch nicht für Männer!

Irrtum:
Blumen sind ein Mitbringsel ausschließlich für Frauen.
Richtig ist:
Blumen sind heute auch eine übliche kleine Aufmerksamkeit für Männer.

Den meisten fällt als Mitbringsel für eine Gastgeberin sofort ein Blumenstrauß ein. Auch bei einem Paar wählen viele ein paar Blumen, die sie der Gastgeberin überreichen. Lädt jedoch ein Mann ein oder ein Paar, das aus zwei Männern besteht, grübeln viele Gäste, was in diesem Fall die richtige Geste ist – Blumen können es ja nicht sein.

Woher dieser Irrglaube kommt, ist nicht ganz klar. Dass Blumen automatisch mit Frauen assoziiert werden, erscheint sehr anachronistisch. Warum sollten sich Männer nicht an Blumen erfreuen können? Zwar können manche Menschen mehr damit anfangen und andere weniger, doch gegen einen Strauß frischer Blumen als Mitbringsel hat normalerweise niemand etwas einzuwenden, weder Mann noch Frau, weder Jung noch Alt.

Besuchen Sie ein Paar, so ist es immer noch üblich, dass die Blumen der Gastgeberin überreicht werden, es sei denn, der Gastgeber hat Geburtstag oder er ist aus einem anderen Grund der Anlass des Festes. Doch selbst dann können Sie es so handhaben, dass der Gastgeber ein Geschenk bekommt und die Gastgeberin ein paar Blumen.

Kommen Sie selbst als Paar, so überreicht in klassischer Variante der Herr die Blumen an die Gastgeberin.

Wir sitzen natürlich nebeneinander

Irrtum:
Bei einer Essenseinladung sitzen die Gastgeber nebeneinander.
Richtig ist:
Gastgeber sitzen sich im Allgemeinen an der Tafel gegenüber.

Dass die Gastgeber an einer Tafel nebeneinandersitzen, ist ein weitverbreiteter Irrtum. Viele denken, das sei schon richtig so, weil man es bei Hochzeiten ja auch immer sehe. Hieran zeigt sich übrigens, dass die meisten heute nur noch bei Hochzeiten mit einer festen Tischordnung konfrontiert werden, weswegen das nebeneinandersitzende Brautpaar in Erinnerung bleibt.

Die Regel lautet aber: »Nur Paare, die im Mittelpunkt eines Festes stehen, sitzen nebeneinander.« Und ein Brautpaar, ebenso wie ein Paar, das Goldene Hochzeit feiert, steht ja in der Tat im Mittelpunkt der Veranstaltung.

Abgesehen davon gilt die Regel: »Gastgeber sitzen sich gegenüber.« Denkt man ein wenig über Sinn und Zweck von Tischordnungen nach, dann erscheint diese Regel nur logisch. Eine weitere Grundregel bei Tisch lautet: »Je näher die Gäste bei den Gastgebern sitzen, als desto wichtiger gelten sie.« Sitzt also ein gastgebendes Paar nebeneinander, so gibt es nur zwei Plätze, die als Ehrenplätze zu vergeben sind: links und rechts des Paares. Sitzen sich die Gastgeber aber gegenüber, gibt es bereits vier Ehrenplätze. Außerdem ist es auf diese Weise leichter für sie, den gesamten Tisch im Auge zu behalten, da jeder eine andere Seite beobachten kann.

Leider gibt es noch mehr Irrtümer, was die Sitzordnung angeht. Viele Gastgeber platzieren sich an den Schmalseiten des Tisches, vermutlich, weil man es so aus historischen Filmen kennt. Diese Sitzordnung ist jedoch sehr ungünstig, da die Gastgeber sehr weit voneinander entfernt sitzen und sich nicht mehr absprechen können. Zudem haben beide so ihre Ehrengäste quasi um die Ecke sitzen, an den Längsseiten. Ferner können sie sich ausschließlich mit den zwei Personen, die direkt links und rechts von ihnen sitzen, unterhalten – kommunikative Tafelrunden sehen anders aus.

Aus diesem Grund setzen sich Gastgeber in der Mitte der langen Seiten gegenüber oder schräg gegenüber. So behalten sie nicht nur den Überblick, sie können sich auch mit den Gästen links und rechts sowie gegenüber unterhalten. Wenn die Schmalseiten der Tafel ebenfalls besetzt werden sollen, dann sitzen hier die Gäste, die am wenigsten wichtig in der

Rangfolge sind. Beruflich könnten das zum Beispiel Assistenten oder Sekretärinnen sein, in einer privaten Runde sitzen hier die Kinder.

Gefragt wird nicht!

Irrtum:

Die Frage, was sich jemand zum Geburtstag wünscht, ist unhöflich.

Richtig ist:

Die Frage nach Wünschen zeugt von Aufmerksamkeit und Respekt.

Viele Gäste überkommt leider eine merkwürdige Scheu, nachzufragen, was dem anderen Freude bereiten würde, wenn sie zu einem Geburtstag oder Jubiläum eingeladen werden. Es ist ein bedauerlicher Irrtum, zu glauben, die Frage sei unhöflich, zeige die eigene Einfallslosigkeit oder sei gar ein Zeichen von Faulheit. Die Konsequenz ist, dass nach vielem Nachdenken und Diskutieren Dinge gekauft werden, über die sich der Beschenkte vielleicht gar nicht freut.

Das Gegenteil ist der Fall: Die Frage zeigt, dass sich jemand Gedanken macht, weil er den anderen unbedingt erfreuen möchte und er nicht etwas schenken will, was eigentlich nur ihm selbst gefällt. Sich nach den Wünschen des anderen zu erkundigen bedeutet ja nicht, auf den schönen Effekt einer Überraschung zu verzichten. Man geht nur sicher, dass das Geschenk keine unliebsame Überraschung wird. Nur wenige werden auf die Frage nach ihren Wünschen immer ganz konkrete Antworten parat haben, und wenn doch, so ist es auch gut. Schließlich ist es ihre eigene Wahl. Oft ist es jedoch so, dass Wünsche eher allgemein geäußert werden, wie: »Ich fange gerade an, mich mit dem Thema Rosenzucht zu beschäftigen. Darüber würde ich gerne etwas lesen.«

Will man die zu beschenkende Person nicht fragen, so bleibt immer noch die Möglichkeit, den Partner oder die Partnerin, nahe Freunde oder Kollegen oder auch die Sekretärin anzusprechen.

Das ist doch so praktisch

Irrtum:
Blumen werden im Papier überreicht, schließlich packt der Florist sie so schön ein.

Richtig ist:
In Deutschland werden Blumen immer ohne Papier überreicht.

Eine Papierverpackung für Schnittblumen ist kein Geschenkpapier: Sie ist ausschließlich zu deren Schutz gedacht – auch, wenn es ein hübsches Papier ist. So entfernt ein höflicher Gast immer das Papier, bevor er an der Tür klingelt und die Blumen mit den Blüten nach oben überreicht. Das Papier behält er einfach in der Hand oder steckt es in eine Tasche. Gastgeber, die nicht zu sehr im Stress sind, weil gerade ein ganzer Schwung von Gästen gekommen ist, die alle versorgt werden wollen, fragen üblicherweise nach, ob sie das Papier abnehmen können. Sind die Gastgeber gute Freunde von Ihnen, dann können Sie auch selbst fragen, wo Sie die Verpackung entsorgen dürfen.

Eine Ausnahme sind Hüllen aus Zellophan, die um den Strauß herumdrapiert sind und die man heute nur noch sel-

ten sieht, da viele Käufer sie aus Umweltbewusstsein ablehnen. In diesem Fall können Sie den Blumenstrauß mit der
Verpackung überreichen. Der Grund ist, im wahrsten Sinn
des Wortes, offensichtlich. Blumen sollen durch ihre Pracht
erfreuen und schon bei der Übergabe einen schönen Anblick bieten. Papier verhindert diesen Anblick, Zellophan
hingegen ermöglich ihn.

Selbst an Kleinigkeiten wie dem Blumenpapier sieht man
übrigens, wie unterschiedlich die Sitten in verschiedenen
Ländern sind. Gehört es in Deutschland zum guten Ton, das
Papier vor dem Überreichen zu entfernen, so ist es zum Beispiel in Italien und in den Niederlanden genau anders
herum. Als Begründung dafür wird genannt, man packe ja
auch keine Geschenke für andere aus. Die Niederländer
verwenden zudem sehr kunstvolle Verpackungen für die
Sträuße, die somit Bestandteil des Blumengeschenkes sind.

Frauen zahlen in Herrenbegleitung nicht

Irrtum:
*Es ist selbstverständlich, dass ein Herr für die Dame
bezahlt.*
Richtig ist:
*Wer die Rechnung übernimmt, ist immer vom Kontext
abhängig.*

Selbst in beruflichem Umfeld haben manche Männer Probleme damit, wenn die Frau die Rechnung begleicht. Auch
wenn die Geschäftspartnerin es vorher angekündigt hat,
fühlen sie sich unbehaglich und fragen sich, ob sie sich nicht
unhöflich verhalten. Doch nicht nur Männer, auch Frauen

unterliegen einem Irrtum, wenn sie fröhlich davon ausgehen, dass der Mann grundsätzlich die Rechnung bezahlt.

Früher war das tatsächlich so üblich, und alles andere galt
als unhöflich – das lag aber an der damaligen gesellschaftlichen Situation. Der Mann galt als Versorger der Familie und
damit auch der Frau. Selbst wenn eine Frau berufstätig war,
verdiente sie dennoch ziemlich wenig. Es gab schlichtweg
kaum Frauen, die in beruflichen Positionen waren, um andere – ob nun Männer oder Frauen – zum Essen einzuladen.
Das hört sich für viele Leser vielleicht nach Mittelalter an.
Tatsache ist jedoch, dass erst die sozialen Veränderungen
nach 1968 zu einer Gleichberechtigung der Frauen geführt
haben – in Deutschland brauchten Frauen bis in die siebziger Jahre hinein die Erlaubnis des Ehemannes, wenn sie
arbeiten wollten. Dass also Frauen genauso viel oder mehr
als Männer verdienen und Führungspositionen besetzen,
die häufige Business-Dinner und Arbeitsessen mit sich bringen, ist erst seit rund zwanzig Jahren so.

Heute gelten folgende Regeln:

1. Im Privatleben

Bei einem ersten Rendezvous wird im Allgemeinen erwartet, dass der Mann die Rechnung übernimmt. Ansonsten
gelten Absprachen zwischen Partnern oder im Freundeskreis, wie es gehandhabt wird. Entweder wird jedes Mal die
Rechnung durch die Hälfte bzw. Anzahl der Anwesenden ge-
teilt, oder es wird abwechselnd gezahlt. In manchen Fällen
übernimmt auch derjenige die Rechnung, der besser verdient. Eher selten und unüblich bei einer Runde, die öfter
zusammen essen geht, ist es, dass jeder akkurat für sich
selbst bezahlt. Möchten Sie das, dann teilen Sie es dem Ser

vice möglichst schon beim Bestellen mit. Sonst gibt es am Schluss ein mühseliges Auseinandersortieren der einzelnen bestellten Posten.

2. Im Beruf

Wer einlädt, bezahlt die Rechnung. Üblicherweise gehen Einladungen zu einem Business-Dinner vom Verkäufer, Zulieferer oder Dienstleister aus, der seinem Kunden damit seinen Dank für die Zusammenarbeit ausdrücken möchte. Hier geht es also um die Rolle, nicht um das Geschlecht. Lädt beispielsweise ein Steuerberater seinen wichtigsten Mandanten zum Essen ein, dann bezahlt er auch die Rechnung. Er hat seinen Kunden – hier Mandant genannt – schließlich eingeladen, um ihm etwas Gutes zu tun. Dabei ist gleichgültig, ob der Steuerberater zufälligerweise eine Steuerberaterin und ob der Mandant eine Frau oder ein Mann ist.

Tischkarten: Titel oder nicht Titel, das ist hier die Frage

Irrtum:
Auf die Tischkarten muss unbedingt der Titel.
Richtig ist:
Die Gestaltung der Tischkarten ist abhängig von Anlass und Anwesenden.

Sind alle Fettnäpfchen hinsichtlich der Sitzordnung glücklich umgangen, dann stehen die nächsten Hürden an. Denn nun müssen die Tischkärtchen beschrieben werden. Auch hier kann einiges falsch gemacht werden.

1. Viele Tischkärtchen sind nur vor einer Seite beschriftet und stehen so, dass die Schrift Richtung Tellerrand, also Gast, zeigt. Das ist aber ungünstig, denn die Gäste müssen so den ganzen Tisch umrunden, um ihren Platz zu finden, weil sie von der gegenüberliegenden Seite das Kärtchen ja nicht lesen können. Schade ist auch, dass man dann zwar während des Essens immer genau weiß, wie man selber heißt, die gegenübersitzenden Gäste, die den Namen nach der ersten Begrüßung vermutlich wieder vergessen haben, aber keine Chance haben, sich noch einmal diskret über Ihren Namen zu informieren. Richtig ist also, die Kärtchen immer beidseitig zu beschriften.

2. Eine weitere Unsitte besteht darin, eine originelle Computerschrift auszuwählen und die Tischkärtchen durch den Drucker zu jagen. Grundsätzlich gilt: Tischkarten werden von Hand beschriftet. Restaurants oder Cateringservices, die Veranstaltungen auf hohem Niveau durchführen, haben oft jemanden mit einer schönen Handschrift für solche Aufgaben. Handbeschriftete Kärtchen haben also nichts mit »Bastelstunde« zu tun und sind auch nicht »hausbacken«, sondern schlichtweg stilgerecht.

3. Der wohl schwerwiegendste Irrtum betrifft jedoch die Formulierung der Titel und Namen auf den Tischkärtchen. Eine Beschriftung wie »Omi Hilde« oder »Tante Lottchen« wird nur dann als liebevoll und passend empfunden, wenn alle Anwesenden die so Benannten auch wirklich ansprechen. Sind entferntere Verwandte dabei oder Bekannte, die mit manchen Anwesenden per Sie verkehren, ist so etwas unpassend und peinlich. Gibt es Gäste in der Runde, die nicht mit allen per Du sind, müssen Tischkarten mit Vor- und Zunamen beschriftet sein. Han

delt es sich um einen privaten und intimen Kreis, so ist es durchaus in Ordnung, die Titel der Gäste nicht mit auf die Tischkarte zu setzen. Statt »Dr. Hilde Hübsch« heißt es nur »Hilde Hübsch«. Tun Sie das aber nur, wenn Sie sicher sind, dass das für die Gäste nicht nur »in Ordnung« ist, sondern ihnen sogar lieber ist. Bei größeren Festen und bei offizielleren Veranstaltungen gehört der Titel aber selbstverständlich auf die Platzkarte – schließlich möchte der oder die Betreffende in der Regel so angesprochen werden. In konservativem oder sehr offiziellem Umfeld könnte auf der Karte auch »Frau Dr. Hilde Hübsch« stehen.

Ist doch schade darum: der Aperitif

Irrtum:

Wird zu Tisch gebeten, bevor der Aperitif ausgetrunken ist, so nimmt man das Glas mit.

Richtig ist:

Aperitifgläser werden nicht durch die Gegend getragen und auch nicht auf den gedeckten Tisch gestellt.

In guten Restaurants und bei großen Veranstaltungen gehobenen Niveaus kennt man diesen Etiketteverstoß mancher Gäste schon. Um zu verhindern, dass sie nach einem Stehempfang ihre Aperitifgläser mit zu Tisch nehmen, fordert einer der Mitarbeiter mit einem Tablett in der Hand alle, die noch ein Glas in der Hand haben, nonverbal dazu auf, dieses auf das Tablett zu stellen. Jeder, der es nicht vorher schon abgestellt hat, hat jetzt noch eine Chance, sich nicht zu blamieren. Leider verstehen nicht alle Gäste diese höfliche Aufforderung, sondern sind empört, dass ihnen jemand das Glas abnehmen möchte. Schließlich ist doch noch etwas drin!

Generell gilt: Ein Aperitif wird *vor* dem Essen getrunken. Er soll den Appetit anregen und den Abend eröffnen. Darauf weist schon der Name hin, der vom lateinischen »aperire« (»öffnen«) abgeleitet ist.

Sitzt man von Beginn an bei Tisch und trinkt dort den Aperitif, so sollten die Gläser geleert sein, bevor der erste Gang kommt. Ein gutes Restaurant wird versuchen, ein Auge darauf zu haben und den zeitlichen Ablauf entsprechend zu planen. Erst wenn die Aperitifgläser vom Tisch sind, wird der Wein für den ersten Gang in die Weingläser geschenkt.

Gibt es einen Aperitif, der als Stehempfang konzipiert ist, so macht sich eine unterschiedliche Uhrzeit des Eintreffens genauso wie das Trinktempo im Füllstand der Gläser bemerkbar. Ein Gast, der spät kommt und erst einen Schluck trinken konnte, wenn zu Tisch gebeten wird, hat eben Pech gehabt.

Nur während des Stehempfangs dürfen Sie sich mit dem Glas in der Hand bewegen. Ansonsten aber sollte in einem Restaurant ein Gast niemals mit bereits benutztem Geschirr durch die Gegend laufen. Das gilt generell als unkultiviert. Diese Regel sollte eigentlich reichen, um jeden von diesem Fehltritt abzuhalten.

Doch es gibt noch weitere Argumente dafür, das Glas nicht mit an den Platz zu nehmen. Für einen schön gedeckten Tisch gilt das Prinzip von der »Symmetrie der Tafel«, das bedeutet, dass die Plätze der Gäste exakt gleich aussehen sollten. Die Platzteller stehen also jeweils an der gleichen Stelle, die Bestecke liegen gleich weit von der Tischkante entfernt, und jedes Glas hat seine genaue Position. Genau dies ruft einen festlichen Eindruck hervor. Nehmen nun manche Gäste ihr Aperitifglas mit zu Tisch und manche nicht, so gerät die Symmetrie stark ins Wanken und der Anblick ist weniger schön. Zudem stellt natürlich jeder Gast sein Aperitifglas dort auf dem Tisch ab, wo er möchte. Bevor ein einziger Bissen gegessen wurde, ist die schöne Tafel schon zerstört – schade eigentlich.

Ein weiterer Grund, warum man das Glas nicht mitnehmen sollte, liegt im zeitlichen Ablauf. Sitzen alle Gäste, kommt normalerweise der Kellner und schenkt Wasser und den ersten Wein ein. Haben aber eine Reihe von Gästen noch ihre halbgefüllten Aperitifgläser vor sich stehen, weiß er nicht: Soll er nun den Wein anbieten oder nicht? Der Wein muss ja ausgeschenkt werden, da der erste Gang bald kommt. Sind die Weingläser gefüllt und der Gastgeber hat den Wein mit einem Toast eröffnet, sorgt das Aperitifglas erneut für eine Irritation. Der Gast wird sich fragen, ob er mit dem Aperitif oder dem Wein zuprosten soll. Richtig wäre natürlich der Wein. Wenn er aber nun vom Wein trinkt, kann er nicht mehr zum Aperitif zurückkehren.

Der Irrtum, den Aperitif mit an den Tisch zu nehmen, hat übrigens auch Auswirkungen auf den kulinarischen Genuss. Schließlich wurde der Aperitif als Appetitanreger gewählt und der erste Wein als passende Ergänzung zum ersten Gang.

Aber selbst ein Gast, der weiß, dass er das Glas nicht mitnehmen darf, kann noch etwas falsch machen – nämlich indem er auf die Bitte hin, zu Tisch zu gehen, den Rest seines Aperitifs mit einem Schluck hinunterstürzt. Kein guter Stil. Haben Sie noch nicht ausgetrunken, dann ist das zwar schade und liegt entweder an Ihrem zu späten Erscheinen, an

Ihrer Langsamkeit oder an einer falschen Zeitplanung der Organisatoren – doch wie auch immer: Lassen Sie den Rest einfach stehen.

Herren dürfen nicht sitzen bleiben?

Irrtum:

Erhebt sich eine Dame bei Tisch, so stehen alle höflichen Männer ebenfalls auf.

Richtig ist:

Nur der Tischherr erhebt sich, wenn seine Tischdame aufsteht.

Fast jeder hat schon einmal gehört, dass Männer aufstehen sollten, wenn eine Dame sich bei Tisch erhebt – aber wenige wissen, ob es tatsächlich so gehandhabt wird.

Im Allgemeinen ist es heute nicht mehr üblich, dass sich alle Männer erheben, wenn eine Dame aufsteht, allenfalls privat kommt es hin und wieder vor, allerdings auch nur, wenn man sich in sehr konservativem Umfeld bewegt. Und selbst dort ist es selten geworden, da es nur noch wenige Familien gibt, in denen das praktiziert und gelehrt wird. Was üblich und höflich ist: Der Tischherr, also der Herr, der links von einer Dame bei Tisch sitzt, erhebt sich, wenn diese aufsteht. Dieses Verhalten ist aber nur dann angebracht, wenn es in den gesamten Kontext passt. Wer mittags in die Kantine geht, sitzt vielleicht auf der linken Seite seiner Kollegin, aber er ist nicht ihr Tischherr. Hier wäre es mehr als merkwürdig, wenn er aufsteht, weil sie es tut.

Bei einem gehobenen Essen in kultivierter Gesellschaft erhebt sich der Tischherr aber nicht nur, sondern rückt seiner

Tischdame auch den Stuhl – Letzteres ist nicht nur dann angebracht, wenn beide gemeinsam zu Tisch gehen, sondern
jedes Mal, wenn die Tischdame ihren Platz verlässt oder wieder einnimmt.

Einmal danken reicht schon – oder?

Irrtum:

*Wurde man eingeladen, so bedankt man sich ein Mal
dafür.*

Richtig ist:

*Ein gerngesehener Gast bedankt sich vier Mal für eine
Einladung.*

Dass man sich bedankt, wenn man zu einem Fest eingeladen
wurde, dürfte den meisten bekannt sein. Die Annahme, damit sei die Sache erledigt, ist jedoch ein Irrtum. Ein guter
Gast, also einer, der gern gesehen und auch gern wieder eingeladen wird, bedankt sich vier Mal:

- Der erste Dank: wenn Sie zusagen. Ein Satz wie »Herz-
  lichen Dank für die Einladung. Ich freue mich sehr und
  komme gerne« ist freundlich.
- Der zweite Dank: an dem Tag des Festes selbst, wenn Sie
  der Gastgeber begrüßt. »Guten Abend, Herr Müller, vielen
  Dank für die Einladung« ist ein gelungener Start in den
  Abend.
- Der dritte Dank: am Ende des Abends, wenn Sie das Fest
  verlassen und sich beim Gastgeber verabschieden. »Auf
  Wiedersehen, Herr Müller, vielen Dank für den schönen
  Abend. Ich habe ihn sehr genossen.«

- Der vierte Dank: Innerhalb einer Woche nach dem Fest sollten Sie sich noch einmal beim Gastgeber melden und für die Einladung danken. Das »Wie« ist abhängig von Ihrem sonstigen Umgangston mit dem Gastgeber und dem Rahmen des Festes. Je üppiger es war und je mehr es aus dem üblichen Rahmen fiel, desto ausführlicher muss der Dank ausfallen.

Sind Sie also von Freunden zum sommerlichen Grillen in deren Garten eingeladen worden, ist es eine ausreichende und für die Gastgeber motivierende Geste, wenn Sie sich an einem der folgenden Tage per Anruf oder E-Mail für den schönen Abend und die gute Idee bedanken.

War es ein ganz besonderes Fest, dann gehören dazu ein paar handgeschriebene Zeilen. Erwähnen Sie darin das gute Essen, die wunderbaren Weine, die guten Gespräche mit interessanten Menschen sowie etwaige Highlights, beispielsweise den Auftritt einer Sängerin oder ein Feuerwerk und eventuell das Geschenk, das es zum Abschluss für jeden Gast gab. Bei solchen besonderen Dingen gilt: Alles, was im Dankesschreiben nicht erwähnt wird, war offensichtlich so schlecht, das es nicht erwähnenswert ist – diesen Eindruck gewinnt zumindest der Gastgeber.

In England nennt man solche Briefe »bread and butter letter«. Sie sind die Voraussetzung dafür, einen Gast überhaupt wieder einzuladen. Schreibt er nach einer Einladung nicht, so ist dies ein nonverbales Signal dafür, dass er auf eine weitere Einladung keinen Wert legt. In Deutschland wird es nicht so extrem interpretiert, dennoch ist so ein Brief ein positives Signal. Beruflich ist er zudem eine gute Möglichkeit der Kontaktpflege.

Widmung

Irrtum:
Widmungen in Büchern sind nicht mehr üblich.
Richtig ist:
Verschenkt man ein Buch, so schreibt man auch eine
Widmung hinein.

Bücher gehören nach wie vor zu den beliebtesten Geschenken. Nach Angaben der Quelle-Trendstudie »Weihnachten 2008« verschenkten rund 50 Prozent der Deutschen 2008 zu Weihnachten ein Buch. Was aber immer seltener wird, ist der Brauch, dem Beschenkten eine Widmung hineinzuschreiben. Das ist schade, denn es gehört auch heute noch zum guten Ton. Manche unterlassen es, weil sie denken, es sei heute nicht mehr üblich – ein Teufelskreis, denn je weniger Menschen eine Widmung hinterlassen, desto unüblicher wird es tatsächlich irgendwann. Ein weiteres Argument ist, dass der Beschenkte das Buch mit Widmung nicht mehr umtauschen könne. Das ist natürlich richtig, kein Buchhändler nimmt ein Buch mit Widmung zurück.

Wenn Sie sich nicht sicher sind, ob Ihre Freunde das Buch schon haben, und es keine Möglichkeit gibt, deren Bücherregal in Augenschein zu nehmen, dann können Sie eine Karte in das Buch legen, auf die Sie den Widmungstext schreiben mit dem Hinweis, dass Sie ihn gern in das Buch übertragen, falls es gewünscht wird.

Schreiben Sie einige persönliche Worte, zum Beispiel über den Anlass der Einladung oder warum Sie genau dieses Buch ausgesucht haben. Schön ist auch ein zum Geschenk passender Sinnspruch oder ein Zitat. Der Name des neuen

Besitzers, das Datum, der Anlass und Ihre Unterschrift gehören ebenfalls dazu. So wird sich der Beschenkte auch nach vielen Jahren immer wieder an Sie und die Feier erinnern.

Persönliches Geschenk ohne Karte

Irrtum:
Übergebe ich ein Geschenk persönlich, dann muss keine Karte dabei sein.
Richtig ist:
Zu jedem Geschenk gehört ein kleines Kärtchen.

Einem Geschenk keine Karte beizulegen ist eine Nachlässigkeit, die gerade bei großen Festen einige Verwirrung stiften kann. »Von wem habe ich nur die Vase bekommen? Und wer hat mir die Duftkerzen mitgebracht?«, fragt sich so manch ein Geburtstagskind nach dem Fest. Ohne beigelegte Karte ist es schwierig, sich mit individuellen Worten zu bedanken.

Nicht bei jedem Fest schaffen es die Gastgeber, die Geschenke sofort auszupacken. Zeit und Konzentration fehlen vor allem auf großen Feiern. Selbst wenn die Geschenke persönlich übergeben werden, landen sie oft erst auf einem Gabentisch und werden dann in Ruhe nach der Feier ausgepackt. Doch selbst wenn die Päckchen sofort geöffnet werden, kann die Erinnerung den Gastgebern, gerade bei vielen Gästen und einem langen Abend, schon mal einen Streich spielen, und sie bringen etwas durcheinander.

Deshalb ist es wichtig, jedem Geschenk zumindest ein kleines Kärtchen mit einem Gruß und dem Namen beizulegen. Es ist ja auch im Sinne des Schenkenden, dass sein Geschenk ihm zugeordnet und entsprechend gewürdigt wird.

Geschenke auspacken

Irrtum:
Bekomme ich ein Geschenk, muss ich es sofort
auspacken.
Richtig ist:
Ein Geschenk wird nur sofort geöffnet, wenn es in der
Situation genügend gewürdigt werden kann.

Feste sind etwas Schönes, Geschenke auch – zumindest sollte es so sein. Doch viele Gastgeber kommen gerade mit der
Kombination »großes Fest« und »Geschenke« in Schwierigkeiten. Wenn im Minutentakt Gäste eintreten, die nicht nur
Geschenke mitbringen, sondern vielleicht auch Blumen, um
die man sich ebenso kümmern muss wie um die Mäntel,
und wenn überdies die Gäste schnell etwas zu trinken erhalten und auch mit anderen Gästen bekannt gemacht werden
sollen, so kann das schon ein wenig in Stress ausarten. Wie
schade ist es dann, wenn ein sorgsam ausgesuchtes Geschenk hastig ausgepackt und der Überbringer nur mit
einem flüchtigen Dank bedacht wird. Das ist kein guter Auf-
takt.

Ein kluger Gastgeber wird deshalb einen Tisch für die
Geschenke reservieren, um sie liebevoll und wertschätzend
zu platzieren, auch wenn er sie nicht sofort öffnen kann. Das
ist für die Gäste angenehmer, als wenn ihre Geschenke hastig
aufgerissen und zur Seite gestellt werden.

Was dabei wichtig ist: Bedanken Sie sich schon bei der
Übergabe für das Geschenk und sagen Sie bei der Verab-
schiedung, dass Sie sich auf den morgigen Tag freuen, da
das Fest für Sie selbst weitergehe, wenn Sie die Geschenke

öffnen können. Melden Sie sich danach bei allen Gästen noch einmal und bedanken Sie sich persönlich für das Geschenk. Achten Sie dabei darauf, dass Sie sich nicht einfach nur pauschal »für das Geschenk« bedanken, sondern dass Sie ausdrücken, was Ihnen daran gefällt und warum das Geschenk eine gute Idee war. Schließlich soll Schenken ja auch dem Schenkenden Freude bereiten. Belohnen Sie also Ihre Gäste für ihre Gaben, damit sie erleichtert sind, die richtige Wahl getroffen zu haben.

Time to say goodbye

Irrtum:
Vor dem Ehrengast kann man kein Fest verlassen.
Richtig ist:
Diese Regel gilt nur, wenn Sie der Ehrengast auch kennt und nicht ungebührlich lange bleibt.

Die Frage, wie lange man auf einem Fest bleiben muss, ohne zu früh zu gehen, bzw. wie lange man bleiben darf, ohne die Gastgeber zu nerven, beschäftigt viele.

Es gibt hierfür kaum klare Regeln, schon gar nicht kann man sich in jedem Fall am Ehrengast orientieren. Ursprünglich galt, dass niemand vor dem Ehrengast das Fest verlassen sollte. Dies ist aber heute in vielen Fällen nicht mehr praktikabel. Zu viele Partys haben gar keinen Ehrengast, und gibt es einen, dann kommt er oft entweder nur für wenige Minuten oder geht als Letzter nach Hause – anscheinend kennt er dann die Regeln selbst nicht.

Wenn Sie schon vor dem Fest wissen, dass Sie nicht sehr lange bleiben können, weil zum Beispiel Ihr Babysitter nicht den ganzen Abend Zeit hat oder weil Sie am nächsten Morgen sehr früh aufstehen müssen, dann sollten Sie dies vor der Veranstaltung kundtun. So weiß der Gastgeber, dass Sie sich nicht kurzerhand eine fadenscheinige Entschuldigung ausgedacht haben, nur weil Ihnen das Fest nicht gefällt, sondern dass gewisse Umstände Sie zwingen, zu gehen.

Wenn Sie ein Fest frühzeitig verlassen, sollten Sie dies ohne großes Aufheben tun. Verabschieden Sie sich unauffällig vom Gastgeber, aber nicht auch noch von allen anderen Gästen. Das bringt Unruhe in eine noch laufende Feier und ist womöglich für andere ein unbeabsichtigtes Zeichen, ebenfalls aufzubrechen. Damit tun Sie dem Gastgeber keinen Gefallen.

Für ein großes Fest gibt es darüber hinaus keine verbindliche Regel, wann man es verlassen sollte. Achten Sie auf subtile Signale der Gastgeber. Leert sich die Veranstaltung und gibt es keine deutliche Aufforderung, jetzt erst so richtig im kleineren Rahmen weiterzufeiern, dann sollten Sie nur noch kurze Zeit bleiben. Spätestens bei Fragen wie »Wem darf ich noch einen Absacker anbieten?« oder »Wer will zum Abschluss noch einen Espresso?« ist die Zeit reif.

Wird man ins Restaurant eingeladen, dann gilt es in Deutschland, anders als in anderen Ländern, als unhöflich, sich direkt nach dem Essen zu verabschieden. Im Allgemeinen bleibt man noch maximal eine halbe Stunde nach dem Espresso sitzen. Ein wenig länger kann man bleiben, wenn man bei Freunden zuhause eingeladen ist. Wenn die Gastgeber möchten, dass die Gäste länger als nur zwanzig oder dreißig Minuten nach dem Espresso bleiben, werden sie diese vom Esstisch an einen anderen Platz bitten.

Zu Tisch bitte!

Irrtum:
Werden die Gäste zu Tisch gebeten, dann können sie
dort hingehen und sich gleich setzen.

Richtig ist:
Das Zeichen der Gastgeber, zu Tisch zu gehen,
bedeutet nicht, dass man sich ohne weiteres hinsetzen
darf.

Ein folgenschwerer und für alle Beteiligten peinlicher Irrtum: Die Gastgeber empfangen die Gäste, es gibt zunächst
einen Aperitif im Stehen, dann wird zu Tisch gebeten.
Manch einer versteht diese Bitte so, dass er sich hinsetzt,
sobald er einen ihm genehmen Platz gefunden hat. Dies ist
in verschiedener Hinsicht unhöflich.

1. Sie nehmen dem Gastgeber damit die Chance, seine
   Pflichten zu erfüllen und wie ein Regisseur bestimmte
   Signale für jeweils neue Handlungsabschnitte zu geben.
   Sie greifen dem Gastgeber also vor und verhalten sich, als
   ob Sie hier zu Hause seien.
2. Möglicherweise wollte der Gastgeber, wenn alle Gäste am
   Tisch versammelt sind, ihnen bestimmte Plätze zuweisen,
   bei denen er sich etwas überlegt hatte. Diese Gelegenheit
   hat er nun nicht mehr, da er Sie schlecht bitten kann, wieder aufzustehen.
3. Es ist unhöflich den anderen Gästen gegenüber, sich zu
   setzen, obwohl sie, unter ihnen vielleicht auch ältere Personen oder Damen, noch stehen.

Beachten Sie deshalb: »Kommt bitte zu Tisch« bedeutet, dass die Gäste ihre Aperitifgläser abstellen und sich zum Tisch bewegen sollen. Erst wenn alle ihre Plätze gefunden haben und hinter ihren Stühlen stehen, werden sie aufgefordert, »doch bitte Platz zu nehmen«.

Ein Witz lockert so schön auf ...

Irrtum:

Witze sind bei Festen und Feiern eine gute Möglichkeit, die Stimmung zu heben.

Richtig ist:

Witze sind für Small Talk unpassend.

Diese Richtigstellung ist eine Enttäuschung für all jene, die gerne Witze erzählen. Sie bemerken nämlich in der Regel nicht, dass sie selbst am lautesten über ihren Witz lachen, die Zuhörer aber oft geteilter Meinung sind. Sicher gibt es einige, die herzhaft mitlachen. Viele lachen jedoch nur aus Höflichkeit.

Ein Witz lebt davon, dass er auf Kosten anderer geht. Das finden eben nicht alle lustig. Zudem stellt sich der Erzähler selbst in den Mittelpunkt und schafft keine Situation für ein gemeinsames Gespräch. Das ist Entertainment, keine Kommunikation. Gespräche auf Feiern sollen Menschen einander näherbringen und ihnen die Möglichkeit geben, Gemeinsamkeiten zu entdecken und diese in Gesprächen zu vertiefen. Gute Gesprächsthemen beinhalten keine negative Wertung, polarisieren nicht und grenzen niemanden aus, sondern bieten interessanten Stoff für viele.

Blumen immer nur in ungerader Zahl?

Irrtum:
Blumen werden immer in ungerader Anzahl verschenkt.
Richtig ist:
Nur kleine Sträuße sollten, müssen aber nicht aus einer
ungeraden Anzahl Blumen bestehen.

Eine oft gehörte Meinung: Die Blumen in einem Strauß müssen immer in ungerader Zahl vorhanden sein, wobei es nie 13 Blumen sein sollten. Auch wenn der Aberglaube, dass die Zahl 13 Unglück bringt, nicht mehr so stark verbreitet ist wie früher, sollte man dennoch nicht gerade diese Anzahl wählen. Die Regel, nur einen aus einer ungeraden Anzahl Blumen bestehenden Strauß verschenken zu dürfen, gilt zumindest in Deutschland nicht mehr. Es gibt allerdings Länder, in denen eine gerade Anzahl von Blüten als unheilbringend betrachtet wird.

Der Grund, warum diese Regel bei uns keine Bedeutung mehr hat, liegt in den sich wandelnden Bindetechniken der Floristen. Noch vor wenigen Jahrzehnten wurden Sträuße auf fast immer die gleiche Art gebunden. Heute gibt es viel mehr Methoden, und der Kreativität sind keine Grenzen gesetzt. Manche exotischen und langstieligen Blumen wirken möglicherweise zu zweit viel eleganter und schöner, als wenn man drei Stück kauft, bloß um eine ungerade Zahl zu bekommen. Bei kleineren Sträußen, die aus nur einer Blumensorte bestehen, sieht es allerdings auch heute meist besser aus, wenn eine ungerade Zahl gewählt wird. Trotzdem kann man mit gutem Gewissen dem Partner oder der Partnerin einen Strauß mit sechs Rosen zum sechsten Hochzeitstag schenken. Bei größeren Sträußen fällt es sowieso nicht mehr auf, aus wie vielen einzelnen Blumen sie bestehen. Wichtiger als die Anzahl sind die Sorte und die Farbe der Blumen. Viele Menschen verbinden mit weißen Blumen Friedhof, Tod und Beerdigungen, deshalb sind rein weiße Sträuße eher eine schlechte Wahl – es sei denn, Sie wissen, dass die Person ein Faible für diese Farbe hat und zum Beispiel ihr Wohnzimmer ganz in Weiß gehalten ist.

Rote Rosen schenkt man auch heute nur jemandem, den man liebt. Einen Strauß Rosen sollte man also mit Bedacht verschenken, auch wenn eine Studie aus dem Jahr 1999 des Instituts für Demoskopie Allensbach ergibt, dass die Rose die Lieblingsblume von 43 Prozent aller Befragten ist, gefolgt von gerade mal 7 Prozent, die die Sonnenblume vorziehen. Lilien, Nelken und Chrysanthemen sind für viele nach wie vor Friedhofsblumen. Übrigens: Sträuße in Pastelltönen sind für das Geschäftsleben ungeeignet und gefallen auch privat den wenigsten Männern.

Kling, kling

Irrtum:
Möchte man eine Tischrede halten, so klopft man an sein Glas, um die Aufmerksamkeit der Gäste zu bekommen.
Richtig ist:
Kultivierte Tischrunden verzichten darauf.

Für viele, die bei Tisch ein paar Worte sagen möchten, scheint es ein festes Ritual zu sein. Sie nehmen ein Besteckteil, klopfen an ihr Glas und warten, bis es ruhig geworden ist. Doch der Redner irrt, glaubt er, er habe nicht nur durch seine

Rede dem Abend das i-Tüpfelchen verpasst, sondern das Ganze auch noch stilvoll eingeleitet. Es ist schon richtig, zu einem kultivierten Beisammensein gehören auf jeden Fall ein paar Sätze, die den Anlass und die Gäste würdigen. Es gibt mehrere Möglichkeiten, das zu tun.

Wenn Sie sich mit den Gästen vor dem Essen zu einem Steh-Aperitif treffen, um alle erst einmal ankommen zu lassen, so ist das eine gute Gelegenheit, ein paar Willkommensworte zu sprechen. Sorgen Sie dann dafür, dass es ruhig wird, und fangen Sie erst an zu sprechen, wenn Sie die Aufmerksamkeit aller Anwesenden haben. Doch klopfen Sie dafür nicht an ein Glas, sondern sagen Sie einfach laut »Liebe Gäste« – das müsste reichen. Suchen Sie sich einen exponierten Platz, an dem man Sie gut sehen und verstehen kann, und warten Sie ein wenig. Meistens erhalten Sie die Aufmerksamkeit dann ganz von selbst.

Möchten Sie eine Tischrede halten, müssen Sie zuvor nicht auf die Willkommensworte beim Aperitif verzichten. Beides an einem Abend ist durchaus möglich und je nach Anlass auch angemessen. Achten Sie aber darauf, dass der Abend insgesamt nicht zu oft von Reden unterbrochen wird – die Gäste sollen sich ja miteinander unterhalten können – und dass die Reden nicht zu lange dauern.

Statt einer Willkommensrede beim Aperitif kann man auch vor dem ersten Gang einige Sätze sagen. Alle sollten dann sitzen und das erste Glas Wein vor sich haben. Gab es aber schon eine Willkommensrede, so ist der ideale Zeitpunkt für die Tischrede nach der Vorspeise, wenn die Gäste bereits mit den Tischnachbarn plaudern konnten und der erste Hunger gestillt ist – die Leute bringen dann mehr Geduld für das Zuhören auf. Gibt es ein Bufett, dann sollte die

Rede vor der Eröffnung gehalten werden. Während des
Büfetts ist die Unruhe zu groß.

In einer großen Runde stehen Sie einfach auf und bleiben
direkt am Tisch stehen – es gibt keinen Grund, sich hinter
dem Stuhl zu verschanzen. Innerhalb kurzer Zeit werden die
Gäste ihre Gespräche beenden und zu Ihnen schauen. Dann
können Sie sofort mit Ihrer Rede beginnen. Sitzen Sie nur
mit wenigen Freunden zusammen, kann das Aufstehen zu
förmlich wirken; auch wenn Sie sitzen bleiben und laut
»Liebe Freunde« sagen, wird es nicht lange dauern, bis selbst
die hartnäckigsten Redner von ihren Nachbarn angestoßen
und darauf aufmerksam gemacht werden, dass sie jetzt
zuhören sollen.

Denken Sie daran: Nur Menschen, die es nicht schaffen,
sich durch ihre Stimme, ihre Körpersprache und ihre ersten
Worte Gehör zu verschaffen, müssen zu Hilfsmitteln greifen
und an ein Glas klopfen!

Als Gastgeber sollten Sie gegebenenfalls bedenken, den
Zeitpunkt der Reden mit dem Restaurant abzustimmen.
Während einer Ansprache wird weder serviert noch ab-
geräumt. Weiß der Service Bescheid, dass Sie nach der Vorspeise eine Rede halten möchten, so plant die Küche automatisch eine etwas größere Pause ein, bevor der nächste
Gang kommt.

Für Sie als Gast gilt, dass Sie während einer Tischrede weder essen noch trinken und sich selbstverständlich auch
nicht mit dem Nachbarn unterhalten.

Wenn Sie als Gast eine Rede halten möchten, sollten Sie
dies vorher mit dem Gastgeber absprechen. Er wird dafür
sorgen, dass die Abfolge der Speisen nicht gestört wird, und
unter Umständen die Reihenfolge der Reden festlegen. Falls

es unbedingt eine Überraschungsrede sein soll, ist dafür der richtige Zeitpunkt zwischen Hauptgang und Dessert, da diese Pause am längsten ist.

Sie haben also jede Menge Wahlmöglichkeiten. Die werden bei Reden leider viel zu wenig genutzt. Das Einzige, was Sie wirklich nicht ohne Not tun sollten, ist, an ein Glas zu klopfen.

»Sie gestatten?«

Irrtum:
Wenn man auf einem Ball jemanden zum Tanz auffordern möchte, fragt man »Sie gestatten?«.
Richtig ist:
Diese altmodische Floskel ist kein guter Start für einen Tanz.

Heute ist es selbst auf großen Bällen üblich, dass nicht nur Herren die Damen um einen Tanz bitten, sondern auch die Damen aktiv werden – und zwar nicht nur bei Damenwahl. Für beide gilt jedoch, dass »Gestatten Sie?« als altmodisch empfunden wird. Bälle und große Tanzveranstaltungen haben neben den Clubpartys schon seit einigen Jahren wieder Konjunktur und sind daher keineswegs außer Mode, daher gibt es auch keinen Grund, sich so zu verhalten. Sprechen Sie also bei einer Galaveranstaltung so, wie Sie es sonst auch tun. Sie können den Tanzpartner Ihrer Wahl anlächeln und fragen: »Möchten Sie mit mir tanzen?« Fragt der Herr, sollte er dabei stehen und sein Jackett geschlossen sein. Er kann sich dabei ein wenig verbeugen, muss es aber nicht.

Altmodisch ist auch die an den männlichen Begleiter gerichtete Frage, ob man mit der Dame tanzen dürfe – damit werden Sie Letztere nur erzürnen.

Ein kultivierter Herr begleitet auf einem Ball eine Dame nicht nur zur Tanzfläche, sondern bringt sie nach dem Tanz wieder an ihren Platz zurück und dankt ihr. Der Mann geht dabei auf dem Weg zur Tanzfläche voraus, schließlich muss er unter Umständen den Weg etwas frei machen und eine geeignete Stelle für den »Einstieg« suchen. Gehen beide zurück zum Platz, so geht die Dame voran.

Was heute kaum mehr verpflichtend ist: mit jeder Dame am Tisch zu tanzen. Diese Pflichttänze sind nur noch auf privaten Bällen üblich. Bis heute gilt jedoch, dass der erste Tanz der Begleiterin gehört, dass möglicherweise die Gastgeberin eines privaten Balles von jedem männlichen Gast aufgefordert werden möchte und dass man die Dame um einen Tanz bittet, deren Begleiter gerade mit der eigenen Partnerin tanzt. Ansonsten darf jeder jeden auffordern, und man darf so oft miteinander tanzen, wie es beiden gefällt.

Was nicht nur unhöflich, sondern grob ist: einer tanzwilligen Person einen Korb zu geben, aber dann mit dem Nächsten zu tanzen. Das dürfen Sie nur, wenn Sie den folgenden Tanz schon versprochen haben, was Sie dem Abgewiesenen dann auch so sagen sollten. Sonst dürfen Sie natürlich jeden Tanz ablehnen – wenn Sie es freundlich tun, vielleicht mit dem Hinweis, dass Sie eine Pause brauchen.

Übrigens: Es ist *keine* Entschuldigung, dass man nicht tanzen kann. Wer nicht tanzen kann oder will, der braucht auch nicht zu einem Ball gehen. Schließlich besucht auch niemand einen Sinologen-Kongress, der kein Chinesisch spricht. In wenigen Tanzstunden kann jeder zumindest die Grundschritte erlernen.

Buch in der Folie

Irrtum:
Bücher verschenkt man am besten in der Schutzfolie,
damit sie gegebenenfalls umgetauscht werden können.
Richtig ist:
Auch ein Buch ohne Folie kann umgetauscht werden;
bei einem Geschenk hat Schutzfolie nichts zu suchen.

Ein Buch in seiner Schutzfolie zu verschenken ist wirklich ein grober Fauxpas. Denn ein Buch in einer Plastikfolie sieht nie besonders schön aus und fasst sich auch nicht so gut an wie eines ohne Folie, die sowieso nur für den Verkauf gedacht ist. Zudem ist die Folie nicht immer leicht zu entfernen, manchmal benötigt man eine Schere.

Warum verschenken manche Menschen überhaupt Bücher mit Folie? Viele befürchten, es könne sonst nicht mehr umgetauscht werden, falls der Beschenkte es schon besitzt. Das ist jedoch ein Irrtum. Ein Buch, für das Sie den Kassenzettel vorweisen können und das deutlich erkennbar ungelesen und ohne Schäden ist, kann im Laden ohne weiteres zurückgegeben werden. Andere wiederum möchten zeigen, dass sie das Buch speziell für diesen Anlass gekauft und nicht erst selbst schon vorher gelesen haben. Müssen Sie wirklich auf so plumpe Art beweisen, dass Sie sich nicht selbst an Geschenken für andere bereichern? Hoffentlich nicht!

Mit CDs ist es anders: Hier schreibt der Handel eindeutig vor, dass eine CD, egal ob Musik oder Hörbuch, nur dann umgetauscht werden kann, wenn sie noch ungeöffnet in der Originalverpackung zurückgegeben wird.

Wein als Mitbringsel

Irrtum:

Bekommt man eine Flasche Wein geschenkt,
öffnet man sie sofort und bietet sie den Gästen an.

Richtig ist:

Ein geschenkter Wein ist für später gedacht –
nicht als Beitrag zur Party.

Ein Gast, der eine Flasche Wein zu einer Einladung mit-
bringt und sich schon freut, dass sie später geöffnet wird,
irrt. Denn dadurch drückt er aus, dass er nicht erwartet, dass
der Gastgeber seinen Gästen guten Wein anbietet – weswegen er vorsorglich selber etwas einkauft. Mit dieser Haltung
beleidigen Sie den Gastgeber. Wenn Sie von vornherein wissen, dass Sie seinen Weingeschmack nicht teilen, dann verzichten Sie eben an dem Abend auf Wein und bleiben bei
den anderen angebotenen Getränken.

Außerdem zeigen Sie, dass Sie kein Weinkenner sind.
Schließlich leidet der Wein ein wenig während des Trans-
ports, er wird durchgeschüttelt und unterschiedlichen Temperaturen ausgesetzt. Das tut keinem edlen Tropfen gut. Ferner wird ein guter Gastgeber die Weine passend zum Essen
auswählen. Da die Gäste normalerweise nicht wissen, was es
geben wird, können sie auch keine passenden Getränke be-
sorgen.

Außerdem wird der Gastgeber sicher mehr als eine Flasche
Wein für den Abend bereithalten. Wird der mitgebrachte
Wein getrunken, gibt es keine stimmige Weinfolge mehr,
sondern ein Sammelsurium.

Links von der Gastgeberin – rechts von der Gastgeberin

Irrtum:
Der männliche Ehrengast sitzt links von der Gastgeberin.
Richtig ist:
International sitzen Ehrengäste immer rechts von den Gastgebern.

So manch einer weiß, dass bei einer Tafel, bei der abwechselnd eine Dame und ein Herr sitzen, der Tischherr jeweils links von seiner Tischdame platziert ist. Bei gesellschaftlichen Essenseinladungen sollte es also möglichst genauso viele Damen wie Herren geben, damit jeder Herr zu seiner Rechten eine Tischdame hat. Seine Aufgabe ist es, der Tischdame mit dem Stuhl behilflich zu sein, sich zu erheben, wenn sie es tut, und sich um ihre Getränke und ihr Wohlergehen zu kümmern. Sind die Herren in der Unterzahl, so achten Sie auf jeden Fall darauf, dass die Damen nicht ganz außen sitzen.

Wegen dieser Regel glauben manche irrtümlich, der männliche Ehrengast müsse logischerweise auf der linken Seite der Gastgeberin platziert werden. Doch das ist heute falsch. Früher war es teilweise in Deutschland so üblich, aber in anderen Ländern nie. Der internationale Standard sagt, dass Ehrengäste immer rechts vom Gastgeber sitzen – einfach deshalb, weil die rechte Seite immer schon als Ehrenplatz galt. Der männliche Ehrengast sitzt also heute auch in Deutschland auf der rechten Seite der Gastgeberin, somit hat er als Herr den besten Platz an dieser Tafel. Er hat auch nicht die Rolle des Tischherrn der Gastgeberin, sondern sitzt nur neben ihr. Der Tischherr der Gastgeberin wiederum sitzt an ihrer linken Seite – auch ihm wurde ein besonderer Platz zugesprochen. Der männliche Ehrengast hat seiner-seits auf seiner rechten Seite die ihm zugewiesene Tisch-dame.

Für die richtige Sitzordnung können Sie nach folgenden Regeln vorgehen:

- Die Gastgeber sitzen sich gegenüber oder leicht versetzt gegenüber.
- Der ranghöchste Herr bzw. der Ehrengast sitzt rechts neben der Gastgeberin.
- Die ranghöchste Dame hat ihren Platz rechts neben dem Gastgeber.
- Der Tischherr sitzt jeweils links von seiner Tischdame.
- Der ranghöchste Gast ist so platziert, dass er in den Raum blickt.

Sind Sie alleiniger Gastgeber oder alleinige Gastgeberin, so achten Sie darauf, dass die wichtigste Person rechts von Ihnen sitzt; die nächstbesten Plätze befinden sich an Ihrer linken Seite und gegenüber von Ihnen.

Bloß keinen Zwang antun!

Irrtum:
Eine feste Sitzordnung ist nur etwas für sehr offizielle Veranstaltungen.
Richtig ist:
Eine feste Sitzordnung bietet Chancen, die man nutzen sollte.

Viele Unternehmen, ebenso wie Privatleute, verzichten auf eine Sitzordnung, da sie das Fest fröhlich und locker gestalten wollen. Es ist jedoch ein großer Irrtum, zu glauben, dass eine Sitzordnung eine Art »Fröhlichkeitsverhinderer« sei. Sitzordnungen nach klassischem Muster unterliegen natürlich immer hierarchischen Kriterien. Doch selbst wenn es keine hierarchischen Unterschiede gibt oder diese bei dem Fest keine Rolle spielen sollen, ist es ungeschickt, auf eine Sitzordnung komplett zu verzichten. Gibt es keinerlei Vorgaben des Gastgebers, setzen sich fast immer die Gäste zusammen, die sich sowieso schon kennen. Es findet also eine Grüppchenbildung statt, die oft auch im Laufe des Abends beibehalten wird. Das ist schade, denn so wird die Chance vertan, dass sich während eines Betriebsfestes Kollegen unterschiedlicher Bereiche und bei Privatfeiern die unterschiedlichen Freundes- und Bekanntenkreise kennenlernen.

Möchten Sie, dass sich Ihre Gäste kennenlernen, dann sollten Sie die Paare auseinandersetzen – das fördert auch die Kommunikation. Gesellschaftlich ungeübte Menschen oder Partner, die sich selten sehen, sind über getrennte Plätze allerdings oft nicht glücklich. Achten Sie also darauf, dass die Partner immer noch Blickkontakt haben.

Legen Sie also auf jeden Fall eine Sitzordnung fest und verteilen Sie entsprechende Tischkärtchen. Wenn Ihnen an einer möglichst lockeren Atmosphäre gelegen ist oder Sie nicht wissen, wie viele Gäste tatsächlich kommen, dann können Sie auch auf die Tischkärtchen verzichten und die Sitzordnung stattdessen mit einem Spiel festlegen. Es könnte zum Beispiel jeder Gast ein Los mit einem Symbol ziehen. Diejenigen, die das gleiche Symbol ziehen, sind Tischnach-

barn. Gibt es mehrere Tische, könnte jeder Tisch ein bestimmtes Zeichen erhalten, das sich in der Tischdekoration
wiederfindet. Ebenfalls durch Lose wird dann bestimmt, wer
an welchem Tisch sitzt. So gehen Sie sicher, dass nicht nur
alte Bekannte beieinandersitzen, und verzichten zugleich auf
eine hierarchische und damit möglicherweise zu förmliche
Sitzordnung.

Wenn Sie Gäste zu sich nach Hause einladen, dann bedenken Sie, dass die Sitzordnung für Sie als Gastgeber
praktikabel sein muss. Sie müssen schließlich öfter mal in
die Küche gehen, um etwas zu holen oder den Zustand der
brodelnden Töpfe zu überprüfen. Da ist es unpraktisch,
wenn Sie sich jedes Mal an den Gästen vorbeischlängeln
müssen.

Quittung bei Spende statt Geschenk

Irrtum:

*Wird statt eines Geschenks um eine Spende für eine
karitative Organisation gebeten, so bekommt der
Gastgeber die entsprechende Quittung.*

Richtig ist:

*Der Gastgeber bekommt ebenso wenig eine Quittung,
wie er für ein Geschenk einen Kassenzettel bekommen
würde.*

Vermutlich möchte mancher Gast dem Gastgeber einen Beweis erbringen, dass er tatsächlich gespendet hat, und drückt
ihm daher zur Begrüßung die Quittung in die Hand. Aber
man würde ja auch an einem Geschenk nicht das Preisschild
lassen oder den Kassenzettel beilegen, um zu beweisen, dass

man es nicht noch zufällig zu Hause hatte, sondern es wirklich gekauft hat.

Vermeiden Sie diese Peinlichkeit und widmen Sie dem Jubilar einfach eine Karte mit Ihren guten Wünschen und schreiben Sie, dass Sie die Spende für gerade diese Organisation für eine gute Idee halten. Vielleicht kannten Sie die Stiftung oder den Verein vorher nicht und können etwas darüber sagen, was Sie gelesen und erfahren haben. Schreiben Sie einfach dazu, dass Sie frohen Herzens gespendet haben, aber kein Wort darüber, wie viel es war. Die Quittung für die Spende, die sie anders als ein normales Geschenk steuerlich geltend machen können, kommt zu Ihren Unterlagen. Wenn Sie also über den Betrag nachdenken, den Sie spenden möchten, dann können Sie Ihre Steuerersparnis mit einkalkulieren.

Gastgeber, die zu großzügigen Spenden motivieren möchten, lassen ein Sonderkonto für das Fest einrichten, auf dem alle Spenden gesammelt werden. Das hat den Vorteil, dass der Gastgeber einen Überblick hat, wie viel Geld zusammengekommen ist – was er nach dem Fest den Spendern mitteilen kann, vielleicht zusammen mit einem schönen Erinnerungsfoto sowie der Information, was genau mit dem Geld gemacht wird. Wenn bereits in der Einladung stand, dass für einen neuen Brunnen in einem Entwicklungsland ein bestimmter Betrag gesammelt wird oder die Bibliothek eines Jugendprojektes mindestens x Euro kosten wird, und die Gäste nach dem Fest eine entsprechende Erfolgsmeldung erhalten, werden sie dafür entschädigt, dass sie kein Geschenk liebevoll aussuchen und verpacken konnten.

Von eins bis hundert

Irrtum:

Gibt es bei einer Veranstaltung mit Sitzordnung mehrere Tische, so werden sie durchnummeriert.

Richtig ist:

Durchnummerierte Tische können missverständliche Signale für die Gäste und über deren Wichtigkeit aussenden.

Hat man viele Gäste eingeladen, wird meist ein Placementspiegel aufgestellt. Auf dieser Tafel sind die Namen der Gäste in alphabetischer Reihenfolge aufgelistet, dahinter steht der Tisch, an dem der Gast sitzen soll. Eine beigefügte Skizze des Raums erleichtert es, diesen Tisch zu finden. Wie mag sich da ein Gast fühlen, der sieht, dass bei dreißig Tischen die Gastgeber mit den wichtigsten Personen sehr zentral an Tisch Nummer eins sitzen, ihm selbst jedoch Tisch Nummer 29 zugewiesen wurde? Für die Kontaktpflege und die gute Stimmung ist dies absolut ungünstig. Hier wird eine hierarchische Abstufung sichtbar, die so vielleicht gar nicht gewollt ist, aber bei den Gästen an den Tischen mit hohen Nummern ein komisches Gefühl auslöst. Noch problematischer wird es, wenn sich ein Gast daran erinnert, dass er im Vorjahr einen Tisch mit einer »besseren« Nummer hatte – vielleicht wird er einen Teil des Abends darüber nachdenken, wie es zu dieser »Herabstufung« kommen konnte. Daher ist es günstiger, den Tischen Namen von Blumen, Ländern, Städten, Flüssen oder, bei einer Firmenveranstaltung, von Produkten zuzuordnen.

Nicht umsonst schafft die Sitzordnung oftmals Probleme im Vorfeld einer Veranstaltung, sie ist immer zeitaufwendig und meist auch heikel. Je nachdem, wie formell der Anlass ist, müssen Sie nicht nur überlegen, wer zu wem passt, sondern auch, wie die hierarchische Reihenfolge aussieht. Vor allem wenn es mehrere Tafeln gibt, ist es nicht immer leicht, zu entscheiden, wer »ranghöher« ist. Diese Entscheidung ist jedoch wichtig, da die ranghöchsten oder wichtigsten Gäste den Gastgebern am nächsten sitzen sollten, zumindest aber am gleichen Tisch. Beim Erstellen der Sitzordnung ist also Fingerspitzengefühl erforderlich, um möglichst allen Anforderungen gerecht zu werden und den Abend für sämtliche Beteiligten zu einem angenehmen und interessanten Erlebnis werden zu lassen.

Die protokollarische Rangfolge sieht vor:

- der Ehrengast an erster Stelle
- Ausländer (bei gleichem Rang) vor Einheimischen
- gewählte vor berufenen Ämtern
- Ehepartner werden nach dem Rang ihres anwesenden Partners behandelt
- Bund vor Land
- Land vor Kommune
- Kunst vor Wissenschaft
- Wissenschaft vor Industrie
- Dienstalter vor Lebensalter
- Fremde Institutionen vor der eigenen Institution
- Stellvertreter nach ihrem eigenen Rang, nicht nach Rang des Amtsinhabers

Wünschen Sie eine möglichst lockere Atmosphäre mit Sitzordnung, aber ohne hierarchische Kriterien, so haben Sie die Möglichkeit, die Sitzordnung mit einem Spiel zu gestalten. So könnte zum Beispiel jeder Gast ein Los ziehen, auf dem sich ein Symbol befindet. Bei mehreren Tischen sitzen dann all jene an einem Tisch, die das gleiche Symbol gezogen haben, das sich auch in der Tischdekoration wiederfindet. Auch hier sollten Sie Zeichen, die keinerlei Abstufungen erkennen lassen, bevorzugen.

»Ich freue mich über Ihr zahlreiches und vollständiges Erscheinen.«

Irrtum:

Das ist ein guter Anfang für eine Tischrede.

Richtig ist:

Das ist ein Worst-Case-Szenario.

Jeder Gast versteht sich als Individuum und eigenständige Persönlichkeit und hofft, dass der Gastgeber sich darüber freut, dass genau er zu diesem Fest erschienen ist. Ein »zahlreiches Erscheinen« würdigt die Masse, nicht den einzelnen Menschen. Mancher mag denken, dass er nur eingeladen wurde, damit möglichst viele kommen – kein sehr schöner Einstieg für ein Fest. Noch schlimmer ist aber die Formulierung »vollständiges Erscheinen«. Hatten Sie etwa erwartet, dass die Gäste ihre Arme oder Beine zu Hause lassen? Wenn alle gekommen sind, die Sie eingeladen haben, dann können Sie das mit dem Hinweis auf »*vollzähliges* Erscheinen« würdigen.

Was können Sie bei einer Rede im Rahmen eines Festes noch alles erwähnen? Bei einer Willkommensrede während des Aperitifs sollten Sie sich möglichst kurz fassen und auf folgende Punkte eingehen:

- Begrüßen Sie alle Anwesenden und heißen Sie noch einmal alle gemeinsam willkommen.
- Erklären Sie kurz den Ablauf des Abends, also beispielsweise, wann man zu Tisch gehen wird und ob es eine Tischordnung gibt. Weisen Sie darauf hin, ob es ein festgelegtes Menü gibt oder ob à la carte bestellt wird. Auch eventuelle Programmpunkte wie Musik, Tanz, eine Vorführung oder Ähnliches können Sie ankündigen.
- Gehen Sie auch darauf ein, ob man rauchen darf. Falls es im Veranstaltungsraum nicht erlaubt ist, sagen Sie Ihren Gästen, wo sie stattdessen hingehen können, damit sie sich nicht wie ein schmutziger Hund auf die Straße geschickt fühlen.

Halten Sie eine Tischrede, wenn alle sitzen, dann steht auf jeden Fall Ziel oder Anlass der Veranstaltung im Mittelpunkt. Vielleicht möchten Sie auch die Gemeinsamkeiten unter den Anwesenden herausstellen, zum Beispiel im Beruf gemeinsam bewältigte Projekte, schöne Erlebnisse in der Vergangenheit, Zukunftspläne oder Ähnliches. Oder Sie nutzen die Gelegenheit, um einzelne Gäste der ganzen Runde zu präsentieren oder bei einer kleinen Runde jeden einzeln anzusprechen und auf diese Weise alle miteinander bekannt zu machen.

Möchten Sie Anwesende in einer Rede hervorheben, so haben Sie folgende Möglichkeiten, die Reihenfolge zu bestimmen:

- nach ihrer Hierarchie
- alphabetisch
- wie sie in Ihr Leben kamen

- wo sie gerade stehen oder sitzen
- Sie greifen in einen Lostopf und machen bei dem Namen weiter, den Sie ziehen.

Wichtig: Ehrengäste werden immer zuerst genannt.

Welche der oben aufgeführten Möglichkeiten für Ihre Rede angemessen ist, hängt vom Anlass ab und davon, wie förmlich die Veranstaltung insgesamt sein soll und welche Erwartungen Ihre Gäste bezüglich Konventionalität oder Kreativität haben.

Eine Tischrede lässt sich inhaltlich nach folgenden Aspekten aufbauen: *Freuen – Grüßen – Hoffen – Wünschen – Danken – Bitten.*

Aus diesen Punkten wird aber nur dann eine gute Tischrede, wenn Sie sie mit Leben füllen. Sagen Sie zum Beispiel »Sehr geehrte Damen und Herren, ich freue mich über Ihr Kommen, begrüße Sie noch einmal recht herzlich, freue mich nun auf den Abend und hoffe, er ist nach Ihrem Geschmack, wünsche viel Vergnügen, danke noch einmal für Ihr Kommen und bitte Sie nun, mit mir das Glas zu erheben«, dann hätten Sie lieber darauf verzichtet.

Zum Schluss: Der echte Knigge

»Die Kunst des Umgangs mit Menschen – eine Kunst, die oft der schwache Kopf, ohne darauf zu studieren, viel besser erlauert als der verständige, weise, witzreiche; die Kunst, sich bemerkbar, geltend, geachtet zu machen, ohne beneidet zu werden; sich nach den Temperamenten, Einsichten und Neigungen der Menschen zu richten, ohne falsch zu sein; sich ungezwungen in den Ton jeder Gesellschaft stimmen zu können, ohne weder Eigentümlichkeiten des Charakters zu verlieren, noch sich zu niedriger Schmeichelei herabzulassen.« So spricht Adolph Freiherr von Knigge in seinem Werk *Über den Umgang mit Menschen*. Die Sprache erscheint uns vielleicht ein wenig altertümlich, wie attraktiv aber der Inhalt und wie erstrebenswert die von ihm beschriebene Kunst auch heute noch ist, zeigen die unzähligen Bücher, Artikel, Fernsehsendungen und Seminare, die sich mit Fragen wie »authentisches Auftreten«, »Persönlichkeit«, »Small Talk«, »Umgangsformen« oder anderen verwandten Gebieten beschäftigen.

Der 1752 in Hannover geborene Friedrich Adolph Freiherr von Knigge war ein Vielschreiber. Seine Gesamtausgabe umfasst 23 Bände – kaum jemand liest seine Werke heute noch. Die Schrift *Über den Umgang mit Menschen* hat ihn berühmt gemacht, bis heute wird sie immer wieder neu aufgelegt. Doch auch wenn immer wieder vom »Knigge« die

Rede ist und sein Name in Deutschland inzwischen zu einem Synonym für »Umgangsformen« geworden ist – das Buch selbst haben nur wenige gelesen.

Bedauerlich, denn es galt nicht nur damals als praktisches und moralisches Regelwerk, sondern kann auch heute noch so gelesen werden. Es entstand in einer Zeit, in der der Bürger um die Achtung seiner Person, besonders von adliger Seite, besorgt war. Das Buch gab eine Orientierungshilfe, wie man in Zeiten des Umbruchs, in denen die Landes- und Klassengrenzen durchlässig wurden, miteinander umgehen konnte, um gleichzeitig geachtet zu werden und anderen Respekt zu erweisen. Eine steife, regelorientierte Etikette lag Knigge fern, er wollte vielmehr neue Formen für freie Menschen und verstand seine Schrift als eine Anleitung zum aufgeklärten Miteinander. »Sei, was Du bist, immer ganz und gar derselbe«, schreibt er. Ein Satz, den auch im 21. Jahrhundert sicher viele unterschreiben würden, ebenso wie »Lerne den Ton der Gesellschaft annehmen, in der Du Dich befindest« – eine in der globalen und multikulturellen Welt hochaktuelle Forderung für das Miteinander.

Knigge hatte ein unruhiges Leben. Sein lebenslanger Versuch, das hochverschuldete Gut seines Vaters abzuzahlen und in Familienbesitz zurückzuholen, misslang ihm. Er studierte Jura und trat in den Dienst des Landgrafen von Hessen. Als Mitglied der Freimaurerlogen in Göttingen und Kassel verwendete er viel Zeit darauf, die Logen zu Instrumenten der Aufklärung zu machen. Dennoch musste er erleben, wie gerade sein Versuch, die Illuminaten als vielschichtige Organisation aufzubauen, missglückte.

Der Adel kritisierte Knigges Schriften heftig. Sein Engagement, die politische und gesellschaftliche Gleichstellung der

Bürger mit dem Adel zu erreichen, wurde als Verrat interpretiert. Knigge strich sich daraufhin das »von« aus dem Namen. Der »freie Herr Knigge«, so nannte er sich fortan selbst.

Einfach war sein Leben nicht: Er fühlte sich offenbar oft unverstanden, außerdem hatte er Geldsorgen und war krank. 1796 starb er in Bremen. *Über den Umgang mit Menschen* wurde nach seinem Tod durch viele Herausgeber verändert, umgeschrieben und ergänzt – dadurch bleibt sein Denken bis heute meist missverstanden. Als Namensgeber für Benimmfragen hätte er sich selbst sicher nie gesehen. Inzwischen buhlen über 800 Buchtitel mit seinem Namen um Aufmerksamkeit (wie *Sex-Knigge, Schlampen-Knigge, Klima-Knigge, Schwiegermutter-Knigge, Hunde-Knigge, Medien-Knigge* und *Weißwurst-Knigge*). Ob er es mit Humor genommen hätte oder darüber verzweifelt gewesen wäre, dass er auch noch mehr als zweihundert Jahre nach seinem Tod nicht im rechten Licht gesehen wird? Darüber können wir nur spekulieren.

Richtig oder falsch? Die Lösungen

I. Alltag

	richtig	falsch
»Gesundheit« sagt man heutzutage nicht mehr, wenn jemand niest.		✔
Stofftaschentücher sind altmodisch.		✔
Ist einem ein Versehen unterlaufen, so sagt man »Ich entschuldige mich«.		✔
Um Adelige korrekt anzusprechen, sagt man zum Beispiel »Herr Baron«.		✔
Macht man zwei Menschen miteinander bekannt, so wird der Name der hierarchisch niedriger stehenden Person zuerst genannt.	✔	
»Gestatten Sie?« und »Darf ich vorstellen?« gelten als altmodisch.	✔	
Bei mehreren akademischen Graden verwendet man in der Anrede nur einen.	✔	
»Z. Hd.« in der Adresse wird heute nicht mehr verwendet.	✔	
»Hallo« ist ein freundlicher und moderner Gruß, der immer passt.		✔
Der Dame wird immer zuerst in den Mantel geholfen.		✔
Geht man durch bestuhlte Reihen, so wendet man den Sitzenden die Front zu.	✔	
Der beste Platz im Auto ist immer der Beifahrersitz.		✔
Möchte man im Zug die Füße auf den Sitz legen, so zieht man vorher die Schuhe aus.		✔
Höhergestellte Personen sollten nach Möglichkeit auf der rechten Seite gehen.	✔	
Auf eine Peinlichkeit wie einen offenstehenden Hosen-reißverschluss spricht man andere Menschen nicht an.		✔
Kondolenzbriefe haben einen schwarzen Rand.		✔
Die freundliche Erwiderung auf einen Dank lautet »Keine Ursache« oder »Kein Problem«.		✔

	richtig	falsch
Alles, was »to go« verkauft wird, kann auch überall unterwegs verzehrt werden.		✔
In den ausgeschilderten Handyzonen des Zuges kann man nach Herzenslust telefonieren.		✔
Die korrekte Selbstvorstellung lautet: »Ich bin der Herr Meier«.		✔
E-Mails und Briefe unterscheiden sich in der Lockerheit des Tons.		✔
Ein Handschlag gehört immer zu einem freundlichen Gruß.		✔
Aufgestellte Aschenbecher sind ein Zeichen dafür, dass geraucht werden darf.		✔
Eine E-Mail ist in allen Fällen ein guter Ersatz für einen Brief.		✔
Beim Small Talk sollte man nie kontroverse Themen besprechen.		✔
Kugelschreiber und Füller sind immer noch keine gleichwertigen Schreibwerkzeuge.	✔	
Der Erhalt einer Visitenkarte verpflichtet nicht, auch die eigene auszuhändigen.	✔	
Ein Handschlag sollte durch einen Griff an den Oberarm unterstützt werden.		✔
Heute darf man im Sitzen die Beine so übereinanderschlagen, wie man will.		✔
Die Frau eines Arztes wird heute nicht mehr mit »Frau Doktor« angesprochen.	✔	
Heute darf man ruhig bei Gesprächen eine Hand in der Hosentasche haben.		✔
Bei einer Vorstellung erwidert man »Angenehm«, wenn andere ihren Namen nennen.		✔
Wenn es kalt ist, kann man beim Handschlag auch die Handschuhe anlassen.		✔
Ist man selbst promoviert, so spricht man andere Promovierte nicht mit »Doktor« an.		✔
Früher musste man in Innenräumen den Hut ablegen, für Käppis gilt das heute nicht mehr.		✔

	richtig	falsch
Um eine Briefanrede abwechslungsreich zu gestalten, kann man auch mal »Werte Frau Huber« schreiben.		✔

II. Äußeres: Vom Scheitel bis zur Sohle

Am »Casual Friday« geht man in Freizeitkleidung arbeiten.		✔
Das »kleine Schwarze« ist nicht immer ein schwarzes Kleid.	✔	
Der Dresscode »Dunkler Anzug« bedeutet, dass man jede dunkle Farbe tragen kann.		✔
»Black tie« heißt, dass eine schwarze Krawatte erwünscht ist.		✔
Dresscodes auf einer Einladung sind eine Vorschrift, keine Empfehlung.	✔	
Eine Jeans wird durch entsprechende Accessoires salonfähig.		✔
Die Größe der Handtasche ist abhängig davon, wie viel man mit sich herumträgt.		✔
Jackettärmel müssen so lang sein, dass die Manschetten des Hemdes nicht darunter hervorschauen.		✔
Hemdkragen, die sich anknöpfen lassen, haben bei offizieller Kleidung nichts zu suchen.	✔	
Es gibt keine Regel, die das Tragen eines Gürtels vorschreibt.		✔
Ein Jackett wird nur in sehr formellen Situationen geschlossen.		✔
Im Sommer ist ein kurzärmeliges Hemd zum Anzug durchaus denkbar.		✔
Krawattenklammern sind nicht stilvoll.	✔	
Das Einstecktuch muss das gleiche Design wie die Krawatte haben.		✔
Ein gepflegter Dreitagebart ist heute auch in Berufen, die einen Anzug erfordern, möglich.		✔

	richtig	falsch
Wenn die Beine gepflegt sind, können Frauen im Sommer zum Kostüm die Strümpfe weglassen.		✔
Ein schwarzer Anzug ist eigentlich immer die beste Wahl, da er am edelsten wirkt.		✔
Eine Fliege ist das Gleiche wie eine Schleife.		✔
Wenn sie gepflegt und in der richtigen Farbe sind, ist es egal, ob die Schuhe des Herrn zum Schnüren oder zum Schlüpfen sind.		✔
Nur einen Krawattenknoten zu kennen reicht nicht aus.	✔	
Beim Dresscode »Come as you are« kann man anziehen, was man will.		✔
Je offizieller der Anlass ist, desto eher sollte eine Dame schwarze Strümpfe tragen.		✔
Heutzutage ist es egal, ob eine Frau einen Rock oder eine Hose trägt.		✔
Die Regel »No brown after six« gilt heutzutage nicht mehr.		✔
Für Frauen gelten keine Dresscodes.		✔
»No brown in town« hat heute immer noch Bedeutung.	✔	

III. Arbeit und Beruf

	richtig	falsch
Steht die Tür eines Büros offen, kann ich jederzeit eintreten.		✔
Die Regel »Ladies first« gilt immer.		✔
Der Ranghöhere bietet immer zuerst seine Visitenkarte an.		✔
Im Beruf wird das »Du« nicht unbedingt vom Älteren, sondern vom Ranghöheren angeboten.	✔	
Ein Bewerber sollte bei einem Vorstellungsgespräch unbedingt alle Anwesenden mit Handschlag begrüßen.		✔
Es ist auf jeden Fall nett, kranke Kollegen zu besuchen.		✔
Kleine Verspätungen sind heute im Beruf normal und müssen nicht erklärt werden.		✔
An einem gemeinsamen Geschenk für Kollegen muss man sich auf jeden Fall beteiligen.	✔	

	richtig	falsch
Zu einer Betriebsfeier sollte man unbedingt gehen, auch wenn sie außerhalb der Arbeitszeit stattfindet.	✔	
Ein »Du« während der Weihnachtsfeier hat am nächsten Tag keine Bedeutung mehr.		✔
Wird einem im Beruf das »Du« von Kunden oder Vorgesetzten angeboten, so kann man das nicht ablehnen.		✔
»MfG« ist heute eine geläufige Abkürzung.		✔
Bittet man schriftlich um eine Antwort, so fragt man nach einer »Rückantwort«.		✔
Ein Mann steigt nie hinter einer Dame die Treppe hoch.		✔
Den Betreff eines Briefes macht man heute nicht mehr durch das Wort »Betreff« kenntlich.	✔	
Zu einem Vorstellungsgespräch sollte man am besten möglichst früh erscheinen.		✔
Eine Einladung zu einem Vorgesetzten nach Hause gilt nicht als Privateinladung.	✔	
Heutzutage meldet man sich am Telefon nicht nur mit den Worten »Sie sprechen mit Frau Huber«, sondern gibt auch den Namen der Firma an, die Abteilung, den Apparat, begrüßt den Anrufer und fragt, wie man helfen könne.		✔
Bei einem beruflichen Treffen angebotene Getränke sollte man möglichst nicht ablehnen.	✔	
Kunden haben immer und überall den Vortritt.		✔
Der Chef wird dem Kunden zuerst vorgestellt.	✔	
Bei einer Begrüßung mit Handschlag bleiben Frauen immer sitzen.		✔

IV. Tatort Restaurant

	richtig	falsch
Kartoffeln schneidet man nicht.		✔
Eine Gräte holt man vorsichtig mit den Fingern hinter vorgehaltener Hand aus dem Mund.		✔
Wenn mir etwas im Restaurant nicht schmeckt, habe ich trotzdem kein Recht, es zu reklamieren.	✔	

	richtig	falsch
Auch wenn eine Suppentasse zwei Henkel hat, darf man nicht aus ihr trinken.	✔	
Ist eine Speisen zu heiß, pustet man nicht, um sie zu kühlen.	✔	
Suppenteller und -tassen dürfen gekippt werden, um sie vollständig zu leeren.	✔	
Den Milchschaum von Cappuccino löffelt man nicht.	✔	
Heute kann man jemandem auch mit Wasser zuprosten oder sogar mit ihm anstoßen.	✔	
Die Art und Weise, wie ich nach dem Essen mein Besteck ablege, sagt dem Service, ob es mir geschmeckt hat.		✔
Eine Schale zum Reinigen der Finger nennt sich »Fingerbowle«.		✔
»Prost« passt nicht an die gehobene Tafel.	✔	
Ein Zahnstocher wird niemals am Tisch benutzt.	✔	
Am Tisch kann man sich die Lippen nachziehen, wenn man das ohne Spiegel schafft.		✔
Papierservietten legt man nach dem Essen auf den Teller.		✔
Es wirkt gierig, seinen Teller leer zu essen, deshalb lässt man einen Anstandsrest übrig.		✔
Sauce wird in Deutschland niemals mit Brot aufgetunkt.	✔	
Es ist unhöflich, den Tischnachbarn auf einen Krümel am Mundwinkel aufmerksam zu machen.		✔
Man dekantiert nur sehr edle Rotweine.		✔
Nach dem Essen trinkt man Kaffee, Cappuccino, Espresso oder Latte macchiato.		✔
Alles, was fliegt, darf man mit den Fingern essen.		✔
Die Regel »Weißer Wein zu weißem Fleisch und Fisch, roter Wein zu rotem Fleisch« muss nicht unbedingt eingehalten werden.	✔	
Zu Beginn eines Essens wünscht man seinen Tischgenossen »Guten Appetit!«.		✔
Lässt man in einem Restaurant Besteck oder Serviette fallen, hebt man sie nicht selbst wieder auf.	✔	

	richtig	falsch
Der Herr betritt immer vor einer Dame das Restaurant.		✔
Es ist falsch und nicht hilfreich, sein Geschirr an die Servicemitarbeiter zu reichen.	✔	
Eier köpft man nicht.		✔
Für Linkshänder deckt man den Tisch anders herum ein.		✔
Nicht jeder Fisch wird mit Fischbesteck gegessen.	✔	
Nach dem Essen wird eine Stoffserviette nur lose zusammengelegt.	✔	
Vornehme Menschen legen die Gabel nach dem Essen so auf dem Teller ab, dass die Zinken nach unten zeigen.		✔
Es wirkt kultiviert, eine Gabel mit den Zinken nach unten zum Mund zu führen.		✔
Gibt es bei einem mehrgängigen Menü Käse, so kommt er immer zum Schluss.		✔
Bei einem gemeinsamen Essen sollte nicht jeder nur seinem Esstempo nachgehen, sondern sich an den anderen orientieren.	✔	
Die Dekoration auf dem Teller isst man grundsätzlich nicht mit.		✔
»Fingerfood« und »Fingergerichte« sind dasselbe.		✔
Von einer Brotscheibe, die als Beilage gereicht wird, beißt man nicht ab.	✔	
Testet man einen Wein im Restaurant, so verhält man sich anders, als wenn man einen Wein im Laden probiert.	✔	
Sobald allen Gästen am Tisch der Wein eingeschenkt wurde, dürfen sie ihn trinken.		✔
Beim Bezahlen ist es eleganter, den Betrag zu nennen, den man zurückhaben möchte, als den Gesamtbetrag inklusive Trinkgeld.	✔	

V. Feiern, Feste, Gastlichkeit

	richtig	falsch
Bei großen Festen, zu denen die Gäste von weither anreisen, muss der Gastgeber auch die Übernachtungen bezahlen.		✔
Der Wunsch eines Gastgebers »Keine Geschenke« muss unbedingt respektiert werden.	✔	

	richtig	falsch
Zu einer Einladung am Abend kommt man ein paar Minuten vor der Zeit.		✔
15 Minuten sind keine Verspätung, da sie noch unter das akademische Viertel fallen.		✔
Dass ein Fest in gehobenerem Rahmen stattfindet, kann man mit vornehmen Abkürzungen auf der Einladung wie »r. s. v. p.« kenntlich machen.		✔
Einladungen zu einem »Flying Buffet« oder einem »Running Dinner« sind modern und kombinieren Fitness und Essen.		✔
Zu einer Essenseinladung bringt man immer Blumen mit.		✔
Männern schenkt man heute genauso Blumen wie Frauen.	✔	
Gastgeber sitzen immer nebeneinander.		✔
Man darf vor Geburtstagseinladungen nachfragen, was sich das Geburtstagskind wünscht.	✔	
Blumen werden nicht in Papier eingepackt überreicht.	✔	
Dass Herren stets die Rechnung übernehmen, ist nicht mehr selbstverständlich, sondern altmodisch.	✔	
Ob auf den Tischkarten auch der Titel stehen soll, muss von Fall zu Fall entschieden werden.	✔	
Ein Aperitifglas wird nicht zum Tisch mitgenommen.	✔	
Wenn eine Dame vom Tisch aufsteht, müssen sich nicht mehr alle Männer erheben.	✔	
Würde man eingeladen, so genügt es, sich am Ende des Abends zu bedanken.		✔
Heute schreibt man keine Widmungen mehr in Bücher.		✔
Wird ein Geschenk persönlich überreicht, dann ist eine Karte nicht notwendig.		✔
Geschenke packt man immer sofort aus.		✔
Die Regel, dass man ein Fest nicht vor dem Ehrengast verlassen darf, gilt heute nicht mehr.	✔	
Wenn man zu Tisch gebeten wird, setzt man sich dort sofort hin.		✔
Witze sind für Small Talk und Gespräche auf Festen nicht geeignet.	✔	

	richtig	falsch
Blumen verschenkt man immer nur in ungerader Anzahl.		✔
Zu Beginn einer Tischrede an sein Glas zu klopfen ist nicht sehr stilvoll.	✔	
Möchte man jemanden zum Tanzen auffordern, so fragt man: »Sie gestatten?«.		✔
Bücher werden nicht in der Schutzfolie verschenkt.	✔	
Wein als Mitbringsel wird nicht sofort getrunken.	✔	
Der männliche Ehrengast sitzt rechts von der Gastgeberin.	✔	
Eine feste Sitzordnung eignet sich nur für sehr formelle Anlässe.		✔
Bittet ein Gastgeber um eine Spende für einen guten Zweck, so bekommt er statt eines Geschenks die entsprechende Quittung.		✔
Bei großen Festen ist eine Nummerierung der Tische ungünstig.	✔	
Dass man sich über das zahlreiche Erscheinen der Gäste freue, sollte man zu Beginn einer Rede erwähnen.		✔

Danke schön!

Ohne meine vielen Seminarteilnehmer, die mir mit viel Offenheit Fragen gestellt und von ihren Problemen berichtet haben, wäre es nicht möglich gewesen, so viele Irrtümer zu sammeln. Ein herzliches Dankeschön an alle, die auf diese Weise dazu beigetragen haben. Einen Großteil der fraglichen Fälle konnte ich seit Januar 2005 in der Sendung »Vorsicht Fettnäpfchen!« sammeln, die im Rahmen der MDR-Sendung »Hier ab vier« läuft. Viele Zuschauer haben in den vergangenen Jahren während der Sendung angerufen, haben E-Mails, Faxe und Briefe geschickt. Ich freue mich sehr, dass ich die Antworten, die ich individuell oder in der Sendung gegeben habe, mit diesem Buch auch einem breiteren Kreis zugänglich machen kann.

Ich bin der Redaktionsleiterin Julia Müller zu großem Dank verpflichtet, dass sie mich zu diesem Buch angeregt und das Projekt unterstützt hat, ebenso Dr. Frank Bechert, der als Redakteur die Sendung »Vorsicht Fettnäpfchen!« betreut und mir mit seinem Team engagiert und zuverlässig zur Seite steht.

Literatur

Bücher

Asserate, Asfa-Wossen: *Manieren*. Frankfurt am Main, 2003.

Barthes, Roland: *Das Reich der Zeichen*. Frankfurt am Main, 1981.

Bonneau, Elisabeth: *300 Fragen zum guten Benehmen: Stilsicher in allen Situationen. Praktischer Rat von der Knigge-Expertin*. München, 2005.

Book, Esther Wachs: *Der beste Mann für diesen Job ist eine Frau*. Kreuzlingen/München, 2001.

Bourdieu, Pierre: *Die feinen Unterschiede. Kritik der gesellschaftlichen Urteilskraft*. Frankfurt am Main, 1982.

Chaille, François: *Krawatten. Tradition und Trend*. Niedernhausen, 1997.

Daborn-Doering, Christine: *Kam, sah und siegte. Klasse ist lernbar*. Zürich, 2001.

Elias, Norbert: *Über den Prozeß der Zivilisation. Soziogenetische und psychogenetische Untersuchungen*. 2 Bde. Frankfurt am Main, [1939] 1992.

Finck von Finckenstein; Graf, Theodor: *Protokollarischer Ratgeber. Hinweise für persönliche Anschriften und Anreden im öffentlichen Leben*. Köln, 1998.

Förster, Jens: *Kleine Einführung in das Schubladendenken: Über Nutzen und Nachteil des Vorurteils*. München, 2008.

Foucault, Michel: *Die Ordnung der Dinge. Eine Archäologie der Humanwissenschaften*. Frankfurt am Main, 1971.

Goffman, Erving: *Interaktionsrituale. Über Verhalten in direkter Kommunikation*. Frankfurt am Main, [1971] 1982.

Hartmann, Michael: *Der Mythos von den Leistungseliten. Spitzenkarrieren und soziale Herkunft in Wirtschaft, Politik, Justiz und Wissenschaft*. Frankfurt am Main, 2002.

Häusel, Hans-Georg: *Think Limbic!*, Planegg, 2000.

Hermann, Ingo: *Knigge. Die Biographie*. Berlin, 2007.

Knigge, Adolph Freiherr von: *Über den Umgang mit Menschen*. Frankfurt am Main und Leipzig, 2001 [Originalausgabe 1788].

Loschek, Ingrid: *Reclams Mode- und Kostümlexikon*. Stuttgart, 1987.

Mehrabian, Albert: *Nonverbal Communication*. Chicago, Illinois, 1972.

Meyden, Nandine: *Business-Etikette. Sicher auftreten und Fettnäpfchen vermeiden.* Berlin, 2008.

Meyden, Nandine: *Jedes Kind kann sich benehmen. So lernen Ihre Kleinen gute Umgangsformen.* Hannover, 2009.

Meyden, Nandine: *Tischmanieren. Im Restaurant – Beim Geschäftsessen – Zu Hause.* Hannover, 2008.

Ötsch, Walter O.; Lehner, Johannes M.: *Jenseits der Hierarchie: Status im beruflichen Alltag aktiv gestalten.* Weinheim, 2006.

Roetzel, Bernhard: *Der Gentleman. Handbuch der klassischen Herrenmode.* Köln, 1999.

Schierbaum, Wilfried: *Modegeschichten. Geschichten aus der Geschichte der Mode.* Berlin, 1987.

Schwarz, Salka: *Renaissance der Höflichkeit. Fragen zur Etikette im 21. Jahrhundert.* Berlin, 2008.

Sternke, Helge: *Alles über Herrenschuhe.* Berlin, 2006.

Artikel

Handelsblatt, 09.09.2002: Wolfgang Schüssel: Der große Taktiker im Abseits

Handelsblatt, 03.02.2005: Deutsche Männer kaufen immer weniger Krawatten

Manager-Magazin, 26.06.2008: Krawatten. Kollektive Entbindung

Men's Health, Oktober 2008: Frau 2008 mag keinen Bart

Der Spiegel, Nr. 3, 12.01.2009: »Humboldt wird missbraucht«

Der Spiegel, Nr. 3, 12.01.2009: »Er hat nimmer können«

Süddeutsche Zeitung, 24.02.2005: Schlechter Stil. Handschlag mit Handschuh

Süddeutsche Zeitung, 06.06.2008: US-Krawattenverband. Männer entbinden

Zeit online, 39/1998: Mehr Luft

rp-online.de, 29.08.2007: Abe empfängt Merkel ohne Krawatte

Links

Die Autorin: www.etikette-und-mehr.de

Zu Titel und Anreden: Bundesministerium des Innern, www.protokoll-inland.de

Zu Abkürzungen: www.abkuerzungen.de und www.netlingo.com/emailsh.cfm

Zu Emoticons: www.netlingo.com/smileys.cfm

www.presseportal.de

Register